Verständigungs- und Schiedsverfahren im Internationalen Steuerrecht

Trierer Studien zum Internationalen Steuerrecht

Herausgegeben von Gabriele Burmester

Band 17

PL ACADEMIC RESEARCH

Evelyn Frink

Verständigungs- und Schiedsverfahren im Internationalen Steuerrecht

PL ACADEMIC RESEARCH

Bibliografische Information der Deutschen Nationalbibliothek
Die Deutsche Nationalbibliothek verzeichnet diese Publikation in der Deutschen Nationalbibliografie; detaillierte bibliografische Daten sind im Internet über http://dnb.d-nb.de abrufbar.

Zugl.: Trier, Univ., Diss., 2015

D 385
ISSN 1861-695X
ISBN 978-3-631-66166-6 (Print)
E-ISBN 978-3-653-05759-1 (E-Book)
DOI 10.3726/ 978-3-653-05759-1

PL Academic Research ist ein Imprint der Peter Lang GmbH.

Peter Lang – Frankfurt am Main · Bern · Bruxelles · New York · Oxford · Warszawa · Wien

Diese Publikation wurde begutachtet.

www.peterlang.com

Vorwort

Die vorliegende Arbeit wurde im Wintersemester 2014/2015 vom Fachbereich Rechtswissenschaft der Universität Trier als Dissertation angenommen.

Mein besonderer Dank gilt meiner Doktormutter Frau Prof. Dr. Gabriele Burmester. Sie hat zunächst durch ihre Vorlesungen mein Interesse für das Steuerrecht geweckt und mich während der Erstellung der vorliegenden Arbeit - auch nach ihrer Emeritierung - stets ermuntert und wohlwollend begleitet. Hervorzuheben sei ferner die überaus zügige Erstbegutachtung.

Mein Dank gilt weiter Herrn Prof. Dr. Gerhard Robbers für die zügige Erstellung des Zweitgutachtens.

Danken möchte ich ferner herzlich dem bei Flick Gocke Schaumburg für mich zuständigen Partner, Herrn Dr. Jochen Bahns, der es mir ermöglich hat, diese Arbeit neben der Berufstätigkeit zu erstellen, sowie meinen Kollegen, dabei besonders Herrn Prof. Dr. Michael Hendricks und Frau Eva-Maria Kraus, für die fachliche und menschliche Unterstützung.

Von ganzem Herzen möchte ich mich bei meiner Familie für ihre tolle Unterstützung bedanken. Widmen möchte ich diese Arbeit meiner Mutter, die während meines bisherigen Lebens in jeder Hinsicht für mich da war, und meinem Mann für seine Geduld.

Inhaltsverzeichnis

Abkürzungsverzeichnis XIII

Einleitung 1

1. Teil: Doppelbesteuerung bei international agierenden Unternehmen 7

A. Doppelbesteuerung bei Einheitsunternehmen 8
B. Doppelbesteuerung bei verbundenen Unternehmen 8

2. Teil: Vorabverständigungsverfahren (APA), abkommensrechtliche Verständigungs- und Schiedsverfahren 11

A. Vorabverständigungsverfahren (APA) 12
B. Abkommensrechtliche Verständigungs- und Schiedsverfahren 17
I. Vorschriften für Stammhaus und Betriebsstätte 17
1. Art. 7 Abs. 1 OECD-MA 19
2. Art. 7 Abs. 2 OECD-MA 19
3. Art. 7 Abs. 3 OECD-MA 23
4. Art. 7 Abs. 4 OECD-MA 23
II. Sondervorschriften für verbundene Unternehmen 23
1. Art. 9 Abs. 1 OECD-MA 24
2. Art. 9 Abs. 2 OECD-MA 26
III. Verfahren nach Art. 25 OECD-MA 28
1. Verständigungsverfahren im engeren Sinn (Art. 25 Abs. 1 und 2 OECD-MA) 29
a) Antragstellung 29
b) Vorprüfungs- und Abhilfeverfahren 31
c) Verständigungsverfahren im eigentlichen Sinne 31
d) Nationale Umsetzung 33
2. Verständigungsverfahren im weiteren Sinne (Art. 25 Abs. 3 OECD-MA) 33
a) Konkretes Konsultationsverfahren (Art. 25 Abs. 3 Satz 1 OECD-MA) 33
b) Abstraktes Konsultationsverfahren (Art. 25 Abs. 3 Satz 2 OECD-MA) 33

3. Schiedsverfahren nach Art. 25 Abs. 5 OECD-MA 34
a) Allgemeines 34
b) Schiedsklausel des Art. 25 Abs. 5 OECD-MA im Einzelnen 36
4. Nationale Umsetzung 41
a) Grundsätzliches 41
b) Verfahrensrechtliche Umsetzung in Deutschland 42
aa) Aktueller Meinungsstand 43
bb) Stellungnahme 45
IV. Schiedsklauseln in einzelnen deutschen Doppelbesteuerungsabkommen 46
1. Vor Einfügung des Art. 25 Abs. 5 OECD-MA 46
a) Dänemark 47
b) Frankreich 47
c) Kanada 49
d) Österreich 49
e) Schweden 50
f) USA 52
2. Nach Einfügung des Art. 25 Abs. 5 OECD-MA 56
a) Großbritannien 56
b) Liechtenstein 57
c) Niederlande 58
d) Schweiz 59
3. Zwischenergebnis 60

3. Teil: EU-Schiedsübereinkommen 61

A. Begriff und historische Entwicklung 61
I. Grundlagen 61
II. Konkretisierende Regelungen 64
B. Anwendungsbereich 68
I. Räumlicher Anwendungsbereich 68
II. Persönlicher Anwendungsbereich 69
1. Art. 1 Abs. 1 EU-SchiedsÜ 70
a) Unternehmen im Sinne des EU-Schiedsübereinkommens 70
aa) Meinungsstand in der Literatur 71
bb) Stellungnahme 73
cc) Zwischenergebnis 75
b) Unternehmen eines Vertragsstaats im Sinne des EU-Schiedsübereinkommens 76
aa) Vorliegen eines Doppelbesteuerungsabkommens 76

(1) Person im Sinne des EU-Schiedsübereinkommens 77
(2) Ansässigkeit im Sinne des EU-Schiedsübereinkommens 78
bb) Nichtvorliegen eines Doppelbesteuerungsabkommens....80
c) Verbundene Unternehmen im Sinne des EU-Schiedsübereinkommens....80
2. Art. 1 Abs. 2 EU-SchiedsÜ 81
a) Vorliegen eines Doppelbesteuerungsabkommens....81
aa) Betriebsstätte im Sinne des EU-Schiedsübereinkommens....81
bb) Drittstaatenbezug....81
b) Nichtvorliegen eines Doppelbesteuerungsabkommens....82
III. Sachlicher Anwendungsbereich....82
1. Steuerarten....82
2. Fälle der sachlichen Anwendung....83
a) Gewinne oder Verluste eines Unternehmens....84
b) Gewinnberichtigung nach den Grundsätzen des Art. 4 EU-SchiedsÜ 85
aa) Art. 4 Nr. 1 EU-SchiedsÜ....86
bb) Art. 4 Nr. 2 EU-SchiedsÜ....87
c) (Voraussichtliche) Doppelbesteuerung....88
C. Verfahrensablauf....91
I. Allgemein....91
II. Vorverfahren (Art. 5 EU-SchiedsÜ)....92
III. Verständigungsverfahren (Art. 6 EU-SchiedsÜ)....93
1. Antragsstellung....94
2. Vorprüfungs- und Abhilfeverfahren 96
a) Vorprüfungsverfahren....96
b) Abhilfeverfahren 97
3. Verständigungsverfahren im eigentlichen Sinne....98
a) Einleitung....98
aa) Verpflichtung zur Einleitung....98
bb) Verweigerung der Einleitung 99
b) Durchführung 100
c) Abschluss.... 104
IV. Schiedsverfahren (Artt. 7 ff. EU-SchiedsÜ) 105
1. Einleitung durch Einsetzung des Beratenden Ausschusses.... 105
a) Frist.... 106
aa) Fristbeginn im Falle der Nichtverfolgung eines innerstaatlichen Rechtsbehelfs.... 106
bb) Fristbeginn im Falle der Verfolgung eines innerstaatlichen Rechtsbehelfs.... 108

cc) Fristablauf ... 108
b) Ausschlussgrund (Art. 7 Abs. 3 EU-SchiedsÜ) ... 109
c) Verweigerungsgründe (Art. 8 EU-SchiedsÜ) ... 110
d) Zusammensetzung des Beratenden Ausschusses ... 111
aa) Vertreter der beteiligten zuständigen Behörden ... 111
bb) Unabhängige Personen ... 111
cc) Vorsitzender ... 113
e) Weitere Maßnahmen der zuständigen Behörden ... 114
2. Schiedsverfahren vor dem Beratenden Ausschuss ... 115
a) Allgemeines ... 115
b) Grundsätze des Verfahrens vor dem Beratenden Ausschuss ... 116
aa) Stellung des Beratenden Ausschusses im Verfahren ... 116
bb) Mitwirkungsrechte und -pflichten der steuerpflichtigen verbundenen Unternehmen ... 117
(1) Rechte und Pflichten zur Übermittlung von Angaben, Beweismitteln und Schriftstücken ... 117
(2) Anhörungsrecht ... 118
(3) Erscheinungspflicht ... 119
cc) Mitwirkungsrechte und -pflichten der zuständigen Behörden ... 119
(1) Rechte und Pflichten zur Übermittlung von Angaben, Beweismitteln und Schriftstücken ... 119
(2) Erscheinungspflicht ... 120
(3) Grenzen der Mitwirkungspflichten ... 120
c) Entscheidung des Beratenden Ausschusses ... 121
aa) Grundsätzliches ... 121
bb) Verfahren ... 122
cc) Beweislastentscheidung ... 123
dd) Abzugebende Stellungnahme ... 125
3. Schlussverfahren (Art. 12 EU-SchiedsÜ) ... 126
V. Nationale Umsetzung ... 129
1. Grundsätzliches ... 129
2. Verfahrensrechtliche Umsetzung in Deutschland ... 131
D. Überprüfbarkeit von Verfahrensverstößen im Rahmen eines Schiedsverfahrens nach dem EU-Schiedsübereinkommen ... 131
I. Auf europäischer Ebene ... 131
II. Auf nationaler Ebene ... 132

4. Teil: Verhältnis der verfahrensrechtlichen Instrumente zueinander ... 135
A. Verhältnis von APA zu den Verständigungs- und Schiedsverfahren nach Art. 25 OECD-MA und nach Artt. 6 ff. EU-Schiedsübereinkommen ... 135
B. Verhältnis des Schiedsverfahrens des EU-Schiedsübereinkommens zu Art. 25 Abs. 5 OECD-MA bzw. zu den Schiedsklauseln in einzelnen deutschen Doppelbesteuerungsabkommen ... 137
I. Vergleich der unterschiedlichen reaktiven Instrumente ... 137
II. Ergebnis ... 147

5. Teil: Zusammenfassung ... 149

Literaturverzeichnis ... 155

Anhang ... 165

Übereinkommen über die Beseitigung der Doppelbesteuerung im Falle von Gewinnberichtigungen zwischen verbundenen Unternehmen (90/436/EWG), ABl. EG 1990 L 225/10 ... 165
Überarbeiteter Verhaltenskodex zur wirksamen Durchführung des Übereinkommens über die Beseitigung der Doppelbesteuerung im Falle von Gewinnberichtigungen zwischen verbundenen Unternehmen, ABl. EU 2009 C 322/1 ... 180

Abkürzungsverzeichnis

a.A.	andere Ansicht, andere Auffassung
ABl.	Amtsblatt
a.F.	alte Fassung
Art.	Artikel
Abs.	Absatz
APA	Advance Pricing Agreement
AO	Abgabenordnung
AStG	Außensteuergesetz
Aufl.	Auflage
Az.	Aktenzeichen
BB	Betriebs-Berater (Zeitschrift)
Begr.	Begründer
BGBl.	Bundesgesetzblatt
BMF	Bundesministerium der Finanzen
bspw.	beispielsweise
BStBl.	Bundessteuerblatt
Buchst.	Buchstabe
bzw.	beziehungsweise
DB	Der Betrieb (Zeitschrift)
DBA	Doppelbesteuerungsabkommen
Doppelbuchst.	Doppelbuchstabe
DStZ	Deutsche Steuer-Zeitung (Zeitschrift)
EG	Europäische Gemeinschaften
EGL	Ergänzungslieferung
ET	European Taxation (Zeitschrift)
EU	Europäische Union
EU-JTPF	Gemeinsames EU-Verrechnungspreisforum, EU Joint Transfer Pricing Forum
EU-SchiedsÜ, EU-SchÜ, EU-Schiedsübereinkommen	Übereinkommen über die Beseitigung der Doppelbesteuerung im Falle von Gewinnberichtigungen zwischen verbundenen Unternehmen
EuGH	Europäischer Gerichtshof
europ.	europäisch, -e, -es
f., ff.	folgende

F.	Fach
FGO	Finanzgerichtsordnung
Fn.	Fußnote
FS	Festschrift
Großbuchst.	Großbuchstabe
Gr.	Gruppe
Hrsg.	Herausgeber
IFSt	Institut Finanzen und Steuern
int.	international, -e, -er, -es
Intertax	International Tax Review (Zeitschrift)
i.V.m.	in Verbindung mit
IWB	Internationale Wirtschaftsbriefe (Zeitschrift)
IStR	Internationales Steuerrecht (Zeitschrift)
ITPJ	International Transfer Pricing Journal (Zeitschrift)
Kap.	Kapitel
KStG	Körperschaftsteuergesetz
Nr.	Nummer
OECD	Organisation for Economic Co-operation and Development
OECD-MA	OECD-Musterabkommen zur Vermeidung von Doppelbesteuerung von Einkommen und Vermögen (Model Tax Convention on Income and on Capital), Stand: 2010
OFD	Oberfinanzdirektion
PIStb	Praxis Internationale Steuerberatung (Zeitschrift)
RIW	Recht der Internationalen Wirtschaft (Zeitschrift)
Rn.	Randnummer
S.	Seite
sog.	sogenannt, -e, -es, -er, -en
Sp.	Spalte
StBp	Die steuerliche Betriebsprüfung (Zeitschrift)
StuW	Steuer und Wirtschaft (Zeitschrift)
Tz.	Textziffer
u. a.	und andere
Ubg	Die Unternehmensbesteuerung (Zeitschrift)

Überarbeiteter Verhaltenskodex	Überarbeiteter Verhaltenskodex zur wirksamen Durchführung des Übereinkommens über die Beseitigung der Doppelbesteuerung im Falle von Gewinnberichtigungen zwischen verbundenen Unternehmen
USA	Vereinigte Staaten von Amerika
v.	vom
vgl.	vergleiche
z.B.	zum Beispiel
Ziff.	Ziffer, -n
zit.	zitiert

Einleitung

In Zeiten zunehmender Globalisierung der Wirtschaft und einer damit einhergehenden Internationalisierung der Unternehmen[1] sehen sich grenzüberschreitend agierende Unternehmen zunehmend dem komplexen Bereich von divergierenden Verrechnungspreisen und Gewinnabgrenzungen zwischen Stammhaus und Betriebsstätten und der Gefahr einer daraus resultierenden Doppelbesteuerung ausgesetzt. Dies gilt umso mehr als nach Schätzungen mehr als 60 % des Welthandels zwischen miteinander verbundenen internationalen Unternehmen abgewickelt wird.[2]

Aufgrund der steigenden Tendenz von grenzüberschreitenden Beziehungen miteinander verbundener Unternehmen untereinander sowie zwischen Stammhaus und Betriebsstätten und dem steigenden Interesse der Finanzverwaltungen an den diesen zugrunde gelegten Verrechnungspreisen und Gewinnabgrenzungen zwischen Stammhaus und Betriebsstätten sowie Verschärfungen hinsichtlich der Prüfung und Dokumentation von Verrechnungspreisen und Gewinnabgrenzungen sind zunehmende Berichtigungen die Folge.[3] Erfolgt im anderen Staat keine entsprechende Gegenberichtigung, kann eine wirtschaftliche bzw. rechtliche Doppelbesteuerung die Konsequenz sein.

Kommt es bei miteinander verbundenen Unternehmen oder bei Stammhaus und Betriebsstätte zu einer Doppelbesteuerung aufgrund einer Gewinnkorrektur, so führt dies zu Wettbewerbsnachteilen.[4] Diese rühren daher, dass die Doppelbesteuerung zu einer finanziellen Mehrbelastung führt, wodurch sich der Gewinn mindert und in der Konsequenz der Spielraum für Preisgestaltungen im Außenverkehr eingeschränkt wird.[5]

---

1 In den nachfolgenden Ausführungen werden möglicherweise unterschiedliche Qualifikationen verschiedener Rechtsformen (bspw. Kapital-und Personengesellschaften) in den verschiedenen Staaten nicht problematisiert. Ferner werden Objektsteuern und Erbschaftsteuern außer Betracht gelassen.

2 *Baumhoff* in: Mössner u. a., Steuerrecht int. tätiger Unternehmen, Rn. 3.1; *Becker/Kroppen* in: Kroppen, Handbuch int. Verrechnungspreise, Stand: Oktober 2010, Kap. OECD-V Rn. 8.

3 *Eicker/Stockburger*, IWB, F. 11, Gr. 2, 661 (662); *Vögele/Forster*, IStR 2006, 537 (537).

4 *Burmester* in: FS Debatin, S. 55 (55).

5 Jacobs/Endres/Spengel, Int. Unternehmensbesteuerung, S. 4.

Sowohl auf unilateraler als auch auf bi- und multilateraler Ebene wurden verschiedenste Maßnahmen ergriffen, um die Entstehung einer Doppelbesteuerung bereits im Vorfeld zu vermeiden. Auf bilateraler Ebene sind dies insbesondere der Abschluss von Advance Pricing Agreements sowie Abkommen zur Vermeidung von Doppelbesteuerung. Kommt es dennoch zu einer doppelten Besteuerung, so gilt es diese durch reaktive Streitbeilegungsinstrumente zu beseitigen. Dann anzuwendende reaktive Streitbeilegungsmaßnahmen sind beispielsweise Verständigungs- und Schiedsverfahren. Solche Verfahren sind sowohl im OECD-Musterabkommen zur Vermeidung von Doppelbesteuerung von Einkommen und Vermögen 2010 und den daran orientierten Abkommen zur Vermeidung von Doppelbesteuerung sowie im Übereinkommen über die Beseitigung der Doppelbesteuerung im Falle von Gewinnberichtigungen zwischen verbundenen Unternehmen[6] und zwischen Stammhaus und Betriebsstätten (nachfolgend „EU-Schiedsübereinkommen"") auf europäischer Ebene vorgesehen.

Dabei ist jedoch zu beachten, dass derzeit noch in der Mehrheit der existierenden Abkommen zur Vermeidung von Doppelbesteuerung lediglich ein Verständigungsverfahren, aber kein Schiedsverfahren vorgesehen ist. Problematisch ist dies für die Steuerpflichtigen, da Verständigungsverfahren in der Vergangenheit oftmals nicht in einer angemessenen Zeitspanne abgeschlossen wurden und es bei diesen keine Gewähr dafür gibt, dass ein eingeleitetes Verfahren überhaupt zu einer Einigung der beteiligten Staaten führt, da die zuständigen Behörden nicht verpflichtet sind, sich tatsächlich zu einigen.[7] Letzteres wird in der Literatur auch als schwerwiegender Mangel von Verständigungsverfahren bezeichnet.[8] Um dem entgegenzuwirken vereinbarten bereits vor dem Jahre 2008 einige

---

6 Übereinkommen über die Beseitigung der Doppelbesteuerung im Falle von Gewinnberichtigungen zwischen verbundenen Unternehmen (90/436/EWG), ABl. EG 1990 L 225/10, geändert durch das Protokoll v. 25.05.1999, ABl. EG 1999 C 202/1, durch das Übereinkommen v. 21.12.1995, ABl. EG 1996 C 26/1, durch das Übereinkommen v. 08.12.2004, ABl. EU 2005 C 160/1 und durch den Beschluss des Rates v. 23.06.2008, ABl. EU 2008 L 174/1.

7 *Kuntschik/Bödefeld*, IStR 2012, 137 (137); *Rütters*, Steuer und Studium 2010, 23 (24). Vgl. bspw. die Statistik des EU Joint Transfer Pricing Forums zu den Verständigungsverfahren nach dem EU-Schiedsübereinkommen: Europäische Kommission v. 12.2013, JTPF/012/REV1/2013/EN, www.ec.europa.eu/taxation_customs/resources/documents/taxation/company_tax/transfer_pricing/forum/jtpf/2013/jtpf_012_2013_en.pdf (Stand: 25.04.2014).

8 *Portner* in: APAs, S. 13 (26).

Staaten Regelungen für ein Schiedsverfahren in ihren Abkommen zur Vermeidung von Doppelbesteuerung. Im Jahre 2008 wurde sodann mit Art. 25 Abs. 5 ein Formulierungsvorschlag für ein verbindliches Schiedsverfahren in das OECD-Musterabkommen zur Vermeidung von Doppelbesteuerung von Einkommen und Vermögen aufgenommen. Diese Regelung erlangt mit zunehmender Tendenz Einzug in die abzuschließenden oder zu ändernden internationalen Abkommen zur Vermeidung von Doppelbesteuerung. Ein verbindliches Schiedsverfahren ist ebenfalls in dem 1990 auf europäischer Ebene abgeschlossenen Übereinkommen zur Beseitigung der Doppelbesteuerung im Falle von Gewinnberichtigungen zwischen verbundenen Unternehmen[9] in Artt. 7 ff. vorgesehen.

Dass die Anzahl der tatsächlich durchgeführten Schiedsverfahren[10] vergleichsweise überschaubar ist, ändert indes nichts an der Notwendigkeit eines verbindlichen Streitbeilegungsinstruments.[11] Vielmehr dürfte die vergleichsweise geringe Zahl der Schiedsverfahren vor allem darauf zurückzuführen sein, dass die Konsequenz des sich möglicherweise anschließenden Schiedsverfahrens die zuständigen Behörden dazu bringt, bereits im vorangehenden Verständigungsverfahren sachgerechte Lösungen zu entwickeln, um ein Schiedsverfahren zu vermeiden.[12] Dies wird auch als Abschreckungsfunktion des EU-Schiedsübereinkommens bezeichnet, die dazu führt, dass die Staaten es vorziehen, sich auch unter möglicherweise „schmerzhaften" Bedingungen im Hinblick auf das eigene Steuersubstrat zu einigen.[13]

Für die international tätigen verbundenen Unternehmen sowie für Stammhaus und Betriebsstätten stellt sich im Hinblick auf die Vielfalt der Instrumente,

---

9 Übereinkommen über die Beseitigung der Doppelbesteuerung im Falle von Gewinnberichtigungen zwischen verbundenen Unternehmen (90/436/EWG), ABl. EG 1990 L 225/10, geändert durch das Protokoll v. 25.05.1999, ABl. EG 1999 C 202/1, durch das Übereinkommen v. 21.12.1995, ABl. EG 1996 C 26/1, durch das Übereinkommen v. 08.12.2004, ABl. EU 2005 C 160/1 und durch den Beschluss des Rates v. 23.06.2008, ABl. EU 2008 L 174/1.

10 Vgl. dazu bspw. die vorgenannte Statistik des EU Joint Transfer Pricing Forums: Europäische Kommission v. 12.2013, JTPF/012/REV1/2013/EN, http://ec.europa.eu/taxation_customs/resources/documents/taxation/company_tax/transfer_pricing/forum/jtpf/2013/jtpf_012_2013_en.pdf (Stand: 25.04.2014).

11 *Kroppen* in: FS Südtreu/Deloitte, S. 515 (524).

12 So auch: *Hardt* in: Wassermeyer, DBA, Kommentar, Stand: Januar 2013, Art. 26 DBA-Schweiz Rn. 230; *Rütters*, Steuer und Studium 2010, 23 (26).

13 *Becker*, IStR 2007, 592 (593).

die zur Vermeidung oder Beseitigung einer wirtschaftlichen bzw. juristischen Doppelbesteuerung aufgrund von Gewinnkorrekturen zur Verfügung stehen, die Frage nach der richtigen Vorgehensweise in ihrem konkreten Fall. Diese Frage soll in der vorliegenden Arbeit untersucht werden.

Die Darstellung der Arbeit gliedert sich in fünf Teile. Im ersten Teil der Arbeit wird erläutert, wie es zu einer Doppelbesteuerung bei international agierenden verbundenen Unternehmen und Stammhaus und Betriebsstätten kommen kann.

Im Anschluss daran befasst sich der zweite Teil der Arbeit mit den unterschiedlichen verfahrensrechtlichen Maßnahmen zur Vermeidung und Beseitigung von Doppelbesteuerung im Falle der Gewinnkorrektur mit Ausnahme von unilateralen Maßnahmen. Dabei wird zunächst das präventiv wirkende Instrument des Vorabverständigungsverfahrens dargestellt. Danach wird auf die einzelnen Verfahren nach Art. 25 OECD-Musterabkommen zur Vermeidung von Doppelbesteuerung von Einkommen und Vermögen 2010 eingegangen, wobei besonderes Augenmerk auf dem sog. Verständigungsverfahren im engeren Sinne und dem Schiedsverfahren liegt. Abschließend werden verschiedene Schiedsklauseln in deutschen Abkommen zur Vermeidung von Doppelbesteuerung vorgestellt.

Im dritten Teil der Arbeit wird unter Betrachtung der historischen Entwicklung das EU-Schiedsübereinkommen dargestellt und sowohl dessen räumlicher, persönlicher und sachlicher Anwendungsbereich als auch der Verfahrensablauf analysiert.

Der darauf folgende vierte Teil der Arbeit widmet sich einem Vergleich der verschiedenen Instrumente zur Vermeidung bzw. Beseitigung der Doppelbesteuerung bei international agierenden Unternehmen. Zunächst wird das Instrument des Vorabverständigungsverfahrens mit der Durchführung eines Verständigungs- bzw. Schiedsverfahrens nach dem OECD-Musterabkommen zur Vermeidung von Doppelbesteuerung von Einkommen und Vermögen 2010 bzw. nach dem EU-Schiedsübereinkommen verglichen. Daran schließt sich ein Vergleich der Verständigungs- und Schiedsverfahren nach dem EU-Schiedsübereinkommen und dem OECD-Musterabkommen zur Vermeidung von Doppelbesteuerung von Einkommen und Vermögen 2010 sowie nach den Schiedsklauseln in einzelnen deutschen Abkommen zur Vermeidung von Doppelbesteuerung. Dabei werden insbesondere die aus Sicht des bzw. der betroffenen steuerpflichtigen international agierenden Unternehmen relevanten Unterschiede der verschiedenen Verfahren aufgezeigt, wobei davon ausgegangen wird, dass die Staaten sowohl die maßgeblichen Passagen der Musterkommentierung des OECD-Musterabkommens zur Vermeidung von Doppelbesteuerung von Einkommen und Vermögen 2010 als auch den Überarbeiteten Verhaltenskodex zur wirksamen Durchführung des EU-Schiedsübereinkommens[14] beachten.

Den Abschluss der Arbeit bildet der fünfte Teil, in dem die Ergebnisse der Arbeit zusammengefasst werden.

14 Überarbeiteter Verhaltenskodex zur wirksamen Durchführung des Übereinkommens über die Beseitigung der Doppelbesteuerung im Falle von Gewinnberichtigungen zwischen verbundenen Unternehmen, ABl. EU 2009 C 322/1.

1. Teil: Doppelbesteuerung bei international agierenden Unternehmen

Entfalten Unternehmen in verschiedenen Staaten wirtschaftliche Tätigkeiten, so droht ihnen die Gefahr einer internationalen Doppelbesteuerung. Dies hat insbesondere nachteilige Auswirkungen auf die Wettbewerbspositionen der international agierenden Unternehmen.[15]

Zur Beurteilung der Ursachen von internationaler Doppelbesteuerung bei international agierenden Unternehmen kann man zwischen zwei Typen von international tätigen Unternehmen unterscheiden, nämlich zwischen Einheitsunternehmen und verbundenen Unternehmen.

Ein *Einheitsunternehmen* ist gegeben, wenn das Unternehmen aus rechtlich unselbstständigen organisatorischen Einheiten besteht.[16] Klassisches Beispiel sind das Stammhaus und seine Betriebsstätte(n)[17] als rechtlich unselbstständige Organisationseinheiten.[18] Dies unterscheidet sie von international *verbundenen Unternehmen*. Letztere bestehen aus rechtlich selbstständigen Unternehmen, die als solche jeweils eigenständige Steuersubjekte darstellen.[19]

Art. 7 OECD-Musterabkommen zur Vermeidung von Doppelbesteuerung von Einkommen und Vermögen 2010 (nachfolgend „OECD-MA" oder „OECD-Musterabkommen"[20]) enthält eine Sonderregelung für Stammhaus und seine Betriebsstätte. Zentrale Vorschrift für verbundene Unternehmen im internationalen Steuerrecht ist Art. 9 Abs. 1 OECD-MA. Dabei definiert Art. 9 Abs. 1 OECD-MA zwei Arten von verbundenen Unternehmen. Zum einen liegt ein verbundenes Unternehmen vor, wenn ein Unternehmen an einem anderen Unternehmen

---

15 *Schaumburg*, Int. Steuerrecht, Rn. 14.13.

16 *Baumhoff* in: Mössner u. a., Steuerrecht int. tätiger Unternehmen, Rn. 3.1.

17 Der Begriff der Betriebsstätte ist für abkommensrechtliche Zwecke in Art. 5 OECD-MA definiert.

18 *Baumhoff* in: Mössner u. a., Steuerrecht int. tätiger Unternehmen, Rn. 3.1; *Kußmaul/Ruiner/Delarber*, Ubg 2011, 837 (837).

19 *Baumhoff* in: Mössner u. a., Steuerrecht int. tätiger Unternehmen, Rn. 3.1.

20 Soweit nicht anders bezeichnet, beziehen sich die Abkürzungen „OECD-MA" und „OECD-Musterabkommen" auf das derzeit aktuelle OECD-Musterabkommen zur Vermeidung von Doppelbesteuerung von Einkommen und Vermögen 2010. Ferner wird im Folgenden grundsätzlich lediglich auf die Regelungen des OECD-Musterabkommens Bezug genommen. Jedoch gelten die Ausführungen gleichzeitig auch für die an diesem orientierten Doppelbesteuerungsabkommen.

(unmittelbar oder mittelbar) beteiligt ist und beide Unternehmen verschiedenen Vertragsstaaten zuzuordnen sind, wie typischerweise bei Mutter- und Tochtergesellschaften bzw. bei Großmutter- und Enkel- oder Urenkelgesellschaften.[21] Zum anderen ist das Vorliegen eines verbundenen Unternehmens zu bejahen, wenn Unternehmen zweier Vertragsstaaten unter der Kontrolle, Geschäftsleitung oder Kapitalbeteiligung derselben Personen stehen, wie dies typischerweise bei Schwestergesellschaften der Fall ist.[22]

A. Doppelbesteuerung bei Einheitsunternehmen

Der klassische Fall der juristischen Doppelbesteuerung eines Einheitsunternehmens kann entstehen, wenn die das Unternehmen betreibende Person in einem Staat ansässig ist, in einem anderen Staat hingegen eine Betriebsstätte unterhält und dieser Betriebsstätte Gewinne zuzurechnen sind. Der Ansässigkeitsstaat des Stammhausbetreibers wird in der Regel im Rahmen der unbeschränkten Steuerpflicht das Welteinkommen des Unternehmens seiner Besteuerung unterwerfen. Zu dem Welteinkommen zählen auch die Gewinne, die der Betriebsstätte des Einheitsunternehmens zuzurechnen sind. Übt zusätzlich der Betriebsstättenstaat (Quellenstaat) sein Besteuerungsrecht an den Quelleneinkünften im Rahmen der beschränkten Steuerpflicht aus, also an den weltweit durch die Betriebsstätte erwirtschafteten Gewinnen, so werden diese Betriebsstättengewinne im Ergebnis doppelt besteuert. Eine Doppelbesteuerung bei Einheitsunternehmen kann sich zusätzlich bei divergierenden Gewinnabgrenzungen zwischen Stammhaus und Betriebsstätte und insbesondere aus nicht korrespondierenden Korrekturen der Gewinnzuordnung im Innenverkehr der beiden Unternehmensteile ergeben (Art. 7 Abs. 1 und Abs. 2 OECD-MA).

B. Doppelbesteuerung bei verbundenen Unternehmen

Bei verbundenen Unternehmen kann es insbesondere bei Gewinnausschüttungen, aber auch infolge von Gewinnberichtigungen in einem Vertragsstaat zu einer wirtschaftlichen Doppelbesteuerung kommen. Unterhalten zwei im Sinne des Art. 9 Abs. 1 OECD-MA[23] miteinander verbundene Unternehmen gegenseitige

---

21 *Wassermeyer* in: Wassermeyer, DBA, Kommentar, Stand: Mai 2004, Art. 9 MA Rn. 32 f.; vgl. auch Art. 9 Abs. 1 Buchst. a) OECD-MA.

22 *Becker* in: Haase, AStG/DBA, Art. 9 MA Rn. 16; *Wassermeyer* in: Wassermeyer, DBA, Kommentar, Stand: Mai 2004, Art. 9 MA Rn. 33; vgl. auch Art. 9 Abs. 1 Buchst. b) OECD-MA.

23 Vgl. dazu unter: 2. Teil, B. II. 1., S. 24 ff.

Geschäftsbeziehungen, so werden Leistungen und Gegenleistungen ausgetauscht. Die Preise für diese konzerninternen Lieferungen und Leistungen jeder Art, die zwischen verbundenen Unternehmen vereinbart und gezahlt werden, werden als Konzernverrechnungspreise oder als Verrechnungspreise bezeichnet.[24]

Kennzeichen von Verrechnungspreisen ist, dass sich diese nicht durch Angebot und Nachfrage am Markt bilden, sondern von den verbundenen Unternehmen selbst festgelegt werden.[25] Da die Preise für die Dienstleistungen/Waren von den verbundenen Unternehmen eigenständig bestimmt werden, bergen Verrechnungspreise – im Falle einer aus Sicht der Unternehmen geschickten Verrechnungspreisgestaltung – das Potential für die Verlagerung von Gewinnen in Länder mit einem niedrigeren Steuerniveau. Daher wird Verrechnungspreisen seitens der Finanzverwaltungen mit Misstrauen begegnet, was sich beispielsweise in Deutschland in einem Anstieg der Verrechnungspreisbetriebsprüfungen widerspiegelt.[26] Die Anforderungen an entsprechende Verrechnungspreisdokumentationen bzw. die Dokumentationsvorschriften generell sind ebenfalls zunehmend gestiegen.[27] Auf nationaler Ebene ist eine gesetzliche Verpflichtung zur Dokumentation von Verrechnungspreisen beispielsweise in § 90 Abs. 3 AO gegeben.[28]

Es gilt international der Grundsatz, dass Verrechnungspreise marktüblich und angemessen sein müssen.[29] Ist dies nicht der Fall, kann es zu Gewinnberichtigungen seitens der zuständigen nationalen Finanzbehörden kommen. International ist anerkannt, dass sich die Angemessenheit der Preise nach dem „dealing-at-arm's-length-Grundsatz"[30] bzw. dem Fremdvergleichsgrundsatz beurteilt.[31] Dies bedeutet, dass die vertraglichen Bedingungen – und dabei insbesondere die Preise – mit denen verglichen werden, die fremde Dritte miteinander vereinbart hätten.[32]

---

24 *Haase*, Int. und Europ. Steuerrecht, Rn. 430; *Vögele/Fischer* in: Vögele/Borstell/Engler, Verrechnungspreise, Kap. A Rn. 10.

25 *Baumhoff* in: Mössner u. a., Steuerrecht int. tätiger Unternehmen, Rn. 3.2.

26 *Kroppen/Rasch*, IWB 2013, 830 (831); *Niess* in: FS Krawitz, S. 297 (303).

27 *Dawid*, IWB 2013, 671 (671); *Jann/Totzek*, IWB 2013, 751 (752); *Niess* in: FS Krawitz, S. 297 (301 f.).

28 *Kroppen/Rasch*, IWB 2013, 830 (830); *Söhn* in: Hübschmann/Hepp/Spitaler, AO/FGO, Kommentar, Stand: November 2012, § 90 AO Rn. 190.

29 *Haase*, Int. und Europ. Steuerrecht, Rn. 430 ff.

30 *Wassermeyer* in: Wassermeyer, DBA, Kommentar, Stand: Mai 2004, Art. 9 MA Rn. 22.

31 *Baumhoff* in: Mössner u. a., Steuerrecht int. tätiger Unternehmen, Rn. 3.6 u. 3.8; *Becker* in: Haase, AStG/DBA, Art. 9 MA Rn. 21.

32 *Albert*, Schiedsverfahren im Int. Steuerrecht, S. 33; *Vögele/Fischer* in: Vögele/Borstell/Engler, Verrechnungspreise, Kap. A Rn. 12.

Zur Ermittlung solch angemessener Verrechnungspreise haben sich verschiedene Methoden herausgebildet.[33] Dabei darf jedoch nicht außer Acht gelassen werden, dass stets nur eine Annäherung möglich ist und es somit keinen „richtigen" Verrechnungspreis geben kann.[34] Dies birgt Potential für eine unterschiedliche Bewertung von Verrechnungspreisen seitens der verschiedenen Finanzbehörden der beteiligten Ansässigkeitsstaaten von international agierenden verbundenen Unternehmen und für eine daraus resultierende Mehrfachbesteuerung dieser Unternehmen.

Kommt beispielsweise der Ansässigkeitsstaat A eines der verbundenen Unternehmen (Unternehmen A) zu dem Ergebnis, dass die vereinbarten Entgelte zu hoch und damit nicht angemessen sind, so wird er eine entsprechende Gewinnberichtigung vornehmen, die nach nationalen Korrekturvorschriften zu erfolgen hat.[35] Wird also in diesem Beispiel das für eine Dienstleistung/Ware vom Unternehmen A an Unternehmen B gezahlte Entgelt als zu hoch erachtet und der Betriebsausgabenabzug um den für unangemessenen gehaltenen Anteil verringert, so erhöht sich der zu versteuernde Gewinn des Unternehmens A. Erachtet der Ansässigkeitsstaat des Unternehmens B das Entgelt indes als angemessen und erfolgt daher bei dem das vermeintlich überhöhte Entgelt empfangenden Unternehmen B keine entsprechende Verringerung der dort zu besteuernden Betriebseinnahmen (sog. Gegenberichtigung[36]), so unterwerfen mehrere Staaten denselben Gewinnanteil der Besteuerung. Eine wirtschaftliche Doppelbesteuerung ist die Folge.

Folglich erlangt der Begriff der wirtschaftlichen Doppelbesteuerung unter anderem Bedeutung im Rahmen der Gewinnberichtigung zwischen verbundenen Unternehmen.[37]

---

33 Vgl. *Becker* in: Haase, AStG/DBA, Art. 9 MA Rn. 37 ff.; *Eigelshoven* in: Vogel/Lehner, DBA, Kommentar, Art. 9 Rn. 71 ff.; *Vögele/Witt/Fügemann* in: Vögele/Borstell/Engler, Verrechnungspreise, Kap. G (Standardmethoden) und *Vögele u. a.* in: Vögele/Borstell/Engler, Verrechnungspreise, Kap. H (Ergebnisorientierte Methoden) für ausführliche Darstellungen der einzelnen Methoden.

34 *Niess* in: FS Krawitz, S. 297 (306).

35 *Becker* in: Haase, AStG/DBA, Art. 9 MA Rn. 22.

36 *Eigelshoven* in: Vogel/Lehner, DBA, Kommentar, Art. 9 Rn. 159.

37 *Mössner* in: Mössner u. a., Steuerrecht int. tätiger Unternehmen, Rn. 2.254.

2. Teil: Vorabverständigungsverfahren (APA), abkommensrechtliche Verständigungs- und Schiedsverfahren

So vielfältig die Gründe und Ursachen für die Gefahr bzw. das Eintreten einer Doppelbesteuerung auf Seiten von international tätigen Unternehmen im Bereich von Gewinnabgrenzung und Verrechnungspreisen sind, so mannigfaltig sind auch die Maßnahmen, die ergriffen werden (können), um daraus folgende Doppelbesteuerung entweder erst gar nicht entstehen zu lassen, um sie zu beseitigen oder um sie zumindest abzumildern.

Dabei können einzelne Staaten einseitige, das heißt *unilaterale*, Maßnahmen ergreifen. Sind zwei oder mehrere Staaten involviert, so kommen *bi-* oder *multilaterale* Instrumente zur Vermeidung oder Beseitigung von Doppelbesteuerung in Betracht.[38] Denkbar sind ferner *supranationale* Maßnahmen, die von überstaatlichen Organisationen aufgrund einer Kompetenzübertragung verbindlich für ihre Mitgliedstaaten festgelegt werden, wie beispielsweise im Rahmen der Steuerharmonisierung in der Europäischen Union (nachfolgend „EU").[39]

Weiter lassen sich die möglichen verfahrensrechtlichen Instrumente in solche unterteilen, die bereits vor Konfliktentstehung – das heißt vor Eintritt der Doppelbesteuerung und damit präventiv – eingreifen und solche, denen lediglich reaktive Bedeutung zukommt. Als präventive Maßnahmen kommen im Internationalen Steuerrecht die sog. Vorabverständigungsverfahren (APA) (vgl. dazu unter A.) sowie die bilateralen Abkommen zur Vermeidung von Doppelbesteuerung (nachfolgend „Doppelbesteuerungsabkommen" und „DBA") (vgl. dazu unter B.) in Frage.

Jedoch enthalten Doppelbesteuerungsabkommen nicht nur Regelungen, die durch ihre Anwendung eine Doppelbesteuerung vermeiden, sondern auch solche,

---

38 *Haase*, Int. und Europ. Steuerrecht, Rn. 41; *Wilke*, Int. Steuerrecht, Rn. 57 f. Im Folgenden werden lediglich bi- und/oder multilaterale Instrumente zur Vermeidung oder Beseitigung von Doppelbesteuerung, jedoch keine nationalen Maßnahmen, thematisiert. Für ausführliche Darstellungen von unilateralen Maßnahmen sei verwiesen auf: *Hendricks* in: Schönfeld/Ditz, DBA, Rn. 10.119 ff.; Jacobs/Endres/Spengel, Int. Unternehmensbesteuerung, S. 37 ff. und *Mössner* in: Mössner u. a., Steuerrecht int. tätiger Unternehmen, Rn. 2.244 ff.

39 *Brähler*, Int. Steuerrecht, S. 21; *Wilke*, Int. Steuerrecht, Rn. 58. Auf supranationale Maßnahmen wird im Folgenden nicht weiter eingegangen.

die – wie das Verständigungs- und Schiedsverfahren nach Art. 25 OECD-MA oder die Gegenberichtigung gemäß Art. 9 Abs. 2 OECD-MA bzw. Art. 7 Abs. 3 OECD-MA – dann eingreifen, wenn es bereits zu einer Doppelbesteuerung gekommen ist und die dann nur noch reaktiv wirken können. Daneben findet sich auf Ebene der EU noch das Übereinkommen über die Beseitigung der Doppelbesteuerung im Falle von Gewinnberichtigungen zwischen verbundenen Unternehmen[40] (nachfolgend „EU-Schiedsübereinkommen", vgl. dazu unter C.), das lediglich reaktive Instrumente zur Streitbeilegung bereit hält.

In Deutschland hat das Bundesministerium der Finanzen für die Verfahren der deutschen Finanzverwaltung zur Anwendung des Art. 25 OECD-MA, des EU-Schiedsübereinkommens und zu Vorabverständigungsverfahren Vorgaben gemacht, die in folgenden Veröffentlichungen zu finden sind: „Merkblatt zum internationalen Verständigungs- und Schiedsverfahren auf dem Gebiet der Steuern vom Einkommen und vom Vermögen"[41] und „Merkblatt für bilaterale oder multilaterale Vorabverständigungsverfahren auf der Grundlage der Doppelbesteuerungsabkommen zur Erteilung verbindlicher Vorabzusagen über Verrechnungspreise zwischen international verbundenen Unternehmen (sog. „Advance Pricing Agreements" – APAs)"[42].

A. Vorabverständigungsverfahren (APA)

Ein präventives Instrument zur Vermeidung von wirtschaftlicher Doppelbesteuerung im Bereich von Verrechnungspreisen stellt die Durchführung eines Vorabverständigungsverfahrens mit dem Ziel des Abschlusses eines sogenannten „Advance Pricing Agreements"[43] (nachfolgend „APA" bzw. im Plural „APAs") dar. Durch die präventive Wirkung unterscheidet sich das Vorabverständigungsverfahren von den abkommensrechtlichen Verständigungsverfahren, die erst

40 Übereinkommen über die Beseitigung der Doppelbesteuerung im Falle von Gewinnberichtigungen zwischen verbundenen Unternehmen (90/436/EWG), ABl. EG 1990 L 225/10, geändert durch das Protokoll v. 25.05.1999, ABl. EG 1999 C 202/1, durch das Übereinkommen v. 21.12.1995, ABl. EG 1996 C 26/1, durch das Übereinkommen v. 08.12.2004, ABl. EU 2005 C 160/1 und durch den Beschluss des Rates v. 23.06.2008, ABl. EU 2008 L 174/1.

41 BMF-Schreiben v. 13.07.2006, BStBl. I 2006, 461 ff.

42 BMF-Schreiben v. 05.10.2006, BStBl. I 2006, 594 ff.

43 Auch „Advance Pricing Arrangements" genannt, vgl. *Lehner* in: Vogel/Lehner, DBA, Kommentar, Art. 25 Rn. 316; *OECD*, OECD Transfer Pricing Guidelines for Multinational Enterprises and Tax Administrations, Tz. 4.123; *Schaumburg*, Int. Steuerrecht, Rn. 16.89 und 16.104 ff.

nach bereits eingetretener wirtschaftlicher oder juristischer Doppelbesteuerung zum Zuge kommen. APAs haben ihren Ursprung in den USA, wo sie seit 1991 vorgesehen sind.[44] In den letzten Jahren haben sich Verfahren zum Abschluss von APAs nicht nur in Deutschland, sondern auch international etabliert.[45]

Nach der Definition der deutschen Finanzverwaltung und in den OECD-Verrechnungspreisgrundsätzen handelt es sich bei einem APA um eine, durch Antrag eines Steuerpflichtigen initiierte, zeitlich befristete formelle Vereinbarung zwischen einem oder mehreren Steuerpflichtigen und einer bzw. mehreren betroffenen Steuerbehörden, durch die bestimmte Kriterien für die Bestimmung angemessener Verrechnungspreise verbindlich festgelegt werden.[46]

Es wird folglich in der entsprechenden Vereinbarung kein konkreter Verrechnungspreis fixiert, sondern die Steuerbehörde(n) und der bzw. die Steuerpflichtige(n) einigen sich insbesondere über die Verrechnungspreismethode sowie über die relevanten preisbestimmenden Faktoren für künftige Geschäftsvorfälle in einem bestimmten Zeitraum.[47] Ferner werden in einem APA Gültigkeitsbedingungen (sogenannte „critical assumptions“[48]) festgelegt, von deren Einhaltung die Bindungswirkung des APA abhängt.[49] Nach Ansicht der deutschen Finanzverwaltung ist ein Verfahren, das zum Abschluss eines APA führt, auch in Fällen der fremdvergleichskonformen Gewinnaufteilung zwischen einem inländischen Unternehmen und seiner ausländischen Betriebsstätte sowie zur Gewinnermittlung inländischer Betriebsstätten von ausländischen Unternehmen möglich.[50]

---

44 *Eilers* in: FS Ritter, S. 73 (74); *Herzig* in: FS Debatin, S. 107 (107); Jacobs/Endres/Spengel, Int. Unternehmensbesteuerung, S. 904. Vgl. *Bär*, Verständigungen über Verrechnungspreise verbundener Unternehmen, S. 62 ff. zur historischen Entwicklung des Instruments.

45 *Hendricks* in: Schönfeld/Ditz, DBA, Rn. 9.5 ff. Vgl. dort Rn. 9.6 auch für eine Auflistung der Staaten, bei denen die Bereitschaft besteht, sich an einem APA-Verfahren zu beteiligen. *Schmid* in: Grotherr, Handbuch int. Steuerplanung, S. 734. Vgl. dort, S. 744 ff. auch für eine Auflistung, welche Arten von APAs in den Staaten der EU möglich sind.

46 BMF-Schreiben v. 05.10.2006, BStBl. I 2006, 594, Tz. 1.2; *Lehner* in: Vogel/Lehner, DBA, Kommentar, Art. 25 Rn. 317; *OECD*, OECD Transfer Pricing Guidelines for Multinational Enterprises and Tax Administrations, Tz. 4.123.

47 *Becker* in: Haase, AStG/DBA, Art. 25 MA Rn. 67; BMF-Schreiben v. 05.10.2006, BStBl. I 2006, 594, Tz. 1.2; *Grotherr*, BB 2005, 855 (865); *Lehner* in: Vogel/Lehner, DBA, Kommentar, Art. 25 Rn. 317.

48 BMF-Schreiben v. 05.10.2006, BStBl. I 2006, 594, Tz. 3.7.

49 *Grotherr*, IStR 2005, 350 (358); *Liebchen* in: Schönfeld/Ditz, DBA, Art. 25 Rn. 341.

50 BMF-Schreiben v. 05.10.2006, BStBl. I 2006, 594, Tz. 1.1.

Je nachdem, wie viele Staaten an dem Verfahren zum Abschluss eines APA beteiligt sind, lassen sich drei Formen von APAs, nämlich unilaterale, bilaterale sowie multilaterale APAs, unterscheiden.[51] Wird ein APA lediglich mit der zuständigen Steuerbehörde eines Staates geschlossen, so liegt ein *unilaterales* APA vor. Sind hingegen Steuerbehörden zweier Staaten beteiligt, so spricht man von einem *bilateralen* APA, wohingegen ein *multilaterales* APA eine Vereinbarung unter Beteiligung von mehr als zwei Staaten darstellt.[52]

Rechtsgrundlage für unilaterale APAs ist in Deutschland die Regelung zur verbindlichen Auskunft in § 89 Abs. 2 AO.[53] Von § 178a AO abgesehen, der die Gebühren eines Vorabverständigungsverfahrens regelt, gibt es keine spezifischen Rechtsgrundlagen für den Abschluss oder die innerstaatliche Umsetzung bilateraler oder multilateraler APAs.[54] Zwischenstaatliche Vorabverständigungsverfahren mit dem Ziel des Abschlusses eines APA haben ihre Rechtsgrundlage in Art. 25 OECD-MA, wobei nicht abschließend geklärt ist, ob Art. 25 Abs. 1 und 2 OECD-MA oder Art. 25 Abs. 3 OECD-MA herangezogen werden können.[55] Für eine Anwendung des Art. 25 Abs. 3 OECD-MA sprechen sich die OECD-Verrechnungspreisgrundsätze aus.[56] Die Charakterisierung von Vorabverständigungsverfahren als präventive Instrumente zur Vermeidung wirtschaftlicher Doppelbesteuerung und die von einem Antrag abhängende Initiierung des Verfahrens sprechen jedoch für Art. 25 Abs. 1 und 2 OECD-MA als Rechtsgrundlage.[57]

Trotz Verpflichtung der Steuerbehörden zur verständigungskonformen Handhabung sind die Behörden bei einer später stattfindenden Außenprüfung berechtigt zu prüfen, ob der angegebene Sachverhalt verwirklicht und die vereinbarten

---

51 *Schmid* in: Grotherr, Handbuch int. Steuerplanung, S. 735.

52 *OECD*, OECD Transfer Pricing Guidelines for Multinational Enterprises and Tax Administrations, Tz. 4.130.

53 *Lehner* in: Vogel/Lehner, DBA, Kommentar, Art. 25 Rn. 325; *Schaumburg*, Int. Steuerrecht, Rn. 16.105.

54 *Hendricks* in: Baumhoff/Wassermeyer, Verrechnungspreise int. verbundener Unternehmen, Rn. 10.79.

55 *Hendricks* in: Baumhoff/Wassermeyer, Verrechnungspreise int. verbundener Unternehmen, Rn. 10.79; *Lehner* in: Vogel/Lehner, DBA, Kommentar, Art. 25 Rn. 325; *Liebchen* in: Schönfeld/Ditz, DBA, Art. 25 Rn. 324.

56 *OECD*, OECD Transfer Pricing Guidelines for Multinational Enterprises and Tax Administrations, Tz. 4.139.

57 *Lehner* in: Vogel/Lehner, DBA, Kommentar, Art. 25 Rn. 325; *Liebchen* in: Schönfeld/Ditz, DBA, Art. 25 Rn. 324; *Schaumburg*, Int. Steuerrecht, Rn. 16.105.

Gültigkeitsbedingungen eingehalten wurden.[58] Die Bindung des Steuerpflichtigen erfolgt durch einen Einspruchsverzicht, den der Steuerpflichtige in der Regel auf Grundlage von § 354 Abs. 1a AO zu erklären hat.[59] Einen solchen Einspruchsverzicht hat der Steuerpflichtige für die Steuerbescheide zu erklären, die die Vorabverständigungsvereinbarung umsetzen.[60] Folglich ist ein Einspruch nach § 354 Abs. 1 Satz 3 AO unzulässig und gemäß § 358 Satz 2 AO zu verwerfen, wenn von den zuständigen Behörden verständigungskonforme Steuerbescheide erlassen wurden.[61]

Das Ziel der Vermeidung von Verrechnungspreiskonflikten und einer daraus resultierenden internationalen Doppelbesteuerung lässt sich durch unilaterale APAs – wenn überhaupt – nur sehr beschränkt erreichen, denn die Zusage eines Staates kann die Steuerbehörde eines anderen Staates nicht binden, so dass in diesem anderen Staat bei dem verbundenen Unternehmen weiterhin eine Verrechnungspreiskorrektur erfolgen und daher eine Doppelbesteuerung nicht ausgeschlossen werden kann.[62] Es besteht weiter das Risiko, dass die Finanzbehörden in dem anderen Vertragsstaat den Sachverhalt aufgrund der Tatsache, dass ein unilaterales APA mit einem anderen Staat besteht, besonders genau prüfen.[63] Lediglich auf nationaler Ebene des beteiligten Staates besteht Rechts- und Planungssicherheit.[64] Vorzugswürdig sind daher bi- oder multilaterale APAs, da diese das Risiko einer Doppelbesteuerung vermindern können.[65]

Die Verfahren zur Erlangung bi- oder multilateraler APAs bzw. diese selbst werden auch als „modifizierte vorgezogene Verständigungsverfahren“[66] bzw. „Vo

---

58 BMF-Schreiben v. 05.10.2006, BStBl. I 2006, 594, Tz. 6.2 f.; *Hendricks* in: Baumhoff/Wassermeyer, Verrechnungspreise int. verbundener Unternehmen, Rn. 10.102 f.

59 BMF-Schreiben v. 05.10.2006, BStBl. I 2006, 594, Tz. 4.5; *Hendricks* in: Baumhoff/Wassermeyer, Verrechnungspreise int. verbundener Unternehmen, Rn. 10.79.

60 *Schaumburg*, Int. Steuerrecht, Rn. 16.107.

61 *Hendricks* in: Baumhoff/Wassermeyer, Verrechnungspreise int. verbundener Unternehmen, Rn. 10.103.

62 BMF-Schreiben v. 05.10.2006, BStBl. I 2006, 594, Tz. 1.2; *Herzig* in: FS Debatin, S. 107 (115); *Kramer*, IStR 2007, 174 (175); *Liebchen* in: Schönfeld/Ditz, DBA, Art. 25 Rn. 327.

63 *Kramer*, IStR 2007, 174 (175); *Lehner* in: Vogel/Lehner, DBA, Kommentar, Art. 25 Rn. 321.

64 *Becker* in: Haase, AStG/DBA, Art. 25 MA Rn. 67.

65 *OECD*, OECD Transfer Pricing Guidelines for Multinational Enterprises and Tax Administrations, Tz. 4.130. Die folgenden Ausführungen beziehen sich aus diesem Grunde lediglich auf bi- und multilaterale APAs.

66 *Grotherr*, BB 2005, 855 (857); *Herzig* in: FS Debatin, S. 107 (119); *Vögele/Vögele*, IStR 2002, 641 (641).

rabverständigungsvereinbarungen“[67] bezeichnet. Diese Bezeichnungen deuten bereits auf den Hauptvorteil des Abschlusses von bi- oder multilateralen APAs hin, denn diese Formen von APAs sind präventiv wirkende Mittel. Dies steht im Gegensatz zu den noch zu behandelnden weiteren möglichen Instrumenten zur Vermeidung von Doppelbesteuerung aufgrund von Verrechnungspreiskorrekturen bzw. Berichtigungen von Betriebsstättengewinnaufteilungen.[68] So kann bereits im Vorfeld einer möglichen Konfliktentstehung die Anwendung einer Verrechnungspreismethode verbindlich geregelt und Rechts- und Planungssicherheit für die beteiligten Unternehmen in verschiedenen Staaten erreicht werden.[69] Diese Sicherheit besteht für mehrere Jahre, denn in der Regel hat ein APA eine Laufzeit von drei bis fünf Jahren.[70] Weitere Konsequenz von bi- oder multilateralen APAs ist, dass Betriebsprüfungen verkürzt und verbilligt werden sowie Zins- und/oder Strafzahlungen aufgrund von Steuernachforderungen vermieden werden können.[71] Ferner besteht in Deutschland bei Vorliegen bestimmter Voraussetzungen die Möglichkeit, die Ergebnisse eines APA auf noch offene Vorjahre zu erstrecken (sog. „roll back“).[72] Weiterer Vorteil eines APA-Verfahrens aus Sicht des Steuerpflichtigen ist, dass er bis zum Abschluss der Vereinbarung in das Verfahren eingebunden bleibt. Es besteht damit eine höhere Transparenz als im Verständigungs- und Schiedsverfahren.[73]

Neben diesen positiven Aspekten des Abschlusses eines APAs muss der Steuerpflichtige auch die Nachteile eines solchen Verfahrens in Kauf nehmen. Ein Nachteil ist, dass die wirtschaftliche Dispositionsfreiheit des Steuerpflichtigen eingeschränkt oder sogar aufgehoben wird, wenn bestimmte Kriterien für die Bestimmung von Verrechnungspreisen vorab für einen Zeitraum von drei bis fünf Jahren verbindlich festgelegt werden. Weiter kann es sein, dass er in dem Verfahren Geschäftsgeheimnisse preisgeben muss. Dem Steuerpflichtigen

---

67 *Becker* in: Haase, AStG/DBA, Art. 25 MA Rn. 66; *Lehner* in: Vogel/Lehner, DBA, Kommentar, Art. 25 Rn. 316.

68 *Liebchen* in: Mössner u. a., Steuerrecht int. tätiger Unternehmen, Rn. 12.50; *Lehner* in: Vogel/Lehner, DBA, Kommentar, Art. 25 Rn. 316; *Niess* in: FS Krawitz, S. 297 (310).

69 *Grotherr*, BB 2005, 855 (865); *Hendricks* in: Schönfeld/Ditz, DBA, Rn. 9.47; *Lehner* in: Vogel/Lehner, DBA, Kommentar, Art. 25 Rn. 317.

70 *Becker* in: Haase, AStG/DBA, Art. 25 MA Rn. 68; *Grotherr*, IStR 2005, 350 (359).

71 *Herzig* in: FS Debatin, S. 107 (115); Jacobs/Endres/Spengel, Int. Unternehmensbesteuerung, S. 909; *Lehner* in: Vogel/Lehner, DBA, Kommentar, Art. 25 Rn. 329.

72 BMF-Schreiben v. 05.10.2006, BStBl. I 2006, 594, Tz. 7.3; siehe dort auch für die, nach Ansicht der deutschen Finanzverwaltung, notwendigen Voraussetzungen.

73 *Niess* in: FS Krawitz, S. 297 (311).

entstehen durch das Verfahren zusätzliche Kosten, insbesondere aufgrund der anfallenden Gebühren der Steuerbehörden, in Deutschland nach § 178a AO, sowie für die Erstellung der benötigten Dokumente, soweit nicht bereits nach innerstaatlichen Recht ohnehin eine entsprechende Dokumentationspflicht, in Deutschland beispielsweise nach § 90 AO, besteht.[74] Ferner kann eine negative Auswirkung für den Steuerpflichtigen dadurch entstehen, dass Informationen, die den Steuerbehörden im Rahmen des Verfahrens bekannt geworden sind, zu seinem Nachteil verwendet werden.[75]

B. Abkommensrechtliche Verständigungs- und Schiedsverfahren

Weitere Instrumente zur Vermeidung oder Beseitigung von Doppelbesteuerung im Bereich der Gewinnabgrenzung und -berichtigung stellen die völkerrechtlichen Verträge zwischen den OECD-Mitgliedstaaten[76] (DBA) dar, die sich weitgehend am OECD-MA orientieren (neue Fassung: OECD-MA 2010).[77]

I. Vorschriften für Stammhaus und Betriebsstätte

Breiten Raum in den Doppelbesteuerungsabkommen nimmt die Gewinnabgrenzung im Einheitsunternehmen ein, die bei zwischenstaatlichen Divergenzen zu Doppelbesteuerung führen kann. Stammhaus und Betriebsstätte sind das typische Beispiel für ein Einheitsunternehmen[78] und können als solches nur einen gemeinsamen Unternehmensgewinn bzw. -verlust erzielen.

Liegen das Stammhaus und seine Betriebsstätte in unterschiedlichen Staaten und können infolgedessen sowohl der Ansässigkeitsstaat des Stammhausbetreibers als auch der Betriebsstättenstaat die von der Betriebsstätte erwirtschafteten Gewinne besteuern.

Die Vorschrift des Art. 7 OECD-MA sowie die jeweils entsprechende Regelung in dem am Musterabkommen orientierten Doppelbesteuerungsabkommen

---

74 *Lehner* in: Vogel/Lehner, DBA, Kommentar, Art. 25 Rn. 330.

75 *Becker* in: Haase, AStG/DBA, Art. 25 MA Rn. 66; *Lehner* in: Vogel/Lehner, DBA, Kommentar, Art. 25 Rn. 316 und 330; *Liebchen* in: Mössner u. a., Steuerrecht int. tätiger Unternehmen, Rn. 12.61; *Schaumburg*, Int. Steuerrecht, Rn. 16.106; *Zitzelsberger* in: APAs, S. 51 (52).

76 Vgl. für eine Übersicht der OECD-Mitgliedstaaten: www.oecd.org/berlin/dieoecd/mitgliederundpartner.htm (Stand: 25.04.2014).

77 *Schaumburg*, Int. Steuerrecht, Rn. 16.17.

78 Vgl. dazu bereits: 1. Teil, S. 7 f.

dienen der Vermeidung einer daraus (möglicherweise) resultierenden juristischen Doppelbesteuerung, indem sie für Zwecke der Besteuerung die Aufteilung des Gewinns zwischen Stammhaus und Betriebsstätte und damit die Abgrenzung der Besteuerungsrechte zwischen Ansässigkeitsstaat und Betriebsstättenstaat regeln. Diese Abgrenzung bildet die Grundlage für eine anteilige Besteuerung des Gesamtgewinns im Betriebsstättenstaat (Quellenstaat, Art. 7 Abs. 1 OECD-MA) und eine entsprechende Freistellung oder Steueranrechnung im Ansässigkeitsstaat (Art. 23 A/B OECD-MA). Demzufolge kann es aus steuerlichen Zwecken zur Vermeidung einer Doppelbesteuerung notwendig sein, den Gewinn des Einheitsunternehmens aufzuteilen, wenn sich Stammhaus und Betriebsstätte in verschiedenen Staaten befinden und die Gewinne dort jeweils der Besteuerung nach dem jeweiligen nationalen Recht unterworfen werden.[79]

In der Vergangenheit führte eine uneinheitliche Auslegung und Anwendung von Art. 7 OECD-MA a.F. seitens der OECD-Mitgliedstaaten zu Fällen der Doppel- und Minderbesteuerung.[80] Um dies zu vermeiden, wurde im Jahr 2008 von der OECD ein Bericht zur Gewinnabgrenzung bei Betriebsstätten veröffentlicht.[81] Es folgte eine entsprechende Änderung des OECD-Musterkommentars zu Art. 7 OECD-MA a.F.[82]

Im Jahre 2010 wurden sodann das OECD-Musterabkommen sowie der entsprechende OECD-Musterkommentar aktualisiert.[83] Wesentlicher Bestandteil dieser Änderung war dabei die Neufassung des Art. 7 OECD-MA a.F. sowie des dazugehörigen Teils des OECD-Musterkommentars.[84] Zeitgleich wurde eine aktualisierte Version des Berichts zur Gewinnabgrenzung bei Betriebsstätten mit dem Titel „2010 Report on the Attribution of Profits to Permanent

79 *Niehaves* in: Haase, AStG/DBA, Art. 7 MA Rn. 9.

80 *Brüninghaus* in: Vögele/Borstell/Engler, Verrechnungspreise, Kap. K Rn. 47 f.; *Kahle/Mödinger*, IStR 2010, 757 (757); *Kroppen* in: FS Herzig, S. 1071 (1071 f.); *Kußmaul/Ruiner/Delarber*, Ubg 2011, 837 (840).

81 OECD, Report on the Attribution of Profits to Permanent Establishments v. 17.07.2008, www.oecd.org/tax/transferpricing/41031455.pdf (Stand: 25.04.2014). Für eine chronologische Darstellung der Entwicklung seitens der OECD vgl. *Kroppen* in: FS Herzig, S. 1071 (1072 f.) sowie *Plansky*, Gewinnzurechnung zu Betriebsstätten, S. 48 ff.

82 OECD, The 2008 Update to the OECD Model Tax Convention v. 18.07.2008, Tz. 24, www.oecd.org/ctp/41032078.pdf (Stand: 25.04.2014).

83 Vgl. dazu: OECD, The 2010 Update to the Model Tax Convention v. 22.07.2010, www.oecd.org/tax/transferpricing/45689328.pdf (Stand: 25.04.2014).

84 *Kahle/Mödinger*, IStR 2010, 757 (757).

Establishments“[85] (nachfolgend „OECD-Betriebsstättenbericht 2010“) veröffentlicht.

1. *Art. 7 Abs. 1 OECD-MA*

Art. 7 Abs. 1 Satz 1 HS 1 i.V.m. Art. 9 OECD-MA enthält den Grundsatz der Aufteilung der Befugnisse zwischen den Vertragsstaaten hinsichtlich der Besteuerung von Unternehmensgewinnen.[86] Nach diesem Grundsatz wird das Besteuerungsrecht in Bezug auf die Gewinne eines Unternehmens allein dem Ansässigkeitsstaat der das Unternehmen betreibenden Person (Art. 3 Abs. 1 Buchst. d OECD-MA) zugewiesen, dieser hat daher grundsätzlich das ausschließliche Besteuerungsrecht für die Unternehmensgewinne.[87] Etwas anderes gilt jedoch, wenn das Unternehmen seine Geschäftstätigkeit im anderen Vertragsstaat durch eine dort belegene Betriebsstätte ausübt (Art. 7 Abs. 1 Satz 1 HS 2 OECD-MA), sogenanntes „Betriebsstättenprinzip“[88]. In diesem Fall können die Gewinne, die der Betriebsstätte zuzurechnen sind, im Betriebsstättenstaat besteuert werden, während der Ansässigkeitsstaat die Doppelbesteuerung auszugleichen hat (Art. 23 A/B OECD-MA). Dabei ist zu beachten, dass das Besteuerungsrecht des Betriebsstättenstaats und die entsprechende Ausgleichspflicht des Ansässigkeitsstaats nur für den Teil der Einkünfte gelten, für den eine Zurechnung zur Betriebsstätte erfolgen kann.[89]

2. *Art. 7 Abs. 2 OECD-MA*

Welche Gewinne der Betriebsstätte zuzurechnen sind, bestimmt Art. 7 Abs. 2 OECD-MA, auf den Abs. 1 Satz 2 der Vorschrift verweist. Nach dem Wortlaut der Regelung sind der Betriebsstätte die Gewinne zuzurechnen, die sie hätte erzielen können, wenn sie als selbstständiges und unabhängiges Unternehmen eine gleiche oder ähnliche Geschäftstätigkeit unter gleichen oder ähnlichen Bedingungen ausgeübt hätte; hiermit korrespondierend hat der Ansässigkeitsstaat den Doppelbesteuerungsausgleich vorzunehmen. Damit findet der Fremdvergleichsgrundsatz auch im Rahmen der Gewinnaufteilung zwischen Stammhaus und Betriebsstätte Anwendung. Im innerstaatlichen deutschen Recht ist die Anwendung des Fremdvergleichsgrundsatzes auf internationale Einheitsunternehmen

85 OECD, 2010 Report on the Attribution of Profits to Permanent Establishments v. 22.07.2010, www.oecd.org/ctp/transferpricing/45689524.pdf (Stand: 25.04.2014).

86 *Kahle/Mödinger*, IStR 2010, 757 (758).

87 *Niehaves* in: Haase, AStG/DBA, Art. 7 MA Rn. 10 und 22.

88 *Kußmaul/Ruiner/Delarber*, Ubg 2011, 837 (838).

89 *Kahle/Mödinger*, IStR 2010, 757 (758 f.); *Niehaves* in: Haase, AStG/DBA, Art. 7 MA Rn. 10.

beispielsweise in § 1 Abs. 5 AStG für Fälle einer inländischen Einkünfteminderung kodifiziert.[90]

Da es sich bei der Betriebsstätte jedoch um einen rechtlich unselbstständigen Teil des Unternehmens handelt, erfolgt für Zwecke der Gewinnabgrenzung eine Fiktion der Selbständigkeit der Betriebsstätte (Art. 7 Abs. 2 OECD-MA). Vor Veröffentlichung des OECD-Betriebsstättenberichts 2010[91] war insbesondere die Reichweite dieser Selbstständigkeitsfiktion umstritten.

Auf Ebene der OECD wurden die unterschiedlichen Methoden der Gewinnzurechnung zur Betriebsstätte unter den Begriffen „Relevant Business Activity Approach"[92] sowie „Functionally Separate Entity Approach"[93] zusammengefasst und diskutiert.[94]

Nach dem „Relevant Business Activity Approach" können einer Betriebsstätte nur diejenigen Einkünfte nach dem Fremdvergleichsgrundsatz zugerechnet werden, die aus der Ausübung der jeweiligen Geschäftstätigkeit des gesamten Unternehmens herrühren.[95] Darüber hinaus ist lediglich eine Aufwandsverrechnung möglich, so dass innerunternehmerische Transaktionen nicht zu berücksichtigen sind.[96] In der Konsequenz kann der Betriebsstätte nur dann ein Gewinn zugerechnet werden, wenn das gesamte Unternehmen einen Gewinn erzielt hat.[97]

Nach dem „Functionally Separate Entity Approach" wird die Betriebsstätte hinsichtlich ihrer Leistungsbeziehungen mit anderen Teilen des Unternehmens als völlig selbstständiges und unabhängiges Unternehmen fingiert und der Fremdvergleichsgrundsatz kann grundsätzlich auch für innerunternehmerische

---

90 *Kußmaul/Ruiner*, BB 2012, 2025 (2026).

91 OECD, 2010 Report on the Attribution of Profits to Permanent Establishments v. 22.07.2010, www.oecd.org/ctp/transferpricing/45689524.pdf (Stand: 25.04.2014).

92 OECD, Report on the Attribution of Profits to Permanent Establishments v. 17.07.2008, Tz. 61 ff., www.oecd.org/tax/transferpricing/41031455.pdf (Stand: 25.04.2014).

93 OECD, 2010 Report on the Attribution of Profits to Permanent Establishments v. 22.07.2010, Tz. 8 ff., www.oecd.org/ctp/transferpricing/45689524.pdf (Stand: 25.04.2014).

94 *Förster/Naumann/Rosenberg*, IStR 2005, 617 (621). Vgl. für Erläuterungen dieser Begriffe: *Plansky*, Gewinnzurechnung zu Betriebsstätten, S. 105 ff. und *Brüninghaus* in: Vögele/Borstell/Engler, Verrechnungspreise, Kap. K Rn. 49 ff.

95 *Kahle/Mödinger*, IStR 2010, 757 (758).

96 *Kahle/Mödinger*, IStR 2010, 757 (758).

97 *Kahle/Mödinger*, IStR 2010, 757 (758).

Transaktionen Anwendung finden.[98] Dies geht so weit, dass der Betriebsstätte auch im Falle eines Gesamtverlustes des Unternehmens ein Gewinn zugerechnet werden kann.[99] Dass der Fremdvergleichsgrundsatz insbesondere auch im Verkehr der Betriebsstätte mit anderen Teilen des Unternehmens dessen Betriebsstätte sie ist, gelten soll, lässt sich dem Wortlaut des Art. 7 Abs. 2 OECD-MA seit 2010 explizit entnehmen. In der Konsequenz ist der seit 2010 im OECD-Musterabkommen enthaltene Art. 7 OECD-MA hinsichtlich der Gewinnaufteilung zwischen Stammhaus und Betriebsstätte der Gewinnabgrenzung des Art. 9 OECD-MA zwischen verbundenen Unternehmen angenähert.[100]

In dem OECD-Betriebsstättenbericht 2010 haben sich die OECD-Mitgliedstaaten zu einer Anwendung des „Functionally Separate Entity Approachs" bekannt.[101] Damit wurde die Position der OECD-Staaten zur Reichweite der Selbstständigkeitsfiktion der Betriebsstätte für Zwecke der Gewinnabgrenzung klargestellt.

In Deutschland war umstritten, ob die Fiktion der Selbstständigkeit der Betriebsstätte zu beschränken ist[102] oder ob diese uneingeschränkt gelten soll[103]. Die Literaturauffassung, nach der die Fiktion der Selbstständigkeit zu beschränken ist, begründet dies mit der Regelung des Art. 7 Abs. 2 OECD-MA, der keine vollständige Selbstständigkeitsfiktion verlange und mit der Tatsache, dass die Betriebsstätte stets Teil eines Gesamtunternehmens sei.[104] Daher könnten Betriebsstätte und Stammhaus nicht uneingeschränkt wie fremde Dritte miteinander verkehren, was zu Folge hat, dass zivilrechtlich nicht existierende Verträge auch nicht für Zwecke der Gewinnabgrenzung fingiert werden dürfen.[105] Nach der Literaturansicht, die

---

98 *Brüninghaus* in: Vögele/Borstell/Engler, Verrechnungspreise, Kap. K Rn. 66; *Förster/Naumann/Rosenberg*, IStR 2005, 617 (623); *Kahle/Mödinger*, IStR 2010, 757 (758); *Kußmaul/Ruiner/Delarber*, Ubg 2011, 837 (840); *Plansky*, Gewinnzurechnung zu Betriebsstätten, S. 106 f.; *von Goldacker*, BB 2013, 87 (87).

99 *Kahle/Mödinger*, IStR 2010, 757 (758); *von Goldacker*, BB 2013, 87 (87).

100 *Kroppen* in: FS Herzig, S. 1071 (1086); *Kußmaul/Ruiner/Delarber*, Ubg 2011, 837 (841).

101 *Kahle/Mödinger*, IStR 2010, 757 (758); OECD, 2010 Report on the Attribution of Profits to Permanent Establishments v. 22.07.2010, Tz. 50, www.oecd.org/ctp/transferpricing/45689524.pdf (Stand: 25.04.2014).

102 So bspw.: *Hemmelrath* in: Vogel/Lehner, DBA, Kommentar, Art. 7 Rn. 89 ff.; *Strunk* in: Mössner u. a., Steuerrecht int. tätiger Unternehmen, Rn. 4.16 und 4.29; *Wassermeyer* in: Wassermeyer, DBA, Kommentar, Stand: Oktober 2013, Art. 7 MA Rn. 323 f.

103 So bspw.: *Becker*, DB 1990, 392 (392 f.); *Kroppen* in: FS Herzig, S. 1071 (1085 f.); *Kroppen*, IStR 2005, 74 (74); *Sieker*, DB 1996, 110 (112).

104 *Hemmelrath* in: Vogel/Lehner, DBA, Kommentar, Art. 7 Rn. 79.

105 *Hemmelrath* in: Vogel/Lehner, DBA, Kommentar, Art. 7 Rn. 79.

sich für eine uneingeschränkte Fiktion der Selbstständigkeit ausspricht, sei eine Betriebsstätte für Zwecke der Gewinnabgrenzung genau wie eine rechtlich selbstständige Tochtergesellschaft zu behandeln.[106] In der Konsequenz seien Vertragsbeziehungen zwischen Stammhaus und Betriebsstätte, obwohl sie zivilrechtlich nicht existent sind, steuerlich wie Verträge zwischen fremden Dritten zu betrachten.[107]

Die deutsche Finanzverwaltung differenziert zur Beantwortung der Frage nach der Selbstständigkeit der Betriebsstätte nach der Art des zugrunde liegenden Geschäfts und nähert sich der erstgenannten Literaturauffassung an, die von einer eingeschränkten Selbstständigkeit der Betriebsstätte ausgeht.[108] Sind Verträge zwischen Stammhaus und Betriebsstätte zivilrechtlich nicht möglich, weil Stammhaus und Betriebsstätte eine rechtliche Einheit bilden, so dürften Gewinne aus einem solchen Innenverkehr nicht berücksichtigt werden.[109] Sind jedoch Leistungen betroffen, die Gegenstand der ordentlichen Geschäftstätigkeit des Stammhauses oder der Betriebsstätte sind, so sei eine Aufteilung nach dem Fremdvergleichsgrundsatz vorzunehmen.[110]

Die deutsche Rechtsprechung geht davon aus, dass sich Stammhaus und Betriebsstätte gegenseitig Leistungen erbringen können und sich die Kosten dieser Leistungen erfolgsmäßig auswirken.[111] Jedoch sei dabei zu berücksichtigen, dass eine Betriebsstätte lediglich einen unselbstständigen Teil eines Gesamtunternehmens darstellt und keine zivilrechtlichen Verträge geschlossen werden können.[112] Daher können diese Kosten bei innenunternehmerischen Transaktionen nur dann Berücksichtigung finden, wenn die Kosten sich für das Gesamtunternehmen aufwandsmäßig auswirken.[113]

Der deutsche Gesetzgeber hat den „Functionally Separate Entity Approach“ im Anschluss an den OECD-Betriebsstättenbericht 2010 beispielsweise durch § 1 Abs. 4 Satz 1 Nr. 2 AStG und § 1 Abs. 5 Sätze 1 bis 4 AStG umgesetzt.[114] Folglich hat sich der deutsche Gesetzgeber für eine uneingeschränkte Fiktion der Selbstständigkeit der Betriebsstätte entschieden und diese Betrachtungsweise wird künftig durch die deutsche Steuerverwaltung und Rechtsprechung Anwendung finden.

---

106 *Kroppen* in: FS Herzig, S. 1071 (1085 f.); *Kroppen*, IStR 2005, 74 (74).

107 *Hemmelrath* in: Vogel/Lehner, DBA, Kommentar, Art. 7 Rn. 78.

108 BMF-Schreiben v. 25.08.2009, BStBl. I 2009, 888, Tz. 2.2; *Hemmelrath* in: Vogel/Lehner, DBA, Kommentar, Art. 7 Rn. 80.

109 BMF-Schreiben v. 25.08.2009, BStBl. I 2009, 888, Tz. 2.2.

110 BMF-Schreiben v. 25.08.2009, BStBl. I 2009, 888, Tz. 2.2.

111 BFH v. 20.07.1988, BStBl. II 1989, 140, Rn. 22.

112 BFH v. 20.07.1988, BStBl. II 1989, 140, Rn. 22.

113 BFH v. 20.07.1988, BStBl. II 1989, 140, Rn. 22.

114 *Kußmaul/Ruiner*, BB 2012, 2025 (2025 ff.).

3. *Art. 7 Abs. 3 OECD-MA*

Bei der Vergütung von internen Leistungsbeziehungen kann es eine Bandbreite von Werten geben, die den Anforderungen des Art. 7 Abs. 2 OECD-MA entsprechen.[115] Wird infolgedessen lediglich in einem Staat eine Gewinnkorrektur vorgenommen, während der andere Vertragsstaat von einer entsprechenden Gegenanpassung absieht, droht eine Doppelbesteuerung. Um dieses Ergebnis zu verhindern, wurde Art. 7 Abs. 3 OECD-MA im Zuge der Neufassung des Art. 7 im Jahre 2010 in das OECD-Musterabkommen eingefügt. Dieser Absatz enthält nunmehr eine Gegenberichtigungsvorschrift, die an Art. 9 Abs. 2 OECD-MA angelehnt ist.[116] Unter bestimmten Voraussetzungen ist der Vertragsstaat, der nicht die erste Gewinnberichtigung vorgenommen hat, bei Vorliegen einer Berichtigung zu einer entsprechenden Gegenkorrektur verpflichtet, wenn dies zur Vermeidung einer Doppelbesteuerung nötig ist. Die Verpflichtung zur Gegenberichtigung besteht jedoch nur dann, wenn der Vertragsstaat die Korrektur sowohl dem Grunde als auch der Höhe nach anerkennt. Sollte dies nicht der Fall sein, so ist die Uneinigkeit durch ein Verständigungsverfahren nach Art. 25 Abs. 1 und 2 OECD-MA oder durch ein Schiedsverfahren nach Art. 25 Abs. 5 OECD-MA beizulegen.[117]

4. *Art. 7 Abs. 4 OECD-MA*

Der vierte und letzte Absatz des Art. 7 OECD-MA regelt das Verhältnis zu anderen Artikeln des OECD-Musterabkommens. Art. 7 Abs. 4 OECD-MA legt fest, dass speziellere Abkommensvorschriften dann vorgehen, wenn zu den Unternehmensgewinnen auch Einkünfte gehören, die in anderen Artikeln behandelt werden. Jedoch kann es aufgrund von Betriebsstättenvorbehalten in einzelnen Artikeln wiederum zu Rückverweisungen zu Art. 7 OECD-MA kommen. Als Beispiele seien Art. 10 Abs. 4, Art. 11 Abs. 4, Art. 12 Abs. 3 und Art. 21 Abs. 2 OECD-MA genannt, die eine tatsächliche Zugehörigkeit der einkünfteerzielenden Wirtschaftsgüter zur Betriebsstätte voraussetzen.[118]

II. Sondervorschriften für verbundene Unternehmen

Eine Sonderregelung für die Abgrenzung der Gewinne von verbundenen Unternehmen enthält das OECD-Musterabkommen in Art. 9 OECD-MA. Es handelt

---

115 *Plansky*, Gewinnzurechnung zu Betriebsstätten, S. 262.
116 *Hemmelrath/Kepper*, IStR 2013, 37 (40).
117 *Kahle/Mödinger*, IStR 2010, 757 (763).
118 *Kahle/Mödinger*, IStR 2010, 757 (763).

sich hierbei um eine systemfremde Sondervorschrift, da abweichend vom Abkommenssystem der Vermeidung einer juristischen Doppelbesteuerung einer Person Gegenstand des Art. 9 OECD-MA die bloße innerkonzernliche Angemessenheitsprüfung und die Vermeidung einer wirtschaftlichen Doppelbesteuerung von Gewinnanteilen im Falle von Gewinnkorrekturen ist.

1. Art. 9 Abs. 1 OECD-MA

Nach Abs. 1 dieser Vorschrift ist es einem Staat erlaubt, bei einem in ihm ansässigen verbundenen Unternehmen Gewinnberichtigungen vorzunehmen, wenn der Unternehmensgewinn durch Geschäftsbeziehungen zu einem verbundenen Unternehmen in einem anderen Staat beeinträchtigt wurde.[119] Gewinnberichtigungen des Ansässigkeitsstaats sind allerdings nur gestattet soweit sie dem Fremdvergleichsgrundsatz[120] entsprechen.[121] Damit erfolgt insoweit eine Begrenzung der Rechtweite der Gewinnkorrektur durch Art. 9 Abs. 1 OECD-MA.[122]

Nach allgemeiner Auffassung bildet Art. 9 Abs. 1 OECD-MA jedoch nicht die gesetzliche Grundlage für Berichtigungen auf nationaler Ebene, sondern es kommen als Rechtsgrundlage für die nach Art. 9 Abs. 1 OECD-MA erlaubte Gewinnkorrektur lediglich innerstaatliche Berichtigungsvorschriften in Betracht.[123]

Deutschland hat auf nationaler Ebene entsprechende Korrekturvorschriften erlassen, wie beispielsweise die Vorschriften zur verdeckten Gewinnausschüttung (§ 8 Abs. 3 Satz 2 KStG), zur verdeckten Einlage (§ 8 Abs. 3 Satz 3 und 4 KStG) und zur Berichtigung von Einkünften bei Geschäftsbeziehungen zum Ausland mit einer nahe stehenden Person (§ 1 AStG).

Liegt eine nationale Rechtgrundlage zur Korrektur vor, so gestattet Art. 9 Abs. 1 OECD-MA eine Gewinnberichtigung unter folgenden Voraussetzungen:

- ein steuerlich selbstständiges Unternehmen eines Vertragsstaats[124] ist unmittelbar oder mittelbar an der Geschäftsleitung, der Kontrolle oder dem Kapital

---

119 *Becker* in: Haase, AStG/DBA, Art. 9 MA Rn. 1; *Eigelshoven* in: Vogel/Lehner, DBA, Kommentar, Art. 9 Rn. 3.

120 Vgl. dazu bereits: 1.Teil, B., S. 8 ff.

121 *Eigelshoven* in: Vogel/Lehner, DBA, Kommentar, Art. 9 Rn. 3.

122 *Schaumburg*, Int. Steuerrecht, Rn. 16.292.

123 *Becker* in: Haase, AStG/DBA, Art. 9 MA Rn. 8; *Eigelshoven* in: Vogel/Lehner, DBA, Kommentar, Art. 9 Rn. 3 und 18 f.; *Schaumburg*, Int. Steuerrecht, Rn. 16.291; *Wassermeyer* in: Wassermeyer, DBA, Kommentar, Stand: Mai 2004, Art. 9 MA Rn. 4 und 76.

124 Art. 3 Abs. 1 Buchst. d) i.V.m. Art. 3 Abs. 1 Buchst. a) und b) und Art. 4 Abs. 1 OECD-MA.

eines steuerlich selbstständigen Unternehmens des anderen Vertragsstaats[125] beteiligt (Art. 9 Abs. 1 Buchst. a) OECD-MA), oder dieselben Personen sind unmittelbar oder mittelbar an der Geschäftsleitung, der Kontrolle oder dem Kapital eines Unternehmens eines Vertragsstaats und eines Unternehmens des anderen Vertragsstaats beteiligt (Art. 9 Abs. 1 Buchst. b) OECD-MA),
- die beiden Unternehmen sind in ihren kaufmännischen oder finanziellen Beziehungen an vereinbarte oder auferlegte Bedingungen gebunden, die von denen abweichen, die unabhängige Unternehmen vereinbart hätten,
- eines der Unternehmen hätte ohne diese Bedingungen (höhere) Gewinne erzielt.[126]

Der Begriff der kaufmännischen oder finanziellen Beziehungen umfasst dabei den gesamten Lieferungs- und Leistungsverkehr zwischen den verbundenen Unternehmen der verschiedenen Staaten.[127]

Unter den Begriff der Bedingungen fallen alle Merkmale und Umstände, die eine Geschäftsbeziehung beeinflussen, dies sind beispielsweise die wertbildenden Faktoren und der Preis selbst.[128] Unerheblich ist, ob die Bedingungen, die zwischen den verbundenen Unternehmen gelten, von diesen individuell vereinbart wurden oder aufgrund einer gesellschaftsrechtlich bedingten Einflussnahme zustande kamen.[129]

Entsprechen die vereinbarten oder auferlegten Bedingungen nicht dem Fremdvergleichsgrundsatz[130], so muss dies ferner zu einer tatsächlichen Beeinflussung des Gewinns bei einem der beiden Unternehmen geführt haben. Eine Beeinflussung des Gewinns in diesem Sinne ist zu bejahen, wenn es aufgrund der Bedingungen bei einem Unternehmen zu einer Gewinnminderung gekommen ist. Dies ist dann der Fall, wenn es ohne die vereinbarten oder auferlegten Bedingungen einen höheren Gewinn erzielt hätte.[131]

---

125 Art. 3 Abs. 1 Buchst. d) i.V.m. Art. 3 Abs. 1 Buchst. a) und b) und Art. 4 Abs. 1 OECD-MA.

126 Art. 9 Abs. 1 OECD-MA; *Becker* in: Haase, AStG/DBA, Art. 9 MA Rn. 14; *Eigelshoven* in: Vogel/Lehner, DBA, Kommentar, Art. 9 Rn. 31.

127 *Becker* in: Gosch/Kroppen/Grotherr, DBA, Kommentar, Stand: Oktober 2000, Art. 9 MA Rn. 27; *Eigelshoven* in: Vogel/Lehner, DBA, Kommentar, Art. 9 Rn. 48.

128 *Becker* in: Gosch/Kroppen/Grotherr, DBA, Kommentar, Stand: Oktober 2000, Art. 9 MA Rn. 34.

129 *Eigelshoven* in: Vogel/Lehner, DBA, Kommentar, Art. 9 Rn. 50.

130 Vgl. dazu bereits: 1.Teil, B., S. 8 ff.

131 *Eigelshoven* in: Vogel/Lehner, DBA, Kommentar, Art. 9 Rn. 125.

Sind alle Voraussetzungen des Art. 9 Abs. 1 OECD-MA erfüllt, so ist abkommensrechtlich eine Gewinnberichtigung nach den jeweiligen innerstaatlichen Vorschriften zulässig.[132] Die wegen der vereinbarten oder auferlegten Bedingungen nicht erzielten Gewinne werden dabei den Gewinnen dieses Unternehmens zugerechnet und bei diesem besteuert.[133]

2. Art. 9 Abs. 2 OECD-MA

Nimmt ein Staat eine Gewinnberichtigung bei einem in seinem Staat ansässigen Unternehmen gemäß Art. 9 Abs. 1 OECD-MA vor und besteuert die erhöhten Gewinne, so unterliegt der betreffende Gewinnanteil, sollte der andere Vertragsstaat diese Gewinnerhöhung nicht durch eine entsprechende Gewinnminderung ausgleichen, in beiden Staaten, wenn auch bei unterschiedlichen Steuerpflichtigen der Besteuerung.[134] Es handelt sich somit mangels Subjektidentität nicht um einen Fall der juristischen Doppelbesteuerung, sondern vielmehr um eine wirtschaftliche Doppelbesteuerung.

Zweck der Regelung des Art. 9 Abs. 2 OECD-MA ist es aber gerade die *wirtschaftliche* Doppelbesteuerung bei verbundenen Unternehmen zu beseitigen.[135] Dabei ist Art. 9 Abs. 2 OECD-MA die einzige Vorschrift des OECD-MA, die dieses Ziel verfolgt, während die anderen Artikel der Beseitigung *juristischer* Doppelbesteuerung dienen.[136]

Um dieses Ziel zu erreichen, regelt Art. 9 Abs. 2 Satz 1 OECD-MA, dass bei Vorliegen der in dieser Vorschrift genannten Voraussetzungen bei dem Staat, der nicht die Gewinnberichtigung nach Art. 9 Abs. 1 OECD-MA vorgenommen hat, eine korrespondierende Gewinnberichtigung[137] zu erfolgen hat.[138] Dies wird auch

---

132 *Becker* in: Haase, AStG/DBA, Art. 9 MA Rn. 1 und 14; *Kaminski* in: Strunk/Kaminski/Köhler, AStG/DBA, Kommentar, Stand: Juni 2013, Art. 9 MA Rn. 40.2.

133 *Eigelshoven* in: Vogel/Lehner, DBA, Kommentar, Art. 9 Rn. 31.

134 *Becker* in: Haase, AStG/DBA, Art. 9 MA Rn. 48; *Eigelshoven* in: Vogel/Lehner, DBA, Kommentar, Art. 9 Rn. 159.

135 *Becker* in: Gosch/Kroppen/Grotherr, DBA, Kommentar, Stand: Oktober 2000, Art. 9 MA Rn. 10; *Eigelshoven* in: Vogel/Lehner, DBA, Kommentar, Art. 9 Rn. 159.

136 *Eigelshoven* in: Vogel/Lehner, DBA, Kommentar, Art. 9 Rn. 160.

137 Vgl. *Flüchter* in: Schönfeld/Ditz, DBA, Art. 25 Rn. 42 für eine Auseinandersetzung mit der Frage, ob eine Gegenberichtigung auch in den Fällen durchzuführen ist, in denen das Doppelbesteuerungsabkommen eine Art. 9 Abs. 2 OECD-MA entsprechende Klausel nicht aufweist.

138 *Kaminski* in: Strunk/Kaminski/Köhler, AStG/DBA, Kommentar, Stand: Juni 2013, Art. 9 MA Rn. 49 ff.; *Schaumburg*, Int. Steuerrecht, Rn. 16.290.

als eine „abkommensrechtliche Verpflichtung zu einer Gegenberichtigung“[139] bezeichnet.

Voraussetzungen für eine Gegenberichtigung sind nach Art. 9 Abs. 2 Satz 1 OECD-MA, dass ein Staat eine Gewinnberichtigung zu seinen Gunsten vorgenommen hat, diese Berichtigung zu einer Besteuerung im korrigierenden Staat führte und die Gewinne auch in dem anderen Staat der Besteuerung unterworfen worden sind. Ferner ist Voraussetzung, dass die Gewinnzurechnung dem Fremdvergleichsgrundsatz entspricht.[140]

Sind die vorgenannten Voraussetzungen zu bejahen, so erfolgt die Gegenberichtigung jedoch nicht automatisch.[141] Vielmehr kann der Staat, der zu einer etwaigen Gegenberichtigung verpflichtet wäre, autonom prüfen, ob der andere Staat Art. 9 Abs. 1 OECD-MA in zutreffender Weise angewendet hat.[142] Kommt der Vertragsstaat zu dem Ergebnis, dass der korrigierende Vertragsstaat zutreffenderweise eine Gewinnberichtigung nach Art. 9 Abs. 1 OECD-MA vorgenommen hat, so wird er eine korrespondierende Berichtigung vornehmen. Diese kann beispielsweise durch eine entsprechende Änderung der in diesem Staat erhobenen Steuern erfolgen, mit dem Ziel die Gewinnerhöhung und deren Besteuerung im anderen Staat auszugleichen.

Es besteht jedoch auch die Möglichkeit, dass der grundsätzlich zu einer Gegenberichtigung verpflichtete Staat die Anwendung von Art. 9 Abs. 1 OECD-MA überprüft und zu dem Ergebnis kommt, dass die Berichtigung dem Grunde und/oder der Höhe nach nicht gerechtfertigt ist.[143] Besteht demzufolge keine Einigkeit bei den Vertragsstaaten hinsichtlich des Grundes und der Höhe der Erstberichtigung, so sieht Art. 9 Abs. 2 Satz 2 HS 2 OECD-MA ausdrücklich vor, dass die Vertragsstaaten einander konsultieren.[144] Sollte auch dann keine Einigung erzielt und dementsprechend keine Gegenberichtigung durchgeführt werden, so ist eine wirtschaftliche Doppelbesteuerung die Konsequenz. Diese kann

---

139 *Wassermeyer* in: Wassermeyer, DBA, Kommentar, Stand: Mai 2004, Art. 9 MA Rn. 8.

140 *Becker* in: Gosch/Kroppen/Grotherr, DBA, Kommentar, Stand: Oktober 2000, Art. 9 MA Rn. 245; *Becker* in: Haase, AStG/DBA, Art. 9 MA Rn. 53.

141 *Becker* in: Haase, AStG/DBA, Art. 9 MA Rn. 48.

142 *Kaminski* in: Strunk/Kaminski/Köhler, AStG/DBA, Kommentar, Stand: Juni 2013, Art. 9 MA Rn. 57.1; *Wassermeyer* in: Wassermeyer, DBA, Kommentar, Stand: Mai 2004, Art. 9 MA Rn. 8 und 374.

143 OECD-Musterkommentar 2010 zu Art. 9 OECD-MA, Ziff. 6 abgedruckt in: Schönfeld/Ditz, DBA, Art. 9 Vor Rn. 1.

144 *Eigelshoven* in: Vogel/Lehner, DBA, Kommentar, Art. 9 Rn. 164 ff.

dann über ein Verständigungs- bzw. Schiedsverfahren nach Art. 25 OECD-MA behoben werden.[145]

III. Verfahren nach Art. 25 OECD-MA

In den meisten Fällen wird eine internationale juristische Doppelbesteuerung bereits durch die entsprechende Anwendung der Verteilungs- und Vermeidungsnormen des einschlägigen Abkommens seitens beider Vertragsstaaten und eine wirtschaftliche Doppelbesteuerung durch Gegenberichtigungsregeln vermieden. Sollte dies nicht der Fall sein und/oder besteht Uneinigkeit über die Anwendung des Abkommens, so sieht das OECD-Musterabkommen in Art. 25 OECD-MA verschiedene Verfahren vor, um das Ziel der Vermeidung einer Doppelbesteuerung sowohl für Einheitsunternehmen (Art. 7 OECD-MA) als auch für verbundene Unternehmen (Art. 9 OECD-MA) zu erreichen.

Zwar liegt bei verbundenen Unternehmen mangels Subjektidentität keine juristische Doppelbesteuerung vor, jedoch sind die Vorschriften des Art. 25 OECD-MA über Verständigung- und Schiedsverfahren nach Auffassung der Mehrheit der OECD-Mitgliedstaaten auch in Verrechnungspreisfällen anwendbar.[146]

Bei der Regelung des Art. 25 OECD-MA ist zwischen dem sog. Verständigungsverfahren im engeren Sinn gemäß Art. 25 Abs. 1 und 2 OECD-MA, dem sog. Verständigungsverfahren im weiteren Sinne gemäß Art. 25 Abs. 3 OECD-MA sowie dem Schiedsverfahren nach Art. 25 Abs. 5 OECD-MA zu unterscheiden.[147] Das Verständigungsverfahren im weiteren Sinne lässt sich weiter unterteilen in das sog. konkrete Konsultationsverfahren nach Art. 25 Abs. 3 Satz 1 OECD-MA und das sog. abstrakte Konsultationsverfahren nach Art. 25 Abs. 3 Satz 2 OECD-MA.[148] Art. 25 Abs. 4 OECD-MA enthält Durchführungsbestimmungen für die Verfahren nach Art. 25 Abs. 1, 2 und 3 OECD-MA.[149] Die Verfahren des Art. 25 Abs. 1 bis 3 OECD-MA können dabei jeweils gesondert und voneinander unabhängig durchgeführt werden.[150] Das Schiedsverfahren nach Art. 25 Abs. 5

---

145 *Becker* in: Haase, AStG/DBA, Art. 9 MA Rn. 48.

146 OECD-Musterkommentar 2010 zu Art. 25 OECD-MA, Ziff. 11 abgedruckt in: Schönfeld/Ditz, DBA, Art. 25 Vor Rn. 1; *Kramer*, IStR 2007, 174 (177).

147 *Albert*, DBA-Verständigungsverfahren, S. 12; *Flüchter*, IStR 2012, 694 (694 f.).

148 *Albert*, DBA-Verständigungsverfahren, S. 32; *Schaumburg*, Int. Steuerrecht, Rn. 16.108.

149 *Flüchter* in: Schönfeld/Ditz, DBA, Art. 25 Rn. 8; *Lehner* in: Vogel/Lehner, DBA, Kommentar, Art. 25 Rn. 3.

150 *Lehner* in: Vogel/Lehner, DBA, Kommentar, Art. 25 Rn. 3; *Schmitz* in: Strunk/Kaminski/ Köhler, AStG/DBA, Kommentar, Stand: Oktober 2009, Art. 25 MA Rn. 3.

OECD-MA hingegen bildet einen unselbstständigen Teil des Verständigungsverfahrens im engeren Sinne gemäß Art. 25 Abs. 1 und 2 OECD-MA.[151]

Im Februar 2007 wurde zu den Verständigungsverfahren nach Art. 25 OECD-MA von der OECD das Manual on Effective Mutual Agreement Procedures (MEMAP)[152] herausgebracht, welches zwar keine verbindlichen Vorgaben macht, jedoch eine Beschreibung der Praxis des Verständigungsverfahrens sowie bewährte Herangehensweisen enthält.[153]

1. Verständigungsverfahren im engeren Sinn (Art. 25 Abs. 1 und 2 OECD-MA)

Als Verständigungsverfahren im engeren Sinn wird das in Art. 25 Abs. 1 und 2 OECD-MA vorgesehene Verfahren bezeichnet.[154] Dieses lässt sich in drei Verfahrensabschnitte gliedern, nämlich in das Vorprüfungs- und Abhilfeverfahren, das Verständigungsverfahren im eigentlichen Sinne und das Verfahren der jeweiligen nationalen Umsetzung der Verständigung durch die zuständigen Behörden der beteiligten Vertragsstaaten.[155]

a) Antragstellung

Voraussetzung für eine Einleitung des Verständigungsverfahrens im engeren Sinne ist, dass die betroffene, in einem Vertragsstaat ansässige (Art. 1, Art. 3 Abs. 1 Buchst. a) und b), Art. 4 Abs. 1 OECD-MA; ausnahmsweise ein Staatsangehöriger) Person[156] den entsprechenden Antrag bei der zuständigen Behörde des Ansässigkeitsstaats[157] stellt. Ferner muss der Antrag innerhalb von drei Jahren nach der ersten Mitteilung der Maßnahme[158] gestellt werden, die zu der abkommenswidrigen Besteuerung führt (Art. 25 Abs. 1 Satz 2 OECD-MA). Der Steuerpflichtige kann

151 *Liebchen* in: Schönfeld/Ditz, DBA, Art. 25 Rn. 239.

152 OECD, Manual on Effective Mutual Agreement Procedures (MEMAP) v. Feb. 2007, www.oecd.org/ctp/dispute/manualoneffectivemutualagreementproceduresmemap.htm (Stand: 25.04.2014).

153 *Flüchter* in: Schönfeld/Ditz, DBA, Art. 25 Rn. 12.

154 *Albert*, DBA-Verständigungsverfahren, S. 12.

155 *Eilers* in: Wassermeyer, DBA, Kommentar, Stand: Mai 2008, Art. 25 MA Rn. 45 ff.; *Lehner* in: Vogel/Lehner, DBA, Kommentar, Art. 25 Rn. 71; *Schaumburg*, Int. Steuerrecht, Rn. 16.99.

156 Vgl. zur Begriffsbestimmung der „Person“ die Ausführungen von: *Flüchter* in: Schönfeld/Ditz, DBA, Art. 25 Rn. 31 ff. Im Folgenden wird auch pauschal von dem/den Steuerpflichtigen gesprochen.

157 Vgl. dazu: Art. 3 Abs.1 Buchst. f) OECD-MA.

158 Vgl. dazu im Einzelnen: *Flüchter* in: Schönfeld/Ditz, DBA, Art. 25 Rn. 81 ff.

das Verständigungsverfahren unabhängig davon, ob er innerstaatliche Rechtsbehelfe bereits eingelegt hat oder nicht einlegt, initiieren.[159]

Die zuständige Behörde in Deutschland ist das Bundeszentralamt für Steuern in Bonn.[160] Denkbar ist allerdings auch, dass der Steuerpflichtige den Antrag fristwahrend bei seiner örtlichen Finanzbehörde stellt, die diesen sodann weiterleitet.[161]

Den Antrag stellt ein Steuerpflichtiger, wenn er der Auffassung ist, dass Maßnahmen eines Vertragsstaats oder beider Vertragsstaaten für ihn zu einer Besteuerung führen oder führen werden, die dem Abkommen nicht entspricht (Art. 25 Abs. 1 Satz 1 OECD-MA).[162] Folglich kann es zur Einleitung eines Verständigungsverfahrens kommen, wenn eine konkret abkommenswidrige Besteuerung entweder bereits vorliegt oder droht.[163] Das Verfahren ist infolgedessen auf konkrete Einzelfälle ausgelegt. Eine abkommenswidrige Besteuerung kann insbesondere im Falle einer Doppelbesteuerung vorliegen.[164] Jedoch kann eine Maßnahme auch abkommenswidrig sein, wenn keine Doppelbesteuerung gegeben ist.[165] Eine dem Abkommen widersprechende Besteuerung kann sich ergeben aus (1) einer falschen Auslegung und Anwendung der Rechtsnormen des Abkommens, (2) einer fehlerhaften Auslegung nationalen Rechts und (3) aus fehlerhaften Feststellungen zum tatsächlichen Sachverhalt.[166] Bei international agierenden Unternehmen kommt eine abkommenswidrige Besteuerung insbesondere bei der unzutreffenden Anwendung der Artt. 7 und 9 OECD-MA zum Tragen.[167] Dabei kann die unzutreffende Anwendung des Abkommens entweder

---

159 *Flüchter* in: Schönfeld/Ditz, DBA, Art. 25 Rn. 68. Vgl. dazu auch: *Albert*, DBA-Verständigungsverfahren, S. 13 ff., der auf eine diesbezüglich unterschiedliche Staatenpraxis hinweist.

160 BMF-Schreiben v. 13.07.2006, BStBl. I 2006, 461, Tz. 1.4.

161 BMF-Schreiben v. 13.07.2006, BStBl. I 2006, 461, Tz. 2.1.4 und 2.2.2.

162 Vgl. zu den Tatbestandsmerkmalen im Einzelnen die Ausführungen von: *Flüchter* in: Schönfeld/Ditz, DBA, Art. 25 Rn. 39 ff. und 51 ff. sowie von: *Schmitz* in: Strunk/ Kaminski/ Köhler, AStG/DBA, Kommentar, Stand: Oktober 2009, Art. 25 MA Rn. 10 ff.

163 *Eilers* in: FS Ritter, S. 73 (77).

164 *Portner* in: APAs, S. 13 (25).

165 *Eilers* in: Wassermeyer, DBA, Kommentar, Stand: Mai 2008, Art. 25 MA Rn. 31; *Lehner* in: Vogel/Lehner, DBA, Kommentar, Art. 25 Rn. 36.

166 *Albert*, DBA-Verständigungsverfahren, S. 16; *Lehner* in: Vogel/Lehner, DBA, Kommentar, Art. 25 Rn. 30; *Schaumburg*, Int. Steuerrecht, Rn. 16.94.

167 *Flüchter* in: Schönfeld/Ditz, DBA, Art. 25 Rn. 42. Vgl. dort Rn. 46 auch für die Frage des richtigen Antragstellers bei verbundenen Unternehmen.

aus einer unberechtigten Gewinnzurechnung bzw. Verrechnungspreiskorrektur oder – im Falle einer berechtigten Korrektur – aus der Verweigerung einer entsprechenden Gegenkorrektur resultieren.[168]

b) Vorprüfungs- und Abhilfeverfahren

Die zuständige Behörde ist nach Eingang des Antrags auf der ersten Stufe des Verfahrens verpflichtet zu prüfen, ob die Einwendungen des Steuerpflichtigen begründet sind und ob sie selbst zur Abhilfe in der Lage ist.[169] Ist dies der Fall, so wird sie innerstaatliche Maßnahmen treffen, um eine für den Steuerpflichtigen befriedigende Lösung herbeizuführen.[170]

In der Regel wird es indes dann zu keiner Abhilfe seitens des Staates, bei dem der Antrag gestellt wurde, kommen, wenn die abkommenswidrige Besteuerung ihre Ursache in einer Maßnahme des anderen Vertragsstaats hat.[171]

c) Verständigungsverfahren im eigentlichen Sinne

Kommt die zuständige Behörde in einem solchen Fall zu dem Ergebnis, dass sie selbst nicht in der Lage ist, eine befriedigende Lösung herbeizuführen, wird sie sich auf der zweiten Stufe (Art. 25 Abs. 2 und Abs. 4 OECD-MA, sog. Verständigungsverfahren im eigentlichen Sinne) um eine Verständigung mit der zuständigen Behörde des anderen Staates bemühen.[172] Sie wird sich dazu mit der zuständigen Behörde des anderen Vertragsstaats in Verbindung setzen, um durch einen Austausch von sachlichen Informationen und rechtlichen Ansichten eine gemeinschaftliche Beurteilung oder zumindest einen Kompromiss zu erzielen.[173] Dabei sind die Vertragsstaaten jedoch nicht verpflichtet, zu einer Verständigung zu kommen und so eine Doppelbesteuerung zu vermeiden, vielmehr ist auch ein Scheitern der Verständigungsbemühungen möglich.[174]

Abgesehen von der Antragsbefugnis sind die Steuerpflichtigen grundsätzlich innerhalb des Verständigungsverfahrens im eigentlichen Sinne, das als Verwaltungsverfahren zwischen den zuständigen Behörden ausgestaltet ist, nicht

---

168 *Flüchter* in: Schönfeld/Ditz, DBA, Art. 25 Rn. 42.

169 *Flüchter* in: Schönfeld/Ditz, DBA, Art. 25 Rn. 50; *Krabbe*, IStR 2002, 548 (550).

170 BMF-Schreiben v. 13.07.2006, BStBl. I 2006, 461, Tz. 2.4.1.

171 *Lehner* in: Vogel/Lehner, DBA, Kommentar, Art. 25 Rn. 79.

172 Vgl. für Einzelheiten zum Verständigungsverfahrens im eigentlichen Sinne, dabei insbesondere zum Ablauf des Verfahrens, die Ausführungen von: *Flüchter* in: Schönfeld/Ditz, DBA, Art. 25 Rn. 123 ff.

173 *Albert*, DBA-Verständigungsverfahren, S. 25 f.

174 *Eilers* in: Wassermeyer, DBA, Kommentar, Stand: Mai 2008, Art. 25 MA Rn. 54; *Flüchter* in: Schönfeld/Ditz, DBA, Art. 25 Rn. 134.

Verfahrensbeteiligte.[175] Jedoch wird von der OECD beispielsweise empfohlen, dass dem Steuerpflichtigen die Möglichkeit eingeräumt wird, den zuständigen Behörden sowohl den Sachverhalt als auch seine Rechtsauffassung sowohl schriftlich als auch mündlich zu präsentieren.[176] Weiter soll der Steuerpflichtige auch über den Stand des Verfahrens sowie die sich ergebenden Streitfragen unterrichtet werden, wobei er jedoch nicht an den eigentlichen Verhandlungen teilnehmen darf.[177]

Beendet wird das Verständigungsverfahren im eigentlichen Sinne bei erfolgreicher Verständigung durch den Abschluss einer Verständigungsvereinbarung oder im Falle einer nicht erfolgreichen Verständigung durch Scheitern des Verfahrens. Eine Einigung soll dabei innerhalb von zwei Jahren ab Annahme des Verfahrens erreicht werden.[178] In der Praxis kann dieser Zeitrahmen jedoch häufig nicht eingehalten werden.[179]

Scheitert das Verfahren, so kommen Billigkeitsmaßnahmen oder, wenn das jeweilige Protokoll zu dem Abkommen dies explizit vorsieht, gegebenenfalls eine einseitige Steueranrechnung in Betracht.[180]

Sollte das jeweilige Abkommen ein Schiedsverfahren nach Art. 25 Abs. 5 OECD-MA[181] vorsehen, so ist das Scheitern des Verständigungsverfahrens im eigentlichen Sinne elementare Voraussetzung für die Einleitung eines solchen

---

175 *Flüchter* in: Schönfeld/Ditz, DBA, Art. 25 Rn. 149; *Puls/Nientimp*, RIW 2006, 673 (674); *Schaumburg*, Int. Steuerrecht, Rn. 16.90; *Lehner* in: Vogel/Lehner, DBA, Kommentar, Art. 25 Rn. 116.

176 OECD-Musterkommentar 2010 zu Art. 25 OECD-MA, Ziff. 40 (für Verrechnungspreisfälle) abgedruckt in: Schönfeld/Ditz, DBA, Art. 25 Vor Rn. 1; OECD, Manual on Effective Mutual Agreement Procedures (MEMAP) v. Feb. 2007, Tz. 3.3.2, www.oecd.org/ctp/dispute/manualoneffectivemutualagreementproceduresmemap.htm (Stand: 25.04.2014). Vgl. dort Tz. 3.3 auch für weitere Einzelheiten zur Rolle des Steuerpflichtigen im Verständigungsverfahren.

177 OECD, Manual on Effective Mutual Agreement Procedures (MEMAP) v. Feb. 2007, Tz. 3.3.3 und 3.7, www.oecd.org/ctp/dispute/manualoneffectivemutualagreementproceduresmemap.htm (Stand: 25.04.2014).

178 OECD-Musterkommentar 2010 zu Art. 25 OECD-MA, Ziff. 40 (für Verrechnungspreisfälle) abgedruckt in: Schönfeld/Ditz, DBA, Art. 25 Vor Rn. 1; OECD, Manual on Effective Mutual Agreement Procedures (MEMAP) v. Februar 2007, Tz. 3.9, www.oecd.org/ctp/dispute/manualoneffectivemutualagreementproceduresmemap.htm (Stand: 25.04.2014).

179 *Flüchter* in: Schönfeld/Ditz, DBA, Art. 25 Rn. 27 und 148.

180 *Eicker/Stockburger*, IWB, F. 11, Gr. 2, 661 (664); *Lehner* in: Vogel/Lehner, DBA, Kommentar, Art. 25 Rn. 115.

181 Vgl. dazu unter: 2. Teil, B. III. 3., S. 34 ff.

Schiedsverfahrens. Dabei stellt das Schiedsverfahren einen unselbstständigen Teil des vorher durchgeführten Verständigungsverfahrens dar und ist keine Alternative zur Streitbeilegung bezüglich der Anwendung des Abkommens.[182]

d) Nationale Umsetzung

Wurde eine Verständigungsvereinbarung getroffen, so bedarf es einer nationalen Umsetzung, da die Verständigungsvereinbarung nicht als solche in den betroffenen Staaten Geltung entfaltet.[183]

2. Verständigungsverfahren im weiteren Sinne (Art. 25 Abs. 3 OECD-MA)

a) Konkretes Konsultationsverfahren (Art. 25 Abs. 3 Satz 1 OECD-MA)

Das konkrete Konsultationsverfahren nach Art. 25 Abs. 3 Satz 1 OECD-MA ist darauf gerichtet, gegenseitiges Einvernehmen der zuständigen Behörden der Vertragsstaaten in den Fällen herbeizuführen, in denen Schwierigkeiten oder Zweifel bei der Auslegung oder Anwendung entstehen.

Dabei geht es um Schwierigkeiten oder Zweifel, die entweder einen Einzelfall oder eine Gruppe von Steuerpflichtigen abstrakt betreffen oder betreffen können. Das Verfahren setzt demzufolge – im Gegensatz zum Verständigungsverfahren im engeren Sinn – nicht voraus, dass im Einzelfall ein von einer abkommenswidrigen Besteuerung betroffener Steuerpflichtiger eine Verfahrenseinleitung beantragt.[184] Vielmehr können Auslegungs- und Anwendungsfragen umfassend von den zuständigen Behörden der Vertragsstaaten geklärt werden.[185] Ein laufendes Verständigungsverfahren erfordert jedoch notwendig ein Konsultationsverfahren der Behörden gemäß Art. 25 Abs. 3 Satz 1 und Abs. 4 OECD-MA.

b) Abstraktes Konsultationsverfahren (Art. 25 Abs. 3 Satz 2 OECD-MA)

Nach Art. 25 Abs. 3 Satz 2 OECD-MA, also dem abstrakten Konsultationsverfahren, können die Behörden gemeinsam darüber beraten, wie eine Doppelbesteuerung in

---

182 *Lehner* in: Vogel/Lehner, DBA, Kommentar, Art. 25 Rn. 97; OECD-Musterkommentar 2010 zu Art. 25 OECD-MA, Ziff. 5 abgedruckt in: Schönfeld/Ditz, DBA, Art. 25 Vor Rn. 1.

183 *Albert*, DBA-Verständigungsverfahren, S. 26 f.; *Bär*, Verständigungen über Verrechnungspreise verbundener Unternehmen, S. 236 ff.; *Stiewe*, Verfahrensrechtliche Umsetzung int. Verständigungsvereinbarungen (§ 175a AO), S. 141 f. Für weitere Einzelheiten zur nationalen Umsetzung vgl. unter: 2. Teil, B. III. 4., S. 41 ff.

184 *Flüchter*, IStR 2012, 694 (695); *Lehner* in: Vogel/Lehner, DBA, Kommentar, Art. 25 Rn. 155.

185 *Albert*, DBA-Verständigungsverfahren, S. 32.

den Fällen vermieden werden kann, die im Abkommen nicht geregelt sind. Dieses Verfahren wird auch als Verfahren zur Ergänzung des Abkommens bezeichnet.[186] Das Verfahren kann dabei einen konkreten Einzelfall oder eine unbekannte Zahl von Fällen zum Gegenstand haben.[187] Es betrifft insbesondere Gewinnabgrenzungen zwischen Unternehmensteilen und verbundenen Unternehmen.

3. *Schiedsverfahren nach Art. 25 Abs. 5 OECD-MA*

a) **Allgemeines**

Selbst bei Durchführung des Verständigungsverfahrens im eigentlichen Sinne hat der Steuerpflichtige keinen Anspruch darauf, dass die zuständigen Behörden dieses Verfahren mit einer Einigung abschließen.[188] Erfolgt dies nicht, so besteht für den Steuerpflichtigen als mögliche und wahrscheinliche Konsequenz die nachteilige Auswirkung, dass keine (vollständige) Entlastung von der Doppelbesteuerung erreicht wird. Durch den Abschluss von Doppelbesteuerungsabkommen soll jedoch gerade eine Doppelbesteuerung vermieden werden, so dass dieses Ziel allein mit Hilfe der Durchführung eines nicht mit einer Verständigung abschließenden Verständigungsverfahrens nicht erreicht wird. Etwas anders gilt in Ausnahmefällen dann, wenn bei Scheitern des Verständigungsverfahrens von einem der beteiligten Staaten eine Billigkeitsmaßnahme ergriffen wird, was jedoch unabhängig von dem jeweils geschlossenen Abkommen erfolgt. Mithin bietet die bloße Möglichkeit der Durchführung eines Verständigungsverfahrens und die tatsächliche Durchführung desselben keine Gewähr dafür, dass im Ergebnis die Beseitigung einer Doppelbesteuerung erreicht wird.

Aus diesem Grund haben bereits in der Vergangenheit einige Staaten bei der Verhandlung und dem Abschluss eines Doppelbesteuerungsabkommens Regelungen für ein Schiedsverfahren aufgenommen. Als Beispiele seien die Abkommen von Deutschland mit Frankreich, Kanada, Österreich, Schweden und den USA genannt.[189]

Am 30. Januar 2007 hat der Steuerausschuss der OECD den Bericht zur Verbesserung der Beilegung von Streitigkeiten im Zusammenhang mit Doppelbesteuerungsabkommen verabschiedet.[190] Diesem ging ein Verfahren voraus, in

---

186 *Flüchter*, IStR 2012, 694 (696).

187 *Lehner* in: Vogel/Lehner, DBA, Kommentar, Art. 25 Rn. 155.

188 *Schaumburg*, Int. Steuerrecht, Rn. 16.110.

189 *Lehner* in: Vogel/Lehner, DBA, Kommentar, Art. 25 Rn. 260 ff.

190 OECD, Improving the Resolution of Tax Treaty Disputes (Report adopted by the Committee on Fiscal Affairs on 30 January 2007), Februar 2007, www.oecd.org/tax/dispute/38055311.pdf (Stand: 25.04.2014); *Owens*, IStR 2007, 472 (472).

dem bereits im Juli 2004 ein Bericht des Steuerausschusses der OECD veröffentlicht wurde, in dem verschiedene Vorschläge zur Lösung von internationalen Steuerkonflikten durch das Verständigungsverfahren aufgezeigt wurden.[191] Im Februar 2006 veröffentlichte der Steuerausschuss einen Diskussionsentwurf mit dem Titel „Proposals for Improving Mechanisms for the Resolution of Tax Treaty Disputes“, in dem Vorschläge zur Änderung des Musterabkommens, insbesondere durch Hinzufügen von Regelungen bezüglich eines Schiedsverfahrens, enthalten waren.[192]

Nach der Veröffentlichung dieses Entwurfs erfolgte eine Diskussion mit schriftlichen Kommentaren und einem Meinungsaustausch auf einem Treffen im März 2006. Der im Jahre 2007 veröffentlichte, vorgenannte Bericht ist das Resultat dieser vorangegangenen Debatte. Er enthält einen Formulierungsvorschlag für Art. 25 Abs. 5 OECD-MA sowie für die Kommentierung zu Artikel 25 OECD-MA.[193] Diese Formulierungen wurden in das Update des OECD-Musterabkommens 2008 aufgenommen.[194] Vorgesehen ist damit nunmehr ein obligatorisches Schiedsverfahren.[195]

Ein solches liegt vor, wenn sich die Vertragsstaaten bereits vor der Entstehung eines Konflikts verbindlich zur Durchführung eines Schiedsverfahrens verpflichten.[196] Demgegenüber liegt ein fakultatives Schiedsverfahren vor, wenn

---

191 OECD, Improving the Process for Resolving International Tax Disputes, Version released for public comment on 27 July 2004, www.oecd.org/tax/treaties/33629447.pdf (Stand: 25.04.2014).

192 OECD, Improving the Resolution of Tax Treaty Disputes (Report adopted by the Committee on Fiscal Affairs on 30 January 2007), Februar 2007, S. 3, www.oecd.org/tax/dispute/38055311.pdf (Stand: 25.04.2014).

193 OECD, Improving the Resolution of Tax Treaty Disputes (Report adopted by the Committee on Fiscal Affairs on 30 January 2007), Februar 2007, S. 5 ff., www.oecd.org/tax/dispute/38055311.pdf (Stand: 25.04.2014).

194 *Lehner* in: Vogel/Lehner, DBA, Kommentar, Art. 25 Rn. 201.

195 *Flüchter* in: Schönfeld/Ditz, DBA, Art. 25 Rn. 9; *Liebchen* in: Schönfeld/Ditz, DBA, Art. 25 Rn. 243; *Nientimp/Tomson*, IStR 2009, 615 (616); *Wilke*, Int. Steuerrecht, Rn. 976. a.A. *Rütters*, Steuer und Studium 2010, 23 (24), der aufgrund des notwendigen Antrags des Steuerpflichtigen von einem fakultativen Schiedsverfahren ausgeht. Diese Auffassung verkennt indes, dass es auf einen Automatismus nicht ankommt, sondern die Unterscheidung zwischen obligatorischem und fakultativem Verfahren gerade darin liegt, dass sich die beteiligten Staaten im Vorfeld verbindlich auf die Durchführung eines Schiedsverfahrens geeinigt haben und nicht erst nach Entstehung des Konflikts.

196 *Albert*, Schiedsverfahren im Int. Steuerrecht, S. 8; *Lehner* in: Vogel/Lehner, DBA, Kommentar, Art. 25 Rn. 203; *Rütters*, Steuer und Studium 2010, 23 (24). Vgl.

sich die befassten Staaten erst nach Entstehung der Streitigkeit über die Durchführung eines solchen Verfahrens einigen.[197]

b) Schiedsklausel des Art. 25 Abs. 5 OECD-MA im Einzelnen

Konzeptionell handelt es sich bei dem Schiedsverfahren nach Art. 25 Abs. 5 OECD-MA nicht um ein eigenständiges Verfahren, sondern es ist vielmehr unselbstständiger Bestandteil des Verständigungsverfahrens im engeren Sinne.[198] Dies ist auch daraus ersichtlich, dass Voraussetzung für die Einleitung eines Schiedsverfahrens ist, dass ein wegen abkommenswidriger Besteuerung eingeleitetes Verständigungsverfahren innerhalb von zwei Jahren nach Unterbreitung des Falles ganz oder teilweise erfolglos geblieben ist (Art. 25 Abs. 5 Satz 1 Buchst. a) und b) OECD-MA).[199] Im Unterschied zur Einleitung des Verständigungsverfahrens, bei der ausreichend ist, dass eine abkommenswidrige Besteuerung droht, bedarf es für die Einleitung des Schiedsverfahrens einer tatsächlich bereits eingetretenen abkommenswidrigen Besteuerung.[200]

Ist diese Voraussetzung des Fehlens einer abschließenden Verständigung erfüllt, so werden die ungelösten Fragen des Falles auf Antrag des Steuerpflichtigen einem Schiedsverfahren unterworfen. Dabei ist zu beachten, dass grundsätzlich nur die ungelösten Streitfragen des Verständigungsverfahrens Gegenstand des Schiedsverfahrens sind, nicht hingegen der vollständige, dem Verständigungsverfahren zu Grunde liegende, Sachverhalt.[201] Gemäß Art. 25 Abs. 5 Satz 2 OECD-MA kann ein Schiedsverfahren dann nicht durchgeführt werden, wenn

---

ausführlich zu obligatorischen Schiedsverfahren: *Züger*, Schiedsverfahren für DBA, S. 73 ff.

197 *Lehner* in: Vogel/Lehner, DBA, Kommentar, Art. 25 Rn. 203. Vgl. ausführlich zu fakultativen Schiedsverfahren: *Züger*, Schiedsverfahren für DBA, S. 31 ff.

198 *Albert*, Schiedsverfahren im Int. Steuerrecht, S. 9; *Liebchen* in: Schönfeld/Ditz, DBA, Art. 25 Rn. 239 und 241; *Owens*, IStR 2007, 472 (472); *Rütters*, Steuer und Studium 2010, 23 (24); *van Herksen/Fraser*, ITPJ 2009, 143 (156).

199 *Eilers* in: Wassermeyer, DBA, Kommentar, Stand: Mai 2008/Oktober 2011, Art. 25 MA Rn. 72; *Lehner* in: FS Reiss, S. 665 (672); *Schaumburg*, Int. Steuerrecht, Rn. 16.111.

200 *Herlinghaus*, IStR 2010, 125 (127); *Lehner* in: FS Reiss, S. 665 (672); OECD-Musterkommentar 2010 zu Art. 25 OECD-MA, Ziff. 72 abgedruckt in: Schönfeld/Ditz, DBA, Art. 25 Vor Rn. 1; *Nientimp/Tomson*, IStR 2009, 615 (616).

201 *Eilers* in: Wassermeyer, DBA, Kommentar, Stand: Mai 2008, Art. 25 MA Rn. 76; *Schmitz* in: Strunk/Kaminski/Köhler, AStG/DBA, Kommentar, Stand: Oktober 2009, Art. 25 MA Rn. 70. Vgl. dazu auch im Einzelnen: *Liebchen* in: Schönfeld/Ditz, DBA, Art. 25 Rn. 242.

in einem der beiden Vertragsstaaten bereits eine Gerichtsentscheidung zu dem konkreten Streitfall ergangen ist.

Auf der anderen Seite sind die Unternehmen jedoch nicht verpflichtet, die Bestandskraft der Steuerfestsetzungen eintreten zu lassen. Vielmehr können das Verständigungs- und Schiedsverfahren und innerstaatliche Rechtsmittel grundsätzlich parallel nebeneinander betrieben werden.[202] Dies gilt grundsätzlich auch in Deutschland. So kann nach der deutschen Finanzverwaltung ein Antrag auf Durchführung eines Verständigungsverfahrens auch dann gestellt werden, wenn bereits ein Einspruchs- oder Klageverfahren anhängig ist.[203]

Da ein Schiedsverfahren nach Art. 25 Abs. 5 Satz 2 OECD-MA nicht durchgeführt werden kann, wenn eine Gerichtsentscheidung zu den ungelösten Fragen vorliegt, müssen sich die beteiligten Unternehmen im Ergebnis in der Praxis zwischen dem aktiven Betreiben des nationalen Rechtsbehelfs und dem Verständigungs- und Schiedsverfahren entscheiden, wobei sie bei Verfolgung des Verständigungs- und Schiedsverfahrens und einer gleichzeitigen Aussetzung oder Ruhendstellung des Einspruchs- oder Klageverfahrens die Möglichkeit zur Weiterbetreibung des nationalen Rechtsmittels nicht verlieren.[204]

Da es sich bei dem Schiedsverfahren nach Art. 25 Abs. 5 OECD-MA um ein obligatorisches Schiedsverfahren handelt, steht die Einleitung nicht im Ermessen der beteiligten zuständigen Behörden.[205] Vielmehr hat der antragstellende Steuerpflichtige einen Anspruch auf Einleitung des Schiedsverfahrens, wenn die vorgenannten Voraussetzungen gegeben sind.[206]

Im Hinblick auf die Durchführung des Schiedsverfahrens, wie beispielsweise hinsichtlich der Bestellung der Schiedsrichter und des Verfahrensablaufs, trifft Art. 25 Abs. 5 OECD-MA keine Regelungen. Jedoch enthält der OECD-Musterkommentar als Anlage zur Kommentierung des Art. 25 OECD-MA eine beispielhafte Mustervereinbarung (nachfolgend „Mustervereinbarung“), die von den Vertragsstaaten als Grundlage für eine Verständigungsvereinbarung zur Durchführung des Schiedsverfahrens verwendet werden kann.[207] In dieser Mustervereinbarung finden sich beispielsweise Regelungen zu der Antragsfrist,

202 *Saß*, DB 1991, 984 (986); *Schaumburg*, Int. Steuerrecht, Rn. 16.102.

203 BMF-Schreiben v. 13.07.2006, BStBl. I 2006, 461, Tz. 2.1.5.

204 *Flüchter* in: Schönfeld/Ditz, DBA, Art. 25 Rn. 72.

205 *Liebchen* in: Schönfeld/Ditz, DBA, Art. 25 Rn. 243.

206 *Herlinghaus*, IStR 2010, 125 (126).

207 OECD-Musterkommentar 2010 zu Art. 25 OECD-MA, Anhang nach Rn. 101, Kommentierung zur Mustervereinbarung, Ziff. 1 abgedruckt in: Schönfeld/Ditz, DBA, Art. 25 Vor Rn. 1.

zu der Frist für die Mitteilung an den Antragssteller bezüglich der Fragen, die durch das Schiedsgericht zu lösen sind, zu der Auswahl der Schiedsrichter, zu dem konkreten Verfahrensablauf, zu der Beteiligung des Steuerpflichtigen und zu der Frist für die Übermittlung des Schiedsspruchs.[208]

Nach der Mustervereinbarung soll das Schiedsgericht aus drei Mitgliedern bestehen, von denen jede der beiden zuständigen Behörden einen Schiedsrichter beruft, die dann gemeinsam wiederum einen dritten Schiedsrichter als Vorsitzenden bestimmen.[209] Sollte eine Berufung nicht innerhalb der in der Mustervereinbarung festgelegten Zeit erfolgen, so werden noch nicht berufene Schiedsrichter auf Ersuchen des Antragstellers durch den Direktor des Zentrums für Steuerpolitik und Steuerverwaltung der OECD berufen.[210] Voraussetzung für eine Berufung einer Person als Schiedsrichter ist, dass sie in früheren Verfahrensabschnitten noch nicht mit dem Fall befasst gewesen sind, ansonsten können sie jedoch auch Beamte eines Vertragsstaats sein.[211] Weitere Anforderungen werden an die Schiedsrichter nicht gestellt, da es im Interesse der jeweiligen zuständigen Behörde liege, qualifizierte und geeignete Personen zu berufen.[212]

Parteien des Verfahrens sind die betroffenen Vertragsstaaten, die durch ihre zuständigen Behörden handeln.[213] Von der Befugnis abgesehen, den Antrag auf Einleitung des Schiedsverfahrens zu stellen, ist der Steuerpflichtige – wie auch schon beim Verständigungsverfahren – nicht Partei des Schiedsverfahrens und hat daher auch kein Recht auf Akteneinsicht.[214] Er oder seine Vertreter können

208 OECD-Musterkommentar 2010 zu Art. 25 OECD-MA, Anhang nach Rn. 101, Mustervereinbarung, Ziff. 1 ff. abgedruckt in: Schönfeld/Ditz, DBA, Art. 25 Vor Rn. 1.

209 OECD-Musterkommentar 2010 zu Art. 25 OECD-MA, Anhang nach Rn. 101, Mustervereinbarung, Ziff. 5 abgedruckt in: Schönfeld/Ditz, DBA, Art. 25 Vor Rn. 1.

210 OECD-Musterkommentar 2010 zu Art. 25 OECD-MA, Anhang nach Rn. 101, Mustervereinbarung, Ziff. 5 abgedruckt in: Schönfeld/Ditz, DBA, Art. 25 Vor Rn. 1.

211 OECD-Musterkommentar 2010 zu Art. 25 OECD-MA, Anhang nach Rn. 101, Mustervereinbarung, Ziff. 7 abgedruckt in: Schönfeld/Ditz, DBA, Art. 25 Vor Rn. 1.

212 OECD-Musterkommentar 2010 zu Art. 25 OECD-MA, Anhang nach Rn. 101, Kommentierung zur Mustervereinbarung, Ziff. 15 abgedruckt in: Schönfeld/Ditz, DBA, Art. 25 Vor Rn. 1.

213 *Albert*, Schiedsverfahren im Int. Steuerrecht, S. 15.

214 *Herlinghaus*, IStR 2010, 125 (126); *Nientimp/Tomson*, IStR 2009, 615 (617); *Rütters*, Steuer und Studium 2010, 23 (25); *Schaumburg*, Int. Steuerrecht, Rn. 16.111.

jedoch schriftliche Stellungnahmen abgeben.[215] Nach Ziffer 11 der Mustervereinbarung ist ein mündlicher Vortrag dann möglich, wenn die Schiedsrichter diesem zustimmen.[216] Ein echtes Recht auf Gehör begründet dies allerdings nicht.[217]

Sollten in der Verständigungsvereinbarung Verfahrens- und Beweisregelungen nicht getroffen sein, so wird den Schiedsrichtern nach der Mustervereinbarung der OECD freigestellt, solche Regeln anzuwenden, die sie, unter Beachtung der Vereinbarung und der Entscheidungsvorlage, die auch Verfahrensregeln vorgeben kann, für erforderlich halten.[218] In Randnummer 18 der Kommentierung zu der Mustervereinbarung heißt es zu dieser vorgeschlagenen Regelung, dass die Festlegung der Verfahrens- und Beweisregeln der Einfachheit halber den Schiedsrichtern überlassen werden solle, wenn diese noch nicht in der Vereinbarung oder in der Entscheidungsvorlage vorgesehen sind, wobei diese Regelungen von den Schiedsrichtern sodann ad hoc entwickelt werden sollen.[219] Dabei solle es ihnen freistehen, auf bereits bestehende Regeln zu Schiedsverfahren zurückzugreifen, wofür als Beispiele die Regeln der Internationalen Handelskammer in Paris genannt werden.[220] Dabei ist zu beachten, dass es den Schiedsrichtern nach Randnummer 18 der Kommentierung zu der Mustervereinbarung nur in besonderen Situationen erlaubt sein soll, Tatsachen zu ermitteln.[221] Vielmehr sollen sie grundsätzlich ihre Entscheidung auf die Tatsachen stützen, die bereits in das Verständigungsverfahren eingebracht worden sind.[222]

---

215 *Lehner* in: Vogel/Lehner, DBA, Kommentar, Art. 25 Rn. 228.

216 OECD-Musterkommentar 2010 zu Art. 25 OECD-MA, Anhang nach Rn. 101, Mustervereinbarung, Ziff. 11 abgedruckt in: Schönfeld/Ditz, DBA, Art. 25 Vor Rn. 1.

217 *Hendricks* in: Baumhoff/Wassermeyer, Verrechnungspreise int. verbundener Unternehmen, Rn. 10.24; *Rütters*, Steuer und Studium 2010, 23 (25).

218 OECD-Musterkommentar 2010 zu Art. 25 OECD-MA, Anhang nach Rn. 101, Mustervereinbarung, Ziff. 10 abgedruckt in: Schönfeld/Ditz, DBA, Art. 25 Vor Rn. 1.

219 OECD-Musterkommentar 2010 zu Art. 25 OECD-MA, Anhang nach Rn. 101, Kommentierung zur Mustervereinbarung, Ziff. 18 abgedruckt in: Schönfeld/Ditz, DBA, Art. 25 Vor Rn. 1.

220 OECD-Musterkommentar 2010 zu Art. 25 OECD-MA, Anhang nach Rn. 101, Kommentierung zur Mustervereinbarung, Ziff. 18 abgedruckt in: Schönfeld/Ditz, DBA, Art. 25 Vor Rn. 1.

221 OECD-Musterkommentar 2010 zu Art. 25 OECD-MA, Anhang nach Rn. 101, Kommentierung zur Mustervereinbarung, Ziff. 18 abgedruckt in: Schönfeld/Ditz, DBA, Art. 25 Vor Rn. 1.

222 *Liebchen* in: Schönfeld/Ditz, DBA, Art. 25 Rn. 254.

Seine Entscheidung trifft das Schiedsgericht innerhalb von sechs Monaten auf Basis des Abkommens mit der Mehrheit.[223] Hinsichtlich des Entscheidungsspielraums des Schiedsgerichts sieht die Mustervereinbarung eine Entscheidung nach der sogenannten „Methode der unabhängigen Meinung“[224] vor.[225] Diese wird auch „independent opinion approach“[226] genannt. Dies bedeutet, dass die Schiedsrichter auf Grundlage des Falles und der ihnen vorliegenden Tatsachen sowie Argumente eine unabhängige Rechtsauffassung entwickeln und eine Entscheidung vergleichbar einem Gerichtsurteil fällen.[227]

Als Alternative ist in der Kommentierung zur Mustervereinbarung auch vorgesehen, dass die Vertragsstaaten sich auf ein Schiedsverfahren einigen können, in dem das Schiedsgericht sich zwischen zwei von den zuständigen Behörden vorgelegten Lösungsvorschlägen entscheiden muss.[228] Ein solches Verfahren, in dem das Schiedsgericht lediglich zwischen zwei Antworten entscheiden muss und keinen eigenen Entscheidungsspielraum hat, wird auch als „Baseball Arbitration“[229] bzw. „Baseball Approach“[230], „Last Best Offer Approach“[231] oder „Final Offer Approach“[232] bezeichnet.[233] Ferner sieht die Kommentierung zur Mustervereinbarung auch vor, dass die beiden Vorgehensweisen der „Methode der unabhängigen Meinung“ und des „Last Best Offer Approach“[234] miteinander kombiniert werden

---

223 *Liebchen* in: Schönfeld/Ditz, DBA, Art. 25 Rn. 263 und 265; *Schmitz* in: Strunk/Kaminski/Köhler, AStG/DBA, Kommentar, Stand: Oktober 2009, Art. 25 MA Rn. 79.

224 *Bödefeld/Kuntschik*, IStR 2009, 449 (450).

225 OECD-Musterkommentar 2010 zu Art. 25 OECD-MA, Anhang nach Rn. 101, Kommentierung zur Mustervereinbarung, Ziff. 4 abgedruckt in: Schönfeld/Ditz, DBA, Art. 25 Vor Rn. 1.

226 *Bödefeld/Kuntschik*, IStR 2009, 449 (450); *Peters/Haverkamp*, BB 2011, 1303 (1309); *Schmitz* in: Strunk/Kaminski/Köhler, AStG/DBA, Kommentar, Stand: Oktober 2009, Art. 25 MA Rn. 79.

227 *Peters/Haverkamp*, BB 2011, 1303 (1309).

228 OECD-Musterkommentar 2010 zu Art. 25 OECD-MA, Anhang nach Rn. 101, Kommentierung zur Mustervereinbarung, Ziff. 3 abgedruckt in: Schönfeld/Ditz, DBA, Art. 25 Vor Rn. 1.

229 *Kuntschik/Bödefeld*, IStR 2012, 137 (138); *Loh/Peters*, RIW 2008, 294 (297).

230 *Bahns/Schönfeld*, ET 2009, 343 (346); *Puls/Nientimp*, RIW 2006, 673 (676).

231 *Albert*, Schiedsverfahren im Int. Steuerrecht, S. 18; *Kuntschik/Bödefeld*, IStR 2012, 137 (138).

232 *Kuntschik/Bödefeld*, IStR 2012, 137 (138); *Nientimp/Tomson*, IStR 2009, 615 (618).

233 *Albert*, Schiedsverfahren im Int. Steuerrecht, S. 18 f.; *Puls/Nientimp*, RIW 2006, 673 (676).

234 *Albert*, Schiedsverfahren im Int. Steuerrecht, S. 18; *Kuntschik/Bödefeld*, IStR 2012, 137 (138).

können, so zum Beispiel indem die letztere Methode in einem vereinfachten Verfahren, in dem es insbesondere um tatsächliche Fragen geht, angewendet wird.[235] Bei einem solchen vereinfachten Verfahren soll anstatt drei Schiedsrichtern nur ein Schiedsrichter berufen werden, der sich für einen der beiden von den zuständigen Behörden übermittelten Lösungsvorschlägen entscheidet.[236]

Solange nach Einleitung des Schiedsverfahrens noch keine Entscheidung des Schiedsgerichts ergangen ist, können sich die zuständigen Behörden über den Fall einigen.[237] Sollte das Schiedsgericht eine Schiedsentscheidung treffen, so ist diese für die Vertragsstaaten bindend und die Umsetzung dieser Entscheidung erfolgt grundsätzlich im Rahmen einer Verständigungsvereinbarung, welche der Zustimmung des Steuerpflichtigen bedarf (Art. 25 Abs. 5 Satz 3 OECD-MA). Die Umsetzung dieser Verständigungsvereinbarung in innerstaatliches Recht erfolgt durch die beteiligten Vertragsstaaten.[238] Sollten einzelne Staaten dennoch von der Entscheidung des Schiedsgerichts abweichen können wollen[239], so können sie dies durch entsprechende Änderung des Art. 25 Abs. 5 Satz 3 OECD-MA vereinbaren.[240]

Sofern die zuständigen Behörden nichts anderes vereinbaren, tragen sie nach Ziffer 13 der Mustervereinbarung die Kosten des Verfahrens mit Ausnahme der Kosten, die dem Steuerpflichtigen entstehen, denn diese hat er selbst zu tragen.[241]

4. Nationale Umsetzung

a) Grundsätzliches

Haben die zuständigen Behörden eine Verständigungsvereinbarung nach Art. 25 Abs. 1 und 2 OECD-MA geschlossen oder ist eine bindende Schiedsentscheidung

---

235 OECD-Musterkommentar 2010 zu Art. 25 OECD-MA, Anhang nach Rn. 101, Kommentierung zur Mustervereinbarung, Ziff. 4 abgedruckt in: Schönfeld/Ditz, DBA, Art. 25 Vor Rn. 1.

236 OECD-Musterkommentar 2010 zu Art. 25 OECD-MA, Anhang nach Rn. 101, Mustervereinbarung, Ziff. 6 abgedruckt in: Schönfeld/Ditz, DBA, Art. 25 Vor Rn. 1.

237 *Albert*, Schiedsverfahren im Int. Steuerrecht, S. 19; *Schmitz* in: Strunk/Kaminski/Köhler, AStG/DBA, Kommentar, Stand: Oktober 2009, Art. 25 MA Rn. 75.

238 *Schmitz* in: Strunk/Kaminski/Köhler, AStG/DBA, Kommentar, Stand: Oktober 2009, Art. 25 MA Rn. 80.

239 Eine solche Regelung enthält beispielsweise das EU-Schiedsübereinkommen, vgl. dazu: 3. Teil, C. IV. 3., S. 126 ff.

240 OECD-Musterkommentar 2010 zu Art. 25 OECD-MA, Ziff. 84 abgedruckt in: Schönfeld/Ditz, DBA, Art. 25 Vor Rn. 1.

241 OECD-Musterkommentar 2010 zu Art. 25 OECD-MA, Anhang nach Rn. 101, Mustervereinbarung, Ziff. 13 abgedruckt in: Schönfeld/Ditz, DBA, Art. 25 Vor Rn. 1.

nach Art. 25 Abs. 5 OECD-MA ergangen, der eine entsprechende Verständigungsvereinbarung nachfolgt, so bedarf es einer Umsetzung in nationales Recht seitens der betroffenen Staaten.[242] Dabei ist die Verständigungsregelung nach Art. 25 Abs. 2 Satz 2 OECD-MA ungeachtet innerstaatlicher Fristen durchzuführen. Ob der Antragsteller einen Anspruch auf die Umsetzung hat, bestimmt sich nach dem jeweils geltenden innerstaatlichen Recht.[243]

b) Verfahrensrechtliche Umsetzung in Deutschland

In Deutschland ist mit § 175a AO[244] in Verbindung mit Art. 59 Abs. 2 GG eine nationale Vorschrift vorhanden, die die Umsetzung von Verständigungsvereinbarungen und Schiedssprüchen in innerstaatliches Recht gewährleistet.[245] Die Umsetzung muss dabei nach einem Vertrag im Sinne des § 2 AO geboten sein. Zu diesen Verträgen zählen insbesondere die Doppelbesteuerungsabkommen, die Deutschland mit anderen Staaten geschlossen hat, sowie das EU-Schiedsübereinkommen.[246] Auch nach Auffassung der Finanzverwaltung besteht durch § 175a AO eine hinreichende Rechtsgrundlage für die Änderung der Bescheide zur Umsetzung einer Verständigungsvereinbarung, die aufgrund einer an Art. 25 Abs. 1 und 2 OECD-MA orientierten Regelung ergangen ist, und eines Schiedsspruches nach dem EU-Schiedsübereinkommen.[247]

---

242 *Albert*, DBA-Verständigungsverfahren, S. 26 f.; *Bär*, Verständigungen über Verrechnungspreise verbundener Unternehmen, S. 236 ff.; *Stiewe*, Verfahrensrechtliche Umsetzung int. Verständigungsvereinbarungen (§ 175a AO), S. 141 f.

243 *Flüchter* in: Schönfeld/Ditz, DBA, Art. 25 Rn. 166. So wohl auch: *Krabbe*, IStR 2002, 548 (551).

244 BGBl. I 2002, 3866 (3912). Als weitere Korrekturnorm kommt § 32a KStG in Betracht. Vgl. zum Regelungsgehalt dieser Vorschrift und zum Konkurrenzverhältnis zu § 175a AO die Ausführungen von: *Stiewe*, Verfahrensrechtliche Umsetzung int. Verständigungsvereinbarungen (§ 175a AO), S. 183 ff.

245 *Albert*, Schiedsverfahren im Int. Steuerrecht, S. 40; *Hendricks* in: Baumhoff/Wassermeyer, Verrechnungspreise int. verbundener Unternehmen, Rn. 10.26 und 10.61; *Krabbe* in: Wassermeyer, DBA, Kommentar, Stand: Oktober 2007, Art. 6 EU-SchÜ Rn. 6; *Liebchen* in: Schönfeld/Ditz, DBA Art. 25 Rn. 268, 295 und 318; *von Wedelstädt* in: Beermann/Gosch, AO/FGO, Kommentar, Stand: Oktober 2012, § 175a AO Rn. 1.

246 *Schmidt*, Steuer und Studium 2010, 60 (63); *von Groll* in: Hübschmann/Hepp/Spitaler, AO/FGO, Kommentar, Stand: November 2004, § 175a AO Rn. 62; *von Wedelstädt* in: Beermann/Gosch, AO/FGO, Kommentar, Stand: Oktober 2012, § 175a AO Rn. 6.

247 BMF-Schreiben v. 13.07.2006, BStBl. I 2006, 461, Tz. 4.1 und 13.1.4. Das BMF-Schreiben ist bereits im Jahre 2006 ergangen und enthält daher keine Aussagen

Nach der Vorschrift des § 175a AO können Steuerbescheide erlassen, aufgehoben oder geändert werden, soweit dies zur Umsetzung einer Verständigungsvereinbarung oder eines Schiedsspruchs geboten ist (§ 175a Satz 1 AO).[248] Mithin stellt § 175a AO eine Korrekturvorschrift dar, die auch die Durchbrechung der Bestandskraft eines Steuerbescheids gestattet.[249] Entgegen dem Wortlaut des § 175a AO steht die Vornahme der Umsetzung nicht im Ermessen der zuständigen Behörden, sondern es besteht ein Anspruch des Steuerpflichtigen darauf.[250]

Ferner sieht die Vorschrift eine Verlängerung der Festsetzungsfrist durch eine Ablaufhemmung vor, indem die Festsetzungsfrist nicht vor Ablauf eines Jahres nach dem Wirksamwerden der Verständigungsvereinbarung oder des Schiedsspruchs endet (§ 175a Satz 2 AO).[251]

Umstritten ist in diesem Zusammenhang, ob eine innerstaatliche Umsetzung nach § 175a AO auch dann noch in Betracht kommt, wenn zum Zeitpunkt des Antrags auf Einleitung eines Verständigungs- oder Schiedsverfahrens bereits die Festsetzungsfrist abgelaufen ist.

aa) Aktueller Meinungsstand

Nach einer Auffassung in der Literatur kann in einem Fall des Ablaufs der Festsetzungsfrist vor Stellung des Antrags auf Einleitung des Verständigungsverfahrens eine innerstaatliche Umsetzung der Verständigungsvereinbarung bzw. des Schiedsspruchs nicht mehr erfolgen.[252] Da das Schiedsverfahren lediglich die Fortsetzung des Verständigungsverfahrens darstellt, kommt es auch für das Schiedsverfahren nach dieser Auffassung insoweit auf die Beantragung eines

---

zu dem Schiedsverfahren nach Art. 25 Abs. 5 OECD-MA. Insoweit wäre eine Anpassung notwendig.

248 Vgl. zu dieser Vorschrift im Einzelnen bspw.: *Stiewe*, Verfahrensrechtliche Umsetzung int. Verständigungsvereinbarungen (§ 175a AO), S. 177 ff.

249 *Lehner* in: Vogel/Lehner, DBA, Kommentar, Art. 25 Rn. 131; *Loose* in: Tipke/Kruse, AO/FGO, Kommentar, Stand: Januar 2012, § 175a AO Rn. 1.

250 *Loose* in: Tipke/Kruse, AO/FGO, Kommentar, Stand: Januar 2012, § 175a AO Rn. 7; *von Groll* in: Hübschmann/Hepp/Spitaler, AO/FGO, Kommentar, Stand: November 2004, § 175a AO Rn. 90 und 94; *von Wedelstädt* in: Beermann/Gosch, AO/FGO, Kommentar, Stand: Oktober 2012, § 175a AO Rn. 22.

251 *Loose* in: Tipke/Kruse, AO/FGO, Kommentar, Stand: Januar 2012, § 175a AO Rn. 8.

252 *Koenig* in: Pahlke/Koenig, AO, Kommentar, § 175a AO Rn. 10; *Loose* in: Tipke/Kruse, AO/FGO, Kommentar, Stand: Januar 2012, § 175a AO Rn. 8; *Schaumburg*, Int. Steuerrecht, Rn. 16.102; *Schmidt*, Steuer und Studium 2010, 60 (63); *von Groll* in: Hübschmann/Hepp/Spitaler, AO/FGO, Kommentar, Stand: November 2004, § 175a AO Rn. 102.

Verständigungsverfahrens vor Ablauf der Festsetzungsfrist an.[253] Zur Begründung wird insbesondere der Wortlaut des § 175a AO angeführt, nach dem ein vor Beantragung des Verständigungsverfahrens erloschener Steueranspruch nicht durch die Einleitung eines solchen Verfahrens wieder auflebe.[254]

Nach einer anderen Meinung ist eine innerstaatliche Umsetzung auch dann noch möglich, wenn zum Zeitpunkt der Beantragung des Verständigungsverfahrens die Festsetzungsverjährung durch Zeitablauf bereits eingetreten war.[255] Maßgeblich sei lediglich, dass der Antrag auf Einleitung des Verständigungsverfahrens nach Abkommensrecht fristgerecht gestellt wurde.[256] Begründet wird dies insbesondere mit dem Sinn und Zweck des § 175a AO, nach dem die Ergebnisse eines Verständigungs- bzw. Schiedsverfahrens in effektiver Weise in das innerstaatliche Recht umgesetzt werden müssen.[257]

Dabei wird dieses Ergebnis vereinzelt mit der Konstruktion einer potentiellen Ablaufhemmung der Frist erreicht, die solange und soweit ihre Wirkung entfaltet, wie nach einem Doppelbesteuerungsabkommen oder dem EU-Schiedsübereinkommen die Einleitung eines Verständigungs- oder Schiedsverfahrens noch möglich ist und der Umfang die denkbare Bindungswirkung der Verständigungsvereinbarung bzw. des Schiedsspruchs umfasst.[258] Ein Teil der Vertreter dieser Auffassung geht indes davon aus, dass nach Ablauf der Festsetzungsfrist der Steueranspruch im Falle der Einleitung eines Verständigungsverfahrens wieder auflebt.[259]

---

253 *Liebchen* in: Schönfeld/Ditz, DBA, Art. 25 Rn. 268; *Saß*, DB 1991, 984 (984).

254 *Koenig* in: Pahlke/Koenig, AO, Kommentar, § 175a AO Rn. 10; *Loose* in: Tipke/Kruse, AO/FGO, Kommentar, Stand: Januar 2012, § 175a AO Rn. 8.

255 *Flüchter* in: Schönfeld/Ditz, DBA, Art. 25 Rn. 163; *Krabbe*, DStZ 1995, 627 (628); *Rüsken* in: Klein, AO, Kommentar, § 175a AO Rn. 2; *Loh/Steinert*, BB 2008, 2383 (2385); *Stiewe*, Verfahrensrechtliche Umsetzung int. Verständigungsvereinbarungen (§ 175a AO), S. 255 f.; *von Wedelstädt* in: Beermann/Gosch, AO/FGO, Kommentar, Stand: Oktober 2012, § 175a AO Rn. 17; OFD Magdeburg v. 11.02.2005, Az.: 0353-5-St 251 (juris).

256 *Flüchter* in: Schönfeld/Ditz, DBA, Art. 25 Rn. 163.

257 *Loh/Steinert*, BB 2008, 2383 (2385); *Rüsken* in: Klein, AO, Kommentar, § 175a AO Rn. 2; *Stiewe*, Verfahrensrechtliche Umsetzung int. Verständigungsvereinbarungen (§ 175a AO), S. 255 f.; *von Wedelstädt* in: Beermann/Gosch, AO/FGO, Kommentar, Stand: Oktober 2012, § 175a AO Rn. 17.

258 *Krabbe*, DStZ 1995, 627 (628); OFD Magdeburg v. 11.02.2005, Az.: 0353-5-St 251 (juris).

259 *Rüsken* in: Klein, AO, Kommentar, § 175a AO Rn. 2.

Dies sei möglich, da der Fristablauf insoweit auflösend bedingt sei, als noch die Möglichkeit der Einleitung eines Verständigungsverfahrens bestehe.[260]

bb) Stellungnahme

Für die erstgenannte Auffassung spricht der Wortlaut des § 175a Satz 2 AO, nach dem die Festsetzungsfrist insoweit nicht vor Ablauf eines Jahres nach dem Wirksamwerden der Verständigungsvereinbarung oder des Schiedsspruchs endet, denn der Ablauf einer Frist kann nur dann gehemmt werden, wenn diese noch läuft und nicht bereits abgelaufen ist. Darüber hinaus beträgt die Festsetzungsfrist in der Regel vier Jahre (§ 169 Abs. 2 Satz 1 Nr. 2 AO), so dass dem in Deutschland steuerpflichtigen Unternehmen in der Regel genügend Zeit gegeben sein sollte, Maßnahmen zur Hemmung des Ablaufs der Frist zu ergreifen.[261] Insbesondere führt das Stellen des Antrags auf Einleitung eines Verständigungsverfahrens zur Hemmung des Fristablaufs nach § 171 Abs. 3 AO, wenn damit zugleich die Änderung der Steuerfestsetzung beantragt wird.[262] Mithin ist lediglich der Ablauf der Festsetzungsfrist vor Stellen eines solchen Antrags schädlich und es dürfte insoweit kein Bedürfnis für einen weitergehenden Schutz des Steuerpflichtigen bestehen. Für diese Meinung spricht auch der Rechtsgedanke der §§ 169 ff. AO, nach dem diese Vorschriften der Schaffung von Rechtssicherheit und Rechtsfrieden dienen.[263]

Gegen die erstgenannte Meinung und für die zweitgenannte Auffassung lässt sich jedoch anführen, dass in den Fällen, in denen die Festsetzungsfrist bereits vor Antragsstellung abgelaufen ist, die Umsetzung der für die Staaten bindenden Verständigungsvereinbarungen in Deutschland nicht gewährleistet werden kann. Dabei kann es gerade in Verrechnungspreisfällen dazu kommen, dass der deutsche Steuerpflichtige erst nach Ablauf der Festsetzungsfrist von der konkreten Doppelbesteuerung(-sgefahr) Kenntnis erlangt, da im Ausland aufgrund abweichender Prüfungszeiträume und Dauer der Betriebsprüfung die Gründe

---

260 *Rüsken* in: Klein, AO, Kommentar, § 175a AO Rn. 2.

261 Vgl. für eine ausführliche Auseinandersetzung mit möglichen Mitteln zur Hemmung des Ablaufs der Festsetzungsfrist: *Lühn*, BB 2009, 412 (412 ff.).

262 BMF-Schreiben v. 13.07.2006, BStBl. I 2006, 461, Tz. 4.1; *Krabbe*, DStZ 1995, 627 (628); *von Wedelstädt* in: Beermann/Gosch, AO/FGO, Kommentar, Stand: Oktober 2012, § 175a AO Rn. 18.

263 *Banniza* in: Hübschmann/Hepp/Spitaler, AO/FGO, Kommentar, Stand: August 2010, Vorbemerkung zu §§ 169 ff. AO Rn. 6; *Kruse* in: Tipke/Kruse, AO/FGO, Kommentar, Stand: Februar 2011, Vorbemerkung zu §§ 169 ff. AO Rn. 5; *Paetsch* in: Beermann/Gosch, AO/FGO, Kommentar, Stand: März 2012, § 169 AO Rn. 2.

für Verständigungsverfahren erst Jahre später zutage kommen können.[264] In der Konsequenz müsste der Steuerpflichtige in Deutschland daher prophylaktisch vor Ablauf der Festsetzungsfrist eine Hemmung nach § 171 Abs. 3 AO herbeiführen.[265] Den zuständigen deutschen Behörden stehen auch für den Fall, dass bei Beantragung des Verständigungsverfahrens die Festsetzungsverjährung bereits eingetreten und dennoch eine Umsetzung der Verständigungsvereinbarung bzw. des Schiedsspruches in innerstaatliches Recht erfolgt, Mittel zur Verfügung, die Rechtssicherheit und den Rechtsfrieden im Sinne des Rechtsgedankens der §§ 169 ff. AO zu gewährleisten.[266] So wird zum einen durch die abkommensrechtlichen Antragsfristen sichergestellt, dass Verständigungs- und damit auch Schiedsverfahren nicht zeitlich willkürlich beantragt werden können. Zum anderen stimmen die deutschen zuständigen Behörden, in den Fällen, in denen die Abkommen keine diesbezüglichen Antragsfristen festlegen, der Einleitung eines Verständigungsverfahrens nicht zu, wenn der Steuerpflichtige zwischen der Bekanntgabe der maßgeblichen Besteuerungsmaßnahme und seinem Antrag einen Zeitraum von mehr als vier Jahren hat verstreichen lassen und nicht besondere Umstände vorlagen, die eine frühere Geltendmachung ausgeschlossen haben.[267]

Im Ergebnis erscheint es vor dem Hintergrund, dass die abkommensrechtlichen Zulässigkeitsvoraussetzungen hinreichenden Schutz der Rechtssicherheit und des Rechtsfriedens begründen, vertretbar, der Meinung zuzustimmen, die eine innerstaatliche Umsetzung auch in einem Fall des Eintritts der Festsetzungsverjährung vor Beantragung des Verständigungsverfahrens befürwortet. Dabei ist insbesondere auch zu beachten, dass ansonsten die Gefahr bestünde, dass völkerrechtliche Vereinbarungen (einseitig) nicht umgesetzt werden könnten und damit die Verständigungs- und Schiedsverfahren an Effektivität einbüßen würden.

IV. Schiedsklauseln in einzelnen deutschen Doppelbesteuerungsabkommen

1. *Vor Einfügung des Art. 25 Abs. 5 OECD-MA*

Die Doppelbesteuerungsabkommen, die Deutschland mit anderen Staaten abgeschlossen hat, orientieren sich weitgehend an dem zum Zeitpunkt ihrer Unterzeichnung gültigen OECD-Musterabkommen, so dass die vor dem

---

264 *Loh/Steinert*, BB 2008, 2383 (2385); *Stiewe*, Verfahrensrechtliche Umsetzung int. Verständigungsvereinbarungen (§ 175a AO), S. 241.

265 *Loh/Steinert*, BB 2008, 2383 (2385).

266 So auch: *Loh/Steinert*, BB 2008, 2383 (2385).

267 BMF-Schreiben v. 13.07.2006, BStBl. I 2006, 461, Tz. 2.2.3.

OECD-Musterabkommen 2008 geschlossenen Abkommen in der Regel kein Schiedsverfahren vorsehen.[268] Jedoch verfügten bereits vor Aufnahme des Abs. 5 in Art. 25 OECD-MA einige Doppelbesteuerungsabkommen, die Deutschland früher abgeschlossen hatte, über Schiedsklauseln. So wurden bereits seit Beginn der 1990er Jahre Regelungen für Schiedsverfahren in einzelne deutsche Abkommen aufgenommen.[269] Als Beispiele seien die Abkommen mit Frankreich, Kanada, Österreich, Schweden und den USA genannt. Demgegenüber sieht das Abkommen mit Dänemark hinsichtlich der für eine Streitbeilegung zu ergreifenden Instrumente zwar keine Schiedsklausel, jedoch eine anderweitige Sonderregelung vor.

a) Dänemark

Das Doppelbesteuerungsabkommen zwischen Dänemark und Deutschland vom 22. November 1995[270] (nachfolgend „DBA-Dänemark") enthält zwar keine Schiedsklausel, jedoch ist in Art. 44 Abs. 3 dieses Abkommens die Möglichkeit der Einholung einer gutachterlichen Äußerung eines unabhängigen Gremiums vorgesehen. Eine Pflicht der zuständigen Behörden, eine solche gutachterliche Beurteilung einzuholen, besteht jedoch nicht. Ferner sind die Vertragsstaaten an die gutachterliche Äußerung nicht gebunden.[271]

b) Frankreich

Bereits seit 1989 sieht Art. 25a des deutschen Doppelbesteuerungsabkommens mit Frankreich[272] (nachfolgend „DBA-Frankreich") ein fakultatives Schiedsverfahren[273]

---

268 *Flüchter* in: Schönfeld/Ditz, DBA, Art. 25 Rn. 2; *Loh/Peters*, RIW 2008, 294 (294).

269 *Eilers* in: Wassermeyer, DBA, Kommentar, Stand: Mai 2008, Art. 25 MA Rn. 71.

270 Abkommen zwischen der Bundesrepublik Deutschland und dem Königreich Dänemark zur Vermeidung der Doppelbesteuerung bei den Steuern vom Einkommen und vom Vermögen sowie bei den Nachlaß-, Erbschaft- und Schenkungsteuern und zur Beistandsleistung in Steuersachen (deutsch-dänisches Steuerabkommen) v. 22.11.1995, BGBl. II 1996, 2566.

271 *Krabbe* in: Wassermeyer, DBA, Kommentar, Stand: Januar 2007, Art. 44 DBA-Dänemark Rn. 4.

272 Abkommen zwischen der Bundesrepublik Deutschland und der Französischen Republik zur Vermeidung der Doppelbesteuerungen und über gegenseitige Amts- und Rechtshilfe auf dem Gebiete der Steuern vom Einkommen und vom Vermögen sowie der Gewerbesteuern und Grundsteuern v. 21.07.1959, BGBl. II 1961, 398 in der Fassung des Revisionsprotokolls v. 09.06.1969, BGBl. II 1970, 719, des Zusatzabkommens v. 28.09.1989, BGBl. II 1990, 772 und des Zusatzabkommens v. 20.12.2001, BGBl. II 2002, 2372.

273 Vgl. dazu bereits: 2. Teil, B. III. 3. a), S. 34 ff.

vor.[274] Danach können die zuständigen Behörden, wenn sie nicht innerhalb von 24 Monaten nach Eingang des Antrags des Steuerpflichtigen auf Einleitung eines Verständigungsverfahrens nach Art. 25 DBA-Frankreich zu einer Verständigungsvereinbarung gekommen sind, die Anrufung einer Schiedskommission vereinbaren (Art. 25a Abs. 1 DBA-Frankreich). Damit liegt die Durchführung des Schiedsverfahrens im Ermessen der zuständigen Behörden und es besteht kein Anspruch des Steuerpflichtigen auf Einleitung eines solchen Verfahrens.[275]

Zu den betroffenen Fällen, für die ein solches Schiedsverfahren in Betracht kommt, zählen auch Fälle, in denen es zu einer wirtschaftlichen Doppelbelastung von verbundenen Unternehmen aufgrund von Gewinnberichtigungen kommt.[276]

Die Schiedskommission des Art. 25a DBA-Frankreich wird für jeden Einzelfall neu gebildet und besteht aus drei Personen. Dabei benennt jeder Staat eine Person und gemeinsam einigen sich die zwei Staaten auf eine dritte Person, die Angehöriger eines dritten Staates ist, als Vorsitzenden der Kommission (Art. 25a Abs. 2 DBA-Frankreich). Können sich die beiden Vertragsstaaten nicht innerhalb einer Frist von drei Monaten seit dem Tag der Vereinbarung, dass eine Schiedskommission angerufen wird, einigen und haben sie nicht eine anderweitige Vereinbarung getroffen, so ist nach Art. 25a Abs. 3 DBA-Frankreich jeder Staat berechtigt, den Generalsekretär des Ständigen Schiedsgerichtshofs anzurufen und diesen zu bitten, die Benennungen vorzunehmen.

Nach Art. 25a Abs. 4 DBA-Frankreich entscheidet die Schiedskommission nach den Grundsätzen des Völkerrechts und insbesondere nach den Bestimmungen des DBA-Frankreich, wobei sie befugt ist, das Verfahren selbst zu bestimmen. Dem Steuerpflichtigen wird hingegen das Recht eingeräumt, von der Kommission gehört zu werden oder schriftliche Anträge einreichen zu können. Damit wird deutlich, dass Parteien des Schiedsverfahrens nur die beiden Vertragsstaaten sind und nicht die betroffenen Steuerpflichtigen.[277]

---

274 *Kramer* in: Wassermeyer, DBA, Kommentar, Stand: Oktober 2002, Art. 25a DBA-Frankreich Rn. 1; *Nientimp/Tomson*, IStR 2009, 615 (615); *Schmitz* in: Strunk/Kaminski/Köhler, AStG/DBA, Kommentar, Stand: Oktober 2009, Art. 25 MA Rn. 82.

275 *Kramer* in: Wassermeyer, DBA, Kommentar, Stand: Oktober 2002. Art. 25a DBA-Frankreich Rn. 2 und 7; *Lüthi* in: Gosch/Kroppen/Grotherr, DBA, Kommentar, Stand: Grundwerk 1997, Art. 25a DBA-Frankreich Rn. 1.

276 *Kramer* in: Wassermeyer, DBA, Kommentar, Stand: Oktober 2002, Art. 25a DBA-Frankreich Rn. 3.

277 *Kramer* in: Wassermeyer, DBA, Kommentar, Stand: Oktober 2008, Art. 25a DBA-Frankreich Rn. 17.

Die Schiedskommission trifft ihre Entscheidung mit der Mehrheit der Stimmen ihrer Mitglieder, wobei bei Stimmengleichheit die Stimme des Vorsitzenden den Ausschlag gibt (Art. 25a Abs. 5 DBA-Frankreich). Die Entscheidung der Schiedskommission ist verbindlich und es ist kein einvernehmliches Abweichen durch eine nachgelagerte Verständigung seitens der Vertragsstaaten möglich.[278]

c) Kanada

Das Doppelbesteuerungsabkommen zwischen Kanada und Deutschland vom 19. April 2001[279] (nachfolgend „DBA-Kanada") verfügt mit Art. 25 Abs. 6 DBA-Kanada ebenfalls über Regelungen für ein fakultatives Schiedsverfahren[280].[281] Danach können Fragen, Schwierigkeiten oder Zweifel betreffend die Auslegung oder Anwendung des DBA-Kanada im gegenseitigen Einvernehmen der zuständigen Behörden einer Schiedskommission vorgelegt werden (Art. 25 Abs. 6 Satz 1 DBA-Kanada).

Jedoch enthält das DBA-Kanada keine Konkretisierungen hinsichtlich der Benennung und Zusammensetzung der Schiedskommission oder zu Fristen, nach denen eine solche Kommission eingesetzt werden kann bzw. werden sollte. Vielmehr obliegt es allein den zuständigen Behörden, neben der Vereinbarung, dass ein Schiedsverfahren in dem konkreten Fall durchgeführt wird, auch das Verfahren und die Zusammensetzung der Schiedskommission festzulegen.[282] Wie auch beim DBA-Frankreich vorgesehen, ist die Entscheidung der Schiedskommission für die Vertragsstaaten verbindlich (Art. 25 Abs. 6 Satz 2 DBA-Kanada).

d) Österreich

Das Doppelbesteuerungsabkommen zwischen Deutschland und Österreich vom 24. August 2000[283] (nachfolgend „DBA-Österreich") sieht in Art. 25 Abs. 5

---

278 Eine solche Regelung enthält beispielsweise das EU-Schiedsübereinkommen, vgl. dazu: 3. Teil, C. IV. 3., S. 126 ff.

279 Abkommen zwischen der Bundesrepublik Deutschland und Kanada zur Vermeidung der Doppelbesteuerung auf dem Gebiet der Steuern vom Einkommen und bestimmter anderer Steuern, zur Verhinderung der Steuerverkürzung und zur Amtshilfe in Steuersachen v. 19.04.2001, BGBl. II 2002, 671.

280 Vgl. dazu bereits: 2. Teil, B. III. 3. a), S. 34 ff.

281 Jacobs/Endres/Spengel, Int. Unternehmensbesteuerung, S. 900; *Schmitz* in: Strunk/Kaminski/Köhler, AStG/DBA, Kommentar, Stand: Oktober 2009, Art. 25 MA Rn. 82.

282 *Wassermeyer* in: Wassermeyer, DBA, Kommentar, Stand: März 2003, Art. 25 DBA-Kanada Rn. 42.

283 Abkommen zwischen der Bundesrepublik Deutschland und der Republik Österreich zur Vermeidung der Doppelbesteuerung auf dem Gebiet der Steuern vom

DBA-Österreich, wie auch Art. 25 Abs. 5 OECD-MA, ein obligatorisches Schiedsverfahren[284] vor.[285]

Sollten die zuständigen Behörden nicht innerhalb von drei Jahren nach Einleitung des Verständigungsverfahrens zu einer Verständigung gekommen sein, die Schwierigkeiten oder Zweifel bei der Auslegung oder Anwendung des DBA-Österreich beseitigt, so sind die Staaten nach dieser Regelung verpflichtet, auf Antrag des Steuerpflichtigen den Fall im Rahmen eines Schiedsverfahrens entsprechend Artikel 239 EG-Vertrag bei dem Gerichtshof der Europäischen Gemeinschaften (nachfolgend „EG"), also dem Europäischen Gerichtshof (nachfolgend „EuGH") anhängig zu machen. Dies hat zur Konsequenz, dass die Vertragsstaaten das Verfahren aus der Hand geben und demzufolge weder die Besetzung des Schiedsgerichts noch den Ablauf des Verfahrens bestimmen können, sondern sich diese nach den Verfahrensregelungen des EuGH bestimmen.[286]

Eine solche Regelung des Schiedsverfahrens, die ein Verfahren vor dem EuGH vorsieht, wurde mit dem deutsch-österreichischen Abkommen weltweit zum ersten Mal in ein Doppelbesteuerungsabkommen aufgenommen und stellt – bis heute – eine Besonderheit in der deutschen Abkommenspraxis dar.[287]

e) Schweden

Eine weitere außergewöhnliche Regelung findet sich in dem Doppelbesteuerungsabkommen zwischen Schweden und Deutschland vom 14. Juli 1992[288] (nachfolgend „DBA-Schweden"). Auch dort wurde in Art. 41 Abs. 5 ein Schiedsverfahren als Lösungsmöglichkeit aufgenommen. Diese Regelung sei, da sie einige Besonderheiten aufweist, beispielhaft aufgeführt und lautet wie folgt:

„Für die Beilegung völkerrechtlicher Streitigkeiten aus diesem Abkommen gelten die Bestimmungen der Kapitel I, II und IV des Europäischen Übereinkommens

---

Einkommen und vom Vermögen v. 24.08.2000, BGBl. II 2002, 735 in der Fassung des Änderungsprotokolls v. 29.12.2010, BGBl. II 2011, 1210.

284 Vgl. dazu bereits: 2. Teil, B. III. 3. a), S. 34 ff.

285 *Lehner* in: Vogel/Lehner, DBA, Kommentar, Art. 25 Rn. 268; *Nientimp/Tomson*, IStR 2009, 615 (615).

286 *Albert*, Schiedsverfahren im Int. Steuerrecht, S. 48 f.; *Bödefeld/Kuntschik*, IStR 2009, 449 (452).

287 *Kuntschik/Bödefeld*, IStR 2012, 137 (138); *Züger*, ET 2000, 101 (105).

288 Abkommen zwischen der Bundesrepublik Deutschland und dem Königreich Schweden zur Vermeidung der Doppelbesteuerung bei den Steuern vom Einkommen und vom Vermögen sowie bei den Erbschaft- und Schenkungsteuern und zur Leistung gegenseitigen Beistands bei den Steuern (Deutsch-schwedisches Steuerabkommen) v. 14.07.1992, BGBl. II 1994, 687.

vom 29. April 1957 zur friedlichen Beilegung von Streitigkeiten. Die Vertragsstaaten können jedoch vereinbaren, anstelle der dort vorgesehenen Verfahren ein Schiedsgericht anzurufen, dessen Entscheidung für sie bindend ist. Dieses Schiedsgericht soll aus Berufsrichtern der Vertragsstaaten oder dritter Staaten oder internationaler Organisationen bestehen. Sein Verfahren wird nach den für Schiedsverfahren international anerkannten Grundsätzen geregelt. Den Beteiligten ist volles rechtliches Gehör und das Recht zur Stellung eigener Anträge zu geben. Die Entscheidung ergeht auf der Grundlage der zwischen den Vertragsstaaten geltenden Verträge und des allgemeinen Völkerrechts; eine Entscheidung ex aequo et bono ist nicht zulässig. Solange eine Einigung über die Anrufung und Zusammensetzung noch nicht zustande gekommen ist, bleibt es jedem der Vertragsstaaten unbenommen, nach Satz 1 vorzugehen."[289]

Nach der Ausgestaltung dieser Klausel handelt es sich um ein fakultatives Schiedsverfahren[290].[291] Hervorzuheben sind insbesondere die Anforderungen an die Schiedsrichter, bei denen es sich um Berufsrichter handeln soll, sowie die Formulierung zu den Mitwirkungsrechten der Beteiligten, denen sowohl volles rechtliches Gehör als auch das Recht zur Stellung eigener Anträge zugebilligt wird.

Hierbei sollte davon auszugehen sein, dass mit den Beteiligten des Verfahrens die Steuerpflichtigen gemeint sind.[292] Zwar fehlt für das Schiedsverfahren nach Art. 41 Abs. 5 DBA-Schweden eine dem Art. 41 Abs. 4 DBA-Schweden für das Verständigungsverfahren vergleichbare Regelung, nach der die Betroffenen zu hören sind und sie eigene Anträge stellen können, jedoch sind die Vertragsstaaten ohnehin die Parteien des Verfahren und ihnen stehen als solche sowohl das Recht auf Gehör als auch das Recht zur Stellung von Anträgen zu.

Jedoch enthält die Regelung keinerlei Einzelheiten hinsichtlich der Zusammensetzung des Schiedsgerichts, des von diesem zu wahrende Verfahrens oder der konkret zu beachtenden Entscheidungsgrundlagen.[293]

Darüber hinaus besteht, wie bei Anwendung des DBA-Dänemark[294], nach Art. 41 Abs. 3 DBA-Schweden die Möglichkeit seitens der zuständigen Behörden

289 Art. 41 Abs. 5 DBA-Schweden.

290 Vgl. dazu bereits: 2. Teil, B. III. 3. a), S. 34 ff.

291 *Nientimp/Tomson*, IStR 2009, 615 (615); *Schmitz* in: Strunk/Kaminski/Köhler, AStG/DBA, Kommentar, Stand: Oktober 2009, Art. 25 MA Rn. 82.

292 So auch: *Bödefeld/Kuntschik*, IStR 2009, 449 (451).

293 *Lüthi* in: Gosch/Kroppen/Grotherr, DBA, Kommentar, Stand: Grundwerk 1997, Art. 41 DBA-Schweden Rn. 5.

294 Vgl. dazu bereits: 2. Teil, B. IV. 1. a) S. 47.

zur Einholung einer gutachterlichen Äußerung eines unabhängigen Gremiums zu einer Frage.

f) USA

Bereits in dem aus dem Jahre 1989 stammenden Art. 25 a.F. des deutschen Doppelbesteuerungsabkommens mit den USA[295] (nachfolgend „DBA-USA") war ein fakultatives Schiedsverfahren[296] vorgesehen.[297] Durch das Protokoll vom 01. Juni 2006[298] wurde Art. 25 DBA-USA neu gefasst. Diese Neuregelung trat mit Austausch der Ratifikationsurkunden am 28. Dezember 2007 in Kraft und regelt nunmehr in den Abs. 5 und Abs. 6 erstmals ein obligatorisches Schiedsverfahren[299].[300]

Art. 25 Abs. 6 DBA-USA und Abs. 22 des Protokolls zu dem DBA-USA enthalten detaillierte Bestimmungen zur Durchführung des Schiedsverfahrens.[301] Diese Regelungen können indes von den Behörden geändert und ergänzt werden, wenn dies für eine wirksamere Umsetzung der angestrebten Beseitigung der Doppelbesteuerung erforderlich ist.[302] Ferner werden die Regelungen in dem Abkommen durch eine Verständigungsvereinbarung über die Anwendung des Schiedsverfahrens sowie Regelungen für die Tätigkeit der Schiedsstelle konkretisiert.[303]

Das Schiedsverfahren nach Art. 25 Abs. 5 DBA-USA kommt zum Zuge, wenn sich die Staaten im Rahmen eines Verständigungsverfahrens nach Art. 25 Abs. 1 und Abs. 2 DBA-USA nicht umfassend einigen konnten. Der Anwendungsbereich für ein Schiedsverfahren nach Art. 25 Abs. 5 DBA-USA ist jedoch insoweit

---

295 Abkommen zwischen der Bundesrepublik Deutschland und den Vereinigten Staaten von Amerika zur Vermeidung der Doppelbesteuerung und zur Verhinderung der Steuerverkürzung auf dem Gebiet der Steuern vom Einkommen und vom Vermögen und einiger anderer Steuern v. 29.08.1989, BGBl. II 1991, 355.

296 Vgl. dazu bereits: 2. Teil, B. III. 3. a), S. 34 ff.

297 *Puls/Nientimp*, RIW 2006, 673 (673); *Schönfeld*, Ubg 2008, 544 (544).

298 Gesetz vom 07.12.2006, BGBl. II 2006, 1184 in der Fassung der Bekanntmachung vom 02.01.2008, BGBl. II 2008, 117, in der Fassung der Bekanntmachung vom 04.06.2008, BGBl. II 2008, 611, in der Fassung der Berichtigung vom 07.08.2008, BGBl. II 2008, 851.

299 Vgl. dazu bereits: 2. Teil, B. III. 3. a), S. 34 ff.

300 *Eimermann* in: Wassermeyer, DBA, Kommentar, Stand: Mai 2009, Art. 25 DBA-USA Rn. 40; *Schmitz* in: Strunk/Kaminski/Köhler, AStG/DBA, Kommentar, Stand: Oktober 2009, Art. 25 MA Rn. 82; *Schönfeld*, Ubg 2008, 544 (544); BGBl. II 2008, 117.

301 *Bahns/Schönfeld*, ET 2009, 343 (345); *Schönfeld*, Ubg 2008, 544 (546).

302 Protokoll zum DBA-USA, Abs. 22 Buchst. a) und q).

303 BMF-Schreiben v. 16.01.2009, BStBl. I 2009, 345 ff.

beschränkt, als der Fall einen oder mehrere Artikel betreffen muss, für die sich die Vertragsstaaten über eine Anwendung des Schiedsverfahrens geeinigt haben (Art. 25 Abs. 5 Buchst. b) Doppelbuchst. aa) Großbuchst. A DBA-USA). Zu diesen zählen beispielsweise Art. 5 (Betriebsstätte), Art. 7 (Gewerbliche Gewinne) und Art. 9 (Verbundene Unternehmen) DBA-USA, die insbesondere für international agierende Unternehmen Relevanz entfalten.[304] Jedoch können die zuständigen Behörden durch sog. Ad-hoc Entscheidungen diesen Anwendungsbereich wieder erweitern.[305]

Als weitere Voraussetzung darf es kein Einvernehmen der zuständigen Behörden darüber geben, dass der Fall nicht für ein Schiedsverfahren geeignet ist (Art. 25 Abs. 5 Buchst. b) Doppelbuchst. aa) Großbuchst. B) DBA-USA). Welche Fallgestaltungen hiermit gemeint sind, ist dem Abkommenstext mangels objektiver Kriterien nicht zu entnehmen.[306] Jedoch enthält die zwischen den Staaten abgeschlossene Verständigungsvereinbarung einige Beispiele, unter denen eine solche Übereinkunft der Staaten in Betracht gezogen wird. In Frage kommt beispielsweise eine fehlende Mitwirkung des Steuerpflichten im vorausgegangenen Verständigungsverfahren, wenn dieser von ihm angefragte Informationen unverhältnismäßig und/oder wiederholt verspätet übermittelt.[307] Als weiteres Beispiel wird die Erhebung einer Klage in dem Fall, in dem der Steuerpflichtige Antrag auf Einleitung eines Verständigungsverfahrens gestellt hat, genannt, sofern das Gericht das Verfahren nicht so lange aussetzt, bis im Verständigungsverfahren eine Entscheidung erreicht wurde.[308]

Alternativ zu dieser Voraussetzung müssen die zuständigen Behörden gemäß Art. 25 Abs. 5 Buchst. b) Doppelbuchst. bb) DBA-USA darin übereinstimmen, dass dieser Einzelfall für ein Schiedsverfahren geeignet ist. Ferner ist Voraussetzung, dass durch den bzw. die Steuerpflichtigen in mindestens einem der beiden Vertragsstaaten Steuererklärungen für die maßgeblichen Steuerjahre eingereicht wurden (Art. 25 Abs. 5 Buchst. a) DBA-USA). Weiter ist für die Einleitung des Schiedsverfahrens die Zustimmung aller betroffenen Personen[309]

---

304 *Eimermann* in: Wassermeyer, DBA, Kommentar, Stand: Mai 2009, Art. 25 DBA-USA Rn. 46; *Loh/Peters*, RIW 2008, 294 (296).

305 *Puls/Nientimp*, RIW 2006, 673 (675); Protokoll zum DBA-USA, Abs. 22.

306 *Loh/Peters*, RIW 2008, 294 (296).

307 BMF-Schreiben v. 16.01.2009, BStBl. I 2009, 345, Tz. 3 Buchst. b).

308 BMF-Schreiben v. 16.01.2009, BStBl. I 2009, 345, Tz. 3 Buchst. b).

309 „Der Ausdruck „betroffene Person" bedeutet eine Person, die einer zuständigen Behörde einen Fall zur Prüfung gemäß diesem Artikel vorlegt, und gegebenenfalls alle weiteren Personen, deren Steuerpflicht gegenüber einem Vertragsstaat von einer sich

dazu erforderlich, dass anderen Personen keine während des Schiedsverfahren von einem der Vertragsstaaten oder der Schiedsstelle erhaltenen Informationen – mit Ausnahme der Entscheidung der Schiedsstelle – offen gelegt werden (Art. 25 Abs. 5 Buchst. c) i.V.m. Art 25 Abs. 6 Buchst. d) DBA-USA).

In der Regel beginnt das Schiedsverfahren bei Vorliegen der vorgenannten Voraussetzungen zwei Jahre nach Beginn des Verständigungsverfahrens[310], wenn dieses ergebnislos geblieben ist.[311] Die zuständigen Behörden können sich aber auch auf einen anderen Zeitpunkt verständigen.[312] Sind zu diesem Zeitpunkt die Erklärungen zur Verschwiegenheit nach Art. 25 Abs. 6 Buchst. d) DBA-USA noch nicht abgegeben, so beginnt das Schiedsverfahren erst, wenn diese bei den zuständigen Behörden eingegangen sind (Art. 25 Abs. 6 Buchst. c) Doppelbuchst. bb) DBA-USA).[313] Es bedarf, im Gegensatz zu Art. 25 Abs. 5 OECD-MA, keines Antrags des Steuerpflichtigen auf Einleitung des Schiedsverfahrens.

Ist das Schiedsverfahren eingeleitet worden, so sollte es in maximal 16 Monaten abgeschlossen sein.[314] Dazu erfolgt zunächst die Ernennung jeweils eines Mitglieds der Schiedsstelle durch jeden der Vertragsstaaten binnen 60 Tagen seit Verfahrenseinleitung.[315] Danach haben die beiden Vertragsstaaten innerhalb eines Zeitraums von weiteren 60 Tagen Zeit für die Einigung auf ein drittes Mitglied der Schiedsstelle, welches gleichzeitig Vorsitzender wird.[316] Sollte ein Vertragsstaat kein Mitglied ernennen oder sollten sich die Vertragsstaaten nicht auf einen Vorsitzenden einigen können, so erfolgt binnen weiterer 60 Tage die Ernennung der noch fehlenden Mitglieder der Schiedsstelle durch den höchstrangigsten Bediensteten der Abteilung für Steuerpolitik und -verwaltung der OECD, welcher jedoch nicht die Staatsbürgerschaft eines der betroffenen Vertragsstaaten haben darf.[317] Dabei dürfen die Mitglieder der Schiedsstelle keine

---

aus dieser Prüfung ergebenden Verständigung unmittelbar betroffen sein kann." Art. 25 Abs. 6 Buchst. a) DBA-USA.

310 Vgl. zu dem Beginn des Verständigungsverfahrens im Einzelnen: *Eimermann* in: Wassermeyer, DBA, Kommentar, Stand: Mai 2009, Art. 25 DBA-USA Rn. 53.

311 *Eimermann* in: Wassermeyer, DBA, Kommentar, Stand: Mai 2009, Art. 25 DBA-USA Rn. 52 f.; *Loh/Peters*, RIW 2008, 294 (296).

312 Vgl. Art. 25 Abs. 6 Buchst. c) DBA-USA; vgl. dort auch für weitere Einzelheiten zum Beginn des Schiedsverfahrens.

313 *Eimermann* in: Wassermeyer, DBA, Kommentar, Stand: Mai 2009, Art. 25 DBA-USA Rn. 52.

314 *Loh/Peters*, RIW 2008, 294 (296).

315 Protokoll zum DBA-USA, Abs. 22 Buchst. e).

316 Protokoll zum DBA-USA, Abs. 22 Buchst. e).

317 Protokoll zum DBA-USA, Abs. 22 Buchst. e).

aktiven Mitarbeiter des öffentlichen Dienstes oder ehemalige Mitarbeiter des öffentlichen Dienstes sein, wenn seit dem Ausscheiden aus dem aktiven Dienst noch keine zwei Jahre vergangen sind.[318] Als weitere Voraussetzungen findet sich in der Verständigungsvereinbarung, dass die zu ernennenden Personen mit internationalen Steuerangelegenheiten vertraut sein und zum Zeitpunkt der Ernennung, während des Schiedsverfahrens sowie eine angemessene Zeit nach Abschluss des Schiedsverfahrens gegenüber den Vertragsstaaten und den betroffenen Personen unabhängig sowie unparteiisch sein sollen.[319]

Sind alle Mitglieder der Schiedsstelle ernannt, so können die Vertragsstaaten der Schiedsstelle innerhalb von 90 Tagen ab der Ernennung des Vorsitzenden jeweils einen Vorschlag zur Lösung des Falles sowie ein Positionspapier unterbreiten.[320] Dies bedeutet, dass keine Vorlage der kompletten Akten bei der Schiedsstelle erfolgt, jedoch kann die Schiedsstelle die Übermittlung weiterer Informationen erbeten.[321] Dieser Lösungsvorschlag wird an den jeweils anderen Staat weitergeleitet, der sodann innerhalb von 180 Tagen ab der Ernennung des Vorsitzenden darauf erwidern kann.[322] Kommen die Vertragsstaaten nicht zu einer Verständigung, die auch während des laufenden Schiedsverfahrens noch möglich ist, so entscheidet die Schiedsstelle binnen 9 Monaten nach Ernennung des Vorsitzenden der Schiedsstelle.[323] Dabei ist die Schiedsstelle nicht befugt, eine eigene Lösung zu finden, sondern sie hat ihre Entscheidung durch Wahl einer der beiden von den Vertragsstaaten übermittelten Lösungsvorschläge zu treffen, wobei die von den Staaten übermittelten Positionspapiere und die Erwiderungen von der Schiedsstelle im Rahmen der Entscheidungsfindung gewürdigt werden.[324] Die Schiedsstelle übermittelt im Anschluss daran ihre Entscheidung, die keine Begründung enthält, an die Vertragsstaaten.[325] Wird indes nur von einem Vertragsstaat binnen der maßgeblichen Frist ein Lösungsvorschlag vorgelegt, so gilt dieser Vorschlag als die Entscheidung der Schiedsstelle mit verfahrensbeendigender Wirkung.[326] Es handelt sich folglich um eine „Baseball Arbitration“[327].

---

318 BMF-Schreiben v. 16.01.2009, BStBl. I 2009, 345, Tz. 6 Buchst. d).

319 BMF-Schreiben v. 16.01.2009, BStBl. I 2009, 345, Tz. 6 Buchst. e).

320 Protokoll zum DBA-USA, Abs. 22 Buchst. g).

321 *Eimermann* in: Wassermeyer, DBA, Kommentar, Stand: Mai 2009, Art. 25 DBA-USA Rn. 54.

322 Protokoll zum DBA-USA, Abs. 22 Buchst. g).

323 Protokoll zum DBA-USA, Abs. 22 Buchst. h); *Schönfeld*, Ubg 2008, 544 (547).

324 Protokoll zum DBA-USA, Abs. 22 Buchst. h); *Loh/Peters*, RIW 2008, 294 (297).

325 Protokoll zum DBA-USA, Abs. 22 Buchst. j).

326 Protokoll zum DBA-USA, Abs. 22 Buchst. g); *Bahns/Schönfeld*, ET 2009, 343 (346).

327 Vgl. dazu bereits: 2. Teil, B. III. 3. b), S. 36 ff.

Die Entscheidung der Schiedsstelle gilt als Beilegung durch Verständigung und hat für die Vertragsstaaten bindenden Charakter, entfaltet jedoch keine Präzedenzwirkung.[328] Eine Beteiligung der betroffenen Steuerpflichtigen am Schiedsverfahren nach dem DBA-USA ist nicht vorgesehen.[329] Jedoch hat jede betroffene Person innerhalb von 30 Tagen die Annahme der Entscheidung der Schiedsstelle mitzuteilen.[330] Andernfalls gilt die Entscheidung als nicht angenommen und der Fall kann nicht mehr Gegenstand eines Verständigungsverfahrens werden.[331] Als Konsequenz verbleibt dem Steuerpflichtigen zur Erreichung seines Ziels, der Beseitigung der Doppelbesteuerung, nur noch nationale Rechtsschutzmöglichkeiten zu ergreifen.[332]

2. Nach Einfügung des Art. 25 Abs. 5 OECD-MA

Nachdem die OECD mit dem Update des OECD-Musterabkommens 2008 mit Art. 25 Abs. 5 OECD-MA einen Formulierungsvorschlag für ein obligatorisches Schiedsverfahren eingefügt sowie die Kommentierung des OECD-Musterabkommens entsprechend geändert hat, wurden vereinzelt in die Abkommen von Deutschland mit anderen OECD-Staaten Schiedsklauseln aufgenommen. Beispiele hierfür sind die deutschen Abkommen mit Großbritannien, Liechtenstein, den Niederlanden und der Schweiz.

a) Großbritannien

Das neue Doppelbesteuerungsabkommen mit Großbritannien vom 30. März 2010[333] (nachfolgend „DBA-Großbritannien“) ist am 30. Dezember 2010 in Kraft getreten und weist nunmehr mit Art. 26 Abs. 5 DBA-Großbritannien eine Regelung für ein obligatorisches Schiedsverfahren[334] auf. Diese Regelung entspricht

328 BMF-Schreiben v. 16.01.2009, BStBl. I 2009, 345, Tz. 17 Buchst. a); Protokoll zum DBA-USA, Abs. 22 Buchst. j); *Loh/Peters*, RIW 2008, 294 (297).

329 *Eimermann* in: Wassermeyer, DBA, Kommentar, Stand: Mai 2009, Art. 25 DBA-USA Rn. 54 und 56.

330 Protokoll zum DBA-USA, Abs. 22 Buchst. k); vgl. dort auch für weitere Einzelheiten zur Annahme und der maßgeblichen Frist.

331 Protokoll zum DBA-USA, Abs. 22 Buchst. k).

332 *Eimermann* in: Wassermeyer, DBA, Kommentar, Stand: Mai 2009, Art. 25 DBA-USA Rn. 57; *Loh/Peters*, RIW 2008, 294 (297).

333 Abkommen zwischen der Bundesrepublik Deutschland und dem Vereinigten Königreich Großbritannien und Nordirland zur Vermeidung der Doppelbesteuerung und zur Verhinderung der Steuerverkürzung auf dem Gebiet der Steuern vom Einkommen und vom Vermögen v. 30.03.2010, BGBl. II 2010, 1334.

334 Vgl. dazu bereits: 2. Teil, B. III. 3. a), S. 34 ff.

nahezu vollständig der Vorschrift des OECD-Musterabkommens zum Schiedsverfahren.[335] Für die betroffenen Personen besteht jedoch die Möglichkeit, die Einigung über die Durchführung der Entscheidung des Schiedsgerichts nicht anzuerkennen, woraufhin die Entscheidung für die beiden Vertragsstaaten nicht bindend ist (Art. 26 Abs. 5 Satz 3 DBA Großbritannien).

Die Vertragsstaaten haben zur Regelung des Verfahrens eine Verständigungsvereinbarung getroffen.[336] Diese ist stark an die Mustervereinbarung angelehnt, welche von der OECD als Anlage der Kommentierung des Art. 25 OECD-MA beigefügt wurde. So sieht auch die Verständigungsvereinbarung zwischen Deutschland und Großbritannien als Alternative ein sog. vereinfachtes Schiedsverfahren vor, in dem lediglich ein Schiedsrichter berufen wird. Diesem übermitteln die zuständigen Behörden jeweils ihre Antwort auf die im Schiedsauftrag dargestellten Fragen. Sodann entscheidet der Schiedsrichter jede der aufgeführten Fragen in Übereinstimmung mit einer der beiden Antworten der Vertragsstaaten. Im Anschluss daran führen die Staaten den Schiedsspruch aus. Ob ein vereinfachtes Schiedsverfahren durchgeführt wird, entscheiden die zuständigen Behörden in dem Schiedsauftrag.[337] Es handelt sich folglich, vergleichbar mit der Regelung im DBA-USA, um eine „Baseball Arbitration"[338], bei der das Schiedsgericht sich nur zwischen zwei vorgegebenen Antworten zu entscheiden hat.

b) Liechtenstein

Mit Liechtenstein hat Deutschland erstmalig ein Doppelbesteuerungsabkommen[339] (nachfolgend „DBA-Liechtenstein") abgeschlossen, das am 17. November 2011 unterzeichnet wurde.[340] Auch dieses enthält in Art. 25 Abs. 5 bis 7 Regelungen zu einem obligatorischen Schiedsverfahren[341].

Die Regelungen in Art. 25 Abs. 5 bis 7 DBA-Liechtenstein entsprechen im Wesentlichen den Regelungen in Art. 25 Abs. 5 und 6 DBA-USA[342]. Im Gegensatz zu

---

335 *Beckmann* in: Wassermeyer, DBA, Kommentar, Stand: Januar 2012, Art. 26 DBA-Groß-britannien Rn. 6.

336 BMF-Schreiben v. 10.10.2011, BStBl. I 2011, 956 ff.

337 BMF-Schreiben v. 10.10.2011, BStBl. I 2011, 956 Tz. 6.

338 *Kuntschik/Bödefeld*, IStR 2012, 137 (138); *Loh/Peters*, RIW 2008, 294 (297).

339 Abkommen zwischen der Bundesrepublik Deutschland und dem Fürstentum Liechtenstein zur Vermeidung der Doppelbesteuerung und der Steuerverkürzung auf dem Gebiet der Steuern vom Einkommen und vom Vermögen v. 17.11.2011, BGBl. II 2012, 1463.

340 *Kuntschik/Bödefeld*, IStR 2012, 137 (139).

341 Vgl. dazu bereits: 2. Teil, B. III. 3. a), S. 34 ff.

342 Vgl. dazu bereits: 2. Teil, B. IV. 1. f), S. 52 ff.

dem Schiedsverfahren nach dem DBA-USA ist der Anwendungsbereich jedoch nicht auf einzelne Artikel des Abkommens beschränkt. Wie auch beim DBA-USA bedarf es keines erneuten Antrags des Steuerpflichtigen auf Einleitung des Schiedsverfahrens, wie es Art. 25 Abs. 5 OECD-MA vorsieht. Im Unterschied zu dem DBA-USA und dem OECD-Musterabkommen soll die Einleitung eines Schiedsverfahrens grundsätzlich erst drei Jahre nach Einleitung des Verständigungsverfahrens in Betracht kommen (Art. 25 Abs. 6 Buchst. c) Doppelbuchst. aa) DBA-Liechtenstein). Eine weitere maßgebliche Abweichung von der entsprechenden Vorschrift im DBA-USA besteht darin, dass es den zuständigen Behörden innerhalb von drei Monaten nachdem die Schiedsstelle den Fall entschieden hat, möglich ist, eine abweichende Einigung zu erzielen (Art. 25 Abs. 6 Buchst. e) DBA-Liechtenstein).[343]

Das Protokoll zu dem DBA-Liechtenstein enthält keine Bestimmungen zur Durchführung des Schiedsverfahrens. Vielmehr soll die Anwendung und Durchführung des Schiedsverfahrens durch eine Verständigungsvereinbarung konkretisiert werden (Art. 25 Abs. 7 DBA-Liechtenstein). In dieser dürfte dann auch geregelt werden, ob wie beim DBA-USA die Entscheidung der Schiedsstelle aufgrund einer sog. „Baseball Arbitration" getroffen wird oder ob die Schiedsstelle ein Ergebnis aufgrund einer unabhängigen Bewertung des Falles findet. Soweit ersichtlich ist eine entsprechende Verständigungsvereinbarung bislang noch nicht abgeschlossen worden.

c) Niederlande

Am 12. April 2012 wurde das von Deutschland und den Niederlanden neu verhandelte Doppelbesteuerungsabkommen[344] (nachfolgend „DBA-Niederlande") unterzeichnet.[345] Aufgrund von Verzögerungen im Gesetzgebungsverfahren in den Niederlanden wird das neue Doppelbesteuerungsabkommen jedoch

---

343 Eine solche Regelung enthält ferner auch das EU-Schiedsübereinkommen, vgl. dazu: 3. Teil, C. IV. 3., S. 126 ff.

344 Abkommen zwischen der Bundesrepublik Deutschland und dem Königreich der Niederlande zur Vermeidung der Doppelbesteuerung und zur Verhinderung der Steuerverkürzung auf dem Gebiet der Steuern vom Einkommen v. 12.04.2012, abrufbar unter: www.bundesfinanzministerium.de/Content/DE/Standardartikel/Themen/Steuern/Internationales_Steuerrecht/Staatenbezogene_Informationen/Laender_A_Z/Niederlande/2012-04-13-abkommen-zwischen-der-bundesrepublik-deutschland-und-dem-koenigreich-der-niederlande-anlage1.pdf (Stand: 25.04.2014).

345 *Böing/Prang*, BB 2012, 2211 (2211).

voraussichtlich erst ab dem 01. Januar 2015 zur Anwendung gelangen.[346] Dieses neu abgeschlossene Abkommen sieht in Art. 25 Abs. 5 nunmehr erstmals eine Schiedsklausel mit einem obligatorischen Schiedsverfahren[347] vor. Die künftige Neuregelung ist inhaltlich an Art. 25 Abs. 5 OECD-MA angelehnt und diesem auch wörtlich nachgebildet. Im Gegensatz zu Art. 25 Abs. 5 OECD-MA enthält die Regelung im kommenden DBA-Niederlande jedoch nicht die Formulierung, dass ungelöste Fragen nicht einem Schiedsverfahren unterworfen werden, wenn zu ihnen bereits in einem der Staaten eine Gerichtsentscheidung ergangen ist.

Wie in Art. 25 Abs. 5 OECD-MA sieht auch der künftige Art. 25 Abs. 5 des DBA-Niederlande vor, dass die beiden betroffenen Staaten eine Verständigungsvereinbarung abschließen, in der die Durchführung des künftigen Schiedsverfahrens geregelt wird. Eine solche Vereinbarung haben die beiden Staaten ebenfalls bereits am 12. April 2012 getroffen.[348] Diese Verständigungsvereinbarung entspricht im Wesentlichen der Mustervereinbarung[349] der OECD zu Art. 25 Abs. 5 OECD-MA.

d) Schweiz

Das bereits mit der Schweiz bestehende Doppelbesteuerungsabkommen[350] (nachfolgend „DBA-Schweiz") wurde von den beiden Staaten durch ein Protokoll vom 27. Oktober 2010 geändert. Nunmehr enthalten Art. 26 Abs. 5 bis 7 DBA-Schweiz Regelungen für ein obligatorisches Schiedsverfahren[351].[352]

---

346 *Häck/Spierts*, IStR 2014, 58 (58).

347 Vgl. dazu bereits: 2. Teil, B. III. 3. a), S. 34 ff.

348 Diese ist abrufbar unter: www.bundesfinanzministerium.de/Content/DE/Standardartikel/Themen/Steuern/Internationales_Steuerrecht/Staatenbezogene_Informationen/Laender_A_Z/Niederlande/2012-04-13-abkommen-zwischen-der-bundesrepublik-deutschland-und-dem-koenigreich-der-niederlande-anlage2.pdf (Stand: 10.02.2014).

349 OECD-Musterkommentar 2010 zu Art. 25 OECD-MA, Anhang nach Rn. 101, Mustervereinbarung, Ziff. 1 ff. abgedruckt in: Schönfeld/Ditz, DBA, Art. 25 Vor Rn. 1.

350 Abkommen zwischen der Bundesrepublik Deutschland und der Schweizerischen Eidgenossenschaft zur Vermeidung der Doppelbesteuerung auf dem Gebiete der Steuern vom Einkommen und vom Vermögen v. 11.08.1971, BGBl. II 1972, 1022, in der Fassung des Änderungsprotokolls v. 30.11.1978, BGBl. II 1980, 751, des Protokolls vom 17.10.1989, BGBl. II 1990, 766, des Protokolls v. 21.12.1992, BGBl. II 1993, 1888, des Revisionsprotokolls v. 12.03.2002, BGBl. II 2003, 68 und des Änderungsprotokolls v. 27.10.2010, BGBl. II 2011, 1092.

351 Vgl. dazu bereits: 2. Teil, B. III. 3. a), S. 34 ff.

352 *Hardt* in: Wassermeyer, DBA, Kommentar, Stand: Januar 2013, Art. 26 DBA-Schweiz Rn. 19a; *Kuntschik/Bödefeld*, IStR 2012, 137 (139).

Diese Regelungen in Art. 25 Abs. 5 bis 7 DBA-Schweiz entsprechen im Wesentlichen den Regelungen in Art. 25 Abs. 5 und 6 DBA-USA[353] und wörtlich nahezu vollständig dem Art. 25 Abs. 5 bis 7 DBA-Liechtenstein[354]. Wie beim DBA-Liechtenstein ist der Anwendungsbereich für ein Schiedsverfahren, im Unterschied zu der Regelung im DBA-USA, nicht beschränkt. Wie beim DBA-USA und beim DBA-Liechtenstein bedarf es, im Unterschied zu Art. 25 Abs. 5 OECD-MA, keines Antrags des Steuerpflichtigen auf Einleitung des Schiedsverfahrens.[355] Weiter soll im Unterschied zu dem DBA-USA und dem OECD-Musterabkommen, jedoch im Gleichlauf mit dem DBA-Liechtenstein, die Einleitung eines Schiedsverfahrens grundsätzlich erst drei Jahre nach Einleitung des Verständigungsverfahrens erfolgen (Art. 25 Abs. 6 Buchst. c) Doppelbuchst. aa) DBA-Schweiz). Im Gegensatz zu der Vorschrift im DBA-Liechtenstein und in Übereinstimmung mit dem DBA-USA ist es den zuständigen Behörden nach dem DBA-Schweiz nicht möglich, nach der Entscheidung der Schiedsstelle eine abweichende Einigung zu erzielen, sondern die Entscheidung ist vielmehr für die Behörden bindend, es sei denn eine betroffene Person erkennt die Entscheidung nicht an (Art. 26 Abs. 6 Buchst. e) DBA-Schweiz). Im Unterschied zu der Schiedsklausel im OECD-Musterabkommen ist ein Schiedsverfahren nach dem DBA-Schweiz – ebenso wie bei dem künftigen DBA-Niederlande – nicht ausgeschlossen, wenn zu den Fragen bereits in einem der betroffenen Staaten eine Gerichtsentscheidung ergangen ist.

Das Protokoll zu dem DBA-Schweiz enthält, wie auch das Protokoll zu dem DBA-Liechtenstein, keine Bestimmungen zur Durchführung des Schiedsverfahrens. Auch hier soll die Anwendung und Durchführung des Schiedsverfahrens durch eine Verständigungsvereinbarung konkretisiert werden (Art. 25 Abs. 7 DBA-Schweiz). Soweit ersichtlich ist eine solche Verständigungsvereinbarung noch nicht abgeschlossen worden.

3. *Zwischenergebnis*

Wie anhand der Beispiele der deutschen Doppelbesteuerungsabkommen mit Großbritannien, Liechtenstein, den Niederlanden und der Schweiz erkennbar, ist Deutschland seit Einfügung des Art. 25 Abs. 5 OECD-MA in das Musterabkommen dazu übergegangen, obligatorische Schiedsverfahren in ihren Doppelbesteuerungsabkommen, die neu abgeschlossen oder geändert werden, vorzusehen.

---

353 Vgl. dazu bereits: 2. Teil, B. IV. 1. f), S. 52 ff.

354 Vgl. dazu bereits die Ausführungen unter: 2. Teil, B. IV. 2. b), S. 57 f.

355 *Hardt* in: Wassermeyer, DBA, Kommentar, Stand: Januar 2013, Art. 26 DBA-Schweiz Rn. 235.

3. Teil: EU-Schiedsübereinkommen

A. Begriff und historische Entwicklung

I. Grundlagen

Das EU-Schiedsübereinkommen, auch bezeichnet als Schiedsabkommen, Schiedskonvention bzw. Schiedsverfahrenskonvention[356], stellt weitere reaktive Streitbeilegungsinstrumente zur Verfügung. Es umfasst die Fälle, in denen es bei verbundenen Unternehmen unterschiedlicher Mitgliedstaaten der EU infolge einer bei einem verbundenen Unternehmen in einem Mitgliedstaat erfolgten Gewinnberichtigung zu einer wirtschaftlichen Doppelbesteuerung kommt. Ferner fallen in den Anwendungsbereich Fälle der Gewinnabgrenzung zwischen Stammhaus und Betriebsstätten mit nachfolgender juristischer Doppelbesteuerung.

Bereits im Jahre 1976 wurde von der Kommission der EG der „Vorschlag einer Richtlinie des Rates über Bestimmungen zur Vermeidung der Doppelbesteuerung für den Fall der Gewinnberichtigung zwischen verbundenen Unternehmen (Schiedsverfahren)“[357] vorgelegt.[358] Jedoch wurde dieser Richtlinienvorschlag nicht verabschiedet. Einer der Gründe für die ablehnende Haltung der Mitgliedstaaten zu dieser Rechtsform der Regelung war die Sorge um ihre Souveränität.[359]

Stattdessen wurde am 23. Juli 1990 nach langen Verhandlungen das „Übereinkommen über die Beseitigung der Doppelbesteuerung im Falle von Gewinnberichtigungen zwischen verbundenen Unternehmen“[360] als multilaterales Abkommen geschlossen.[361]

---

356 Diese Begriffe werden in der Literatur synonym verwendet, vgl. dazu bspw. auch: *Schaumburg*, Int. Steuerrecht, Rn. 3.74.

357 ABl. EG C 301/4 vom 21.12.1976.

358 *Krabbe*, RIW 1982, 269 (269).

359 *Bellstedt*, IWB, F. 11, Gr. 2, 191 (192); *Gangemi* in: FS Rödler, S. 255 (256 f.); *Saß*, DB 1991, 984 (985); *Schaumburg*, Int. Steuerrecht, Rn. 3.78; *van Herksen*, Intertax 2008, 332 (333); *Vögele/Forster*, IStR 2006, 537 (537).

360 Übereinkommen über die Beseitigung der Doppelbesteuerung im Falle von Gewinnberichtigungen zwischen verbundenen Unternehmen (90/436/EWG), ABl. EG 1990 L 225/10.

361 *Adonnino*, ET 2003, 403 (403); *Eicker/Stockburger*, IWB, F. 11, Gr. 2, 661 (662); *Krabbe*, IStR 1996, 5 (5); *Lehner* in: Vogel/Lehner, DBA, Kommentar, Art. 25 Rn. 301; *Saß*, DB 1991, 984 (984); *van Herksen*, Intertax 2008, 332 (333).

Dieses Übereinkommen ist ein völkerrechtlicher Vertrag, der für sein Inkrafttreten der Ratifizierung durch alle Vertragspartner, damals der zwölf Mitgliedstaaten der EG, bedurfte.[362] Aus diesem Grund ist das EU-Schiedsübereinkommen erst nach Hinterlegung der letzten Ratifizierungsurkunde durch Portugal im Oktober 1994 am 01. Januar 1995 in Kraft getreten.[363] Deutschland hat es am 26. August 1993 ratifiziert.[364] Durch die Beitrittskonvention vom 21. Dezember 1995[365] wurden auch die neuen EU-Mitglieder Österreich, Finnland und Schweden in den Geltungsbereich des EU-Schiedsübereinkommens einbezogen.[366] Davon ist das Inkrafttreten zu unterscheiden, das für die einzelnen Vertragsstaaten zu unterschiedlichen Zeitpunkten erfolgte.[367]

Das EU-Schiedsübereinkommen galt zunächst vom 01. Januar 1995 bis 31. Dezember 1999, da eine fünfjährige Laufzeit vereinbart worden war und die Mitgliedstaaten nicht sechs Monate vor Ablauf dieser Laufzeit eine Verlängerung der Geltungsdauer beschlossen hatten (vgl. die damalige Fassung des Art. 20 EU-SchiedsÜ). Eine solche beschränkte Geltungsdauer wurde vorgesehen, um der Sorge einzelner Vertragsstaaten hinsichtlich des Verlustes ihrer Souveränität Rechnung zu tragen.[368]

Am 25. Mai 1999 haben die Mitgliedstaaten das „Protokoll zur Änderung des Übereinkommens vom 23. Juli 1990 über die Beseitigung der Doppelbesteuerung im Falle von Gewinnberichtigungen zwischen verbundenen Unternehmen“[369] unterzeichnet. Das Protokoll sieht eine automatische Verlängerung der Geltungsdauer um fünf Jahre vor, wenn nicht ein Mitgliedstaat spätestens sechs Monate vor Ablauf des jeweiligen Fünfjahreszeitraums Einspruch erhebt (vgl. Art. 20 EU-SchiedsÜ in der derzeit gültigen Fassung). Dieses Änderungsprotokoll ist

---

362 *Bellstedt*, IWB, F. 11, Gr. 2, 191 (191); *Eicker/Stockburger*, IWB, F. 11, Gr. 2, 661 (666); *Engler/Elbert* in: Vögele/Borstell/Engler, Verrechnungspreise, Kap. F Rn. 299; *Liebchen* in: Schönfeld/Ditz, DBA, Art. 25 Rn. 240.

363 *Krabbe*, IStR 1996, 5 (5).

364 Gesetz zu dem Übereinkommen vom 23. Juli 1990 über die Beseitigung der Doppelbesteuerung im Falle von Gewinnberichtigungen zwischen verbundenen Unternehmen v. 26.08.1993, BGBl. II 1993, 1308.

365 ABl. EG 1996 C 26/1.

366 *Engler/Elbert* in: Vögele/Borstell/Engler, Verrechnungspreise, Kap. F Rn. 299.

367 Vgl. dazu im Einzelnen *Baßler*, Steuerliche Gewinnabgrenzung im Europ. Binnenmarkt, S. 292; *Krabbe* in: Wassermeyer, DBA, Kommentar, Stand: Januar 2010, Art. 18 EU-SchÜ Rn. 3.

368 *Krabbe* in: Wassermeyer, DBA, Kommentar, Stand: Januar 2010, Art. 20 EU-SchÜ Rn. 1; *Saß*, DB 1991, 984 (985).

369 ABl. EG 1999 C 202/1.

erst am 01. November 2004 nach Hinterlegung aller Ratifizierungsurkunden durch die Staaten in Kraft getreten.[370] Aus diesem Grund ist das EU-Schiedsübereinkommen nach Ablauf der ersten fünfjährigen Geltungsdauer mit Ablauf des 31. Dezember 1999 zunächst außer Kraft getreten, aber dann am 01. November 2004 rückwirkend zum 01. Januar 2000 wieder in Kraft getreten.[371]

Im Hinblick auf die EU-Erweiterung im Jahre 2004[372] galt das EU-Schiedsübereinkommen ebenfalls nicht automatisch auch für die neu beigetretenen Mitgliedstaaten. Es wurde vielmehr durch das Beitrittsabkommen vom 08. Dezember 2004 auf diese Staaten ausgedehnt.[373] Für die am 01. Januar 2007 beigetretenen Länder Bulgarien und Rumänien erfolgte eine Ausdehnung des Übereinkommens durch Ratsbeschluss vom 23. Juni 2008.[374]

Kroatien wurde am 01. Juli 2013 durch Beitritt das 28. Mitglied der EU. Wie bei Bulgarien und Rumänien soll eine Ausdehnung des Übereinkommens ebenfalls durch Ratsbeschluss erfolgen.[375] Soweit ersichtlich ist dieser bislang noch nicht ergangen.

Kein Mitgliedstaat hat innerhalb der Einspruchsfrist des Art. 20 EU-SchiedsÜ während des Geltungszeitraums vom 01. Januar 2005 bis zum 31. Dezember 2009 seinen Einspruch erklärt, so dass sich die Geltungsdauer automatisch um fünf weitere Jahre verlängert hat.[376] Folglich gilt das EU-Schiedsübereinkommen derzeit bis zum 31. Dezember 2014.

---

370 *van Herksen*, Intertax 2008, 332 (333).

371 *Gangemi* in: FS Rödler, S. 255 (258); *Kroppen* in: FS Südtreu/Deloitte, S. 515 (519); *Rousselle*, ET 2005, 14 (14).

372 Länder, die 2004 der EU beigetreten sind: Estland, Lettland, Litauen, Malta, Polen, Slowakei, Slowenien, Tschechien, Ungarn und Zypern.

373 ABl. EU 2005 C 160/1; *Krabbe* in: Wassermeyer, DBA, Kommentar, Stand: Januar 2010, Vor Art. 1 EU-SchÜ Rn. 2, zum Inkrafttreten siehe dort Art. 18 EU-SchÜ Rn. 8.

374 ABl. EU 2008 L 174/1; *Gangemi* in: FS Rödler, S. 255 (258); *Krabbe* in: Wassermeyer, DBA, Kommentar, Stand: Januar 2010, Vor Art. 1 EU-SchÜ Rn. 2, zum Inkrafttreten siehe dort Art. 18 EU-SchÜ Rn. 9.

375 Europäische Kommission v. 02.09.2013, Empfehlung für einen Beschluss des Rates über den Beitritt Kroatiens zum Übereinkommen vom 23. Juli 1990 über die Beseitigung der Doppelbesteuerung im Falle von Gewinnberichtigungen zwischen verbundenen Unternehmen, COM (2013) 586 final/2, www.eur-lex.europa.eu/legal-content/DE/TXT/PDF/?uri=CELEX:52013PC0586R(01)&qid=1397050152784&from=DE (Stand: 25.04.2014).

376 *Baßler*, Steuerliche Gewinnabgrenzung im Europ. Binnenmarkt, S. 294.

Das Übereinkommen besteht aus dem eigentlichen Abkommenstext sowie gemeinsamen und einseitigen Erklärungen der Staaten.[377]

II. Konkretisierende Regelungen

Seit des Inkrafttretens des EU-Schiedsübereinkommens zeigte sich, dass eine einheitliche und wirksame Anwendung des EU-Schiedsübereinkommens innerhalb der Mitgliedstaaten nicht gewährleistet war. So offenbarten die zwischenzeitlich gemachten praktischen Erfahrungen mit den im Übereinkommen vorgesehenen Verfahren eine uneinheitliche Handhabung beispielsweise in Bezug auf Fristen und im Hinblick auf die Auslegung von Definitionen.[378] Ferner war die Anzahl der initiierten Fälle – insbesondere in den ersten Jahren der Gültigkeit des EU-Schiedsübereinkommens – vergleichsweise niedrig, was wohl auch auf eine Unsicherheit der steuerpflichtigen Unternehmen im Hinblick auf das Verfahren nach dem EU-Schiedsübereinkommen zurückzuführen sein dürfte.[379]

Daher kündigte die Europäische Kommission im Jahre 2001 die Bildung eines Gemeinsamen EU-Verrechnungspreisforums bzw. EU Joint Transfer Pricing Forum[380] (nachfolgend „EU-JTPF“) an, was vom Europäischen Rat am 11. März 2002 gebilligt wurde.[381] Sodann rief die Europäische Kommission im Jahre 2002 das EU-JTPF ins Leben, mit dem Auftrag der Untersuchung von sich aus der Verwendung von steuerlichen Verrechnungspreisregelungen im Europäischen Binnenmarkt sowie aus der Anwendung des EU-Schiedsübereinkommens ergebenden praktischen Problemen und der Entwicklung von pragmatischen Lösungen nicht legislativer Art zur Verbesserung dieser Problempunkte.[382]

Nachdem das EU-JTPF zunächst informell für lediglich zwei Jahre eingesetzt worden und eine Verlängerung dieses Mandats erfolgt war, beschloss die Europäische Kommission Ende des Jahres 2006 die formale Einsetzung mit einer Mandatszeit bis zum 31. März 2011.[383] Im Anschluss daran hat die Europäische Kommission am 26. Januar 2011 durch Beschluss erneut die Einsetzung des

377 ABl. EG 1990 L 225/10 ff.

378 Europäische Kommission v. 02.08.2002, JTPF/003/2002/DE, Tz. 1, www.ec.europa.eu/taxation_customs/resources/documents/forum1/jtpf003_de.pdf (Stand: 25.04.2014).

379 *Gangemi* in: FS Rödler, S. 255 (257).

380 *Gillett* in: Resolving transfer pricing disputes, S. 165 (170).

381 *Kroppen* in: FS Südtreu/Deloitte, S. 515 (516).

382 Europäische Kommission v. 02.08.2002, JTPF/003/2002/DE, Tz. 1, www.ec.europa.eu/taxation_customs/resources/documents/forum1/jtpf003_de.pdf (Stand: 25.04.2014).

383 Beschluss der Kommission v. 22.12.2006 zur Einsetzung einer Sachverständigengruppe „Verrechnungspreise“, ABl. EU L 32/189; *Gangemi* in: FS Rödler, S. 255 (257).

EU-JTPF nunmehr bis zum 31. März 2015 beschlossen.[384] Das EU-JTPF besteht derzeit aus je einem Vertreter der EU-Mitgliedstaaten, 16 Vertretern aus der Privatwirtschaft und einem Vorsitzenden.[385] Somit wurde ein Gremium geschaffen, in dem neben Vertretern der EU-Mitgliedstaaten, auch Vertreter aus der Privatwirtschaft eine Stimme haben.[386] Ferner können Vertreter der Beitrittsländer und des OECD-Sekretariats als Beobachter eingeladen werden.[387]

Das EU-JTPF trat am 03. Oktober 2002 das erste Mal und in der Folgezeit in unregelmäßigen Abständen zusammen.[388] Inzwischen fand am 06. März 2014 die 39. Sitzung des Forums statt.[389] In seiner „Amtszeit" hat das EU-JTPF beispielsweise Leitlinien für Verrechnungspreiszusagen[390] (APA) entwickelt, die empfehlenswerte Verfahrensweisen für ein Vorabverständigungsverfahren beinhalten. Ferner geht die Entschließung des Europäischen Rates zu einem Verhaltenskodex zur Verrechnungspreisdokumentation auf die Arbeit des EU-JTPF zurück.[391] Bezüglich des EU-Schiedsübereinkommens stand zunächst die Ratifizierung des Änderungsprotokolls[392] durch die Staaten auf seiner Agenda.[393] Maßgebliche Arbeitsergebnisse im Hinblick auf das EU-Schiedsübereinkommen stellen ferner der Vorschlag für einen Verhaltenskodex zur wirksamen Durchführung des Übereinkommens über die Beseitigung der Doppelbesteuerung im Falle von

---

384 Beschluss der Kommission v. 25.01.2011 zur Einsetzung der Sachverständigengruppe „Gemeinsames EU-Verrechnungspreisforum", ABl. EU C 24/3.

385 Beschluss der Kommission v. 25.01.2011 zur Einsetzung der Sachverständigengruppe „Gemeinsames EU-Verrechnungspreisforum", ABl. EU C 24/3, Art. 4 Abs. 1.

386 *Kroppen* in: FS Südtreu/Deloitte, S. 515 (517).

387 Beschluss der Kommission v. 25.01.2011 zur Einsetzung der Sachverständigengruppe „Gemeinsames EU-Verrechnungspreisforum", ABl. EU C 24/3, Art. 5 Abs. 3.

388 Vgl. dazu im Einzelnen: *Kroppen* in: FS Südtreu/Deloitte, S. 515 (517 f.).

389 www.ec.europa.eu/taxation_customs/taxation/company_tax/transfer_pricing/forum/index_de.htm#meetings (Stand: 25.04.2014).

390 Europäische Kommission v. 26.02.2007, KOM (2007) 71, www.ec.europa.eu/taxation_customs/resources/documents/taxation/company_tax/transfer_pricing/com(2007)71_de.pdf (Stand: 25.04.2014).

391 Entschließung des Rates und der im Rat vereinigten Vertreter der Regierungen der Mitgliedstaaten vom 27. Juni 2006 zu einem Verhaltenskodex zur Verrechnungspreisdokumentation für verbundene Unternehmen in der Europäischen Union (EU TPD), ABl. EU 2006 C 176/1.

392 ABl. EG 1999 C 202/1; vgl. dazu: 3. Teil, A. I., S. 61 ff.

393 *Gillett* in: Resolving transfer pricing disputes, S. 165 (171).

Gewinnberichtigungen zwischen verbundenen Unternehmen[394] (nachfolgend „Verhaltenskodex") sowie der Vorschlag für einen Überarbeiteten Verhaltenskodex zur wirksamen Durchführung des EU-Schiedsübereinkommens[395] (nachfolgend „Überarbeiteter Verhaltenskodex") dar. Diese Verhaltenskodizes konkretisieren insbesondere die Regelungen des EU-Schiedsübereinkommens zu Fristen sowie zu den Verfahren und präzisieren den Anwendungsbereich des Schiedsübereinkommens, um eine einheitliche und wirksame Anwendung durch die EU-Mitgliedstaaten zu gewährleisten.[396]

So wurde von der Europäischen Kommission mit Mitteilung vom 23. April 2004 ein Vorschlag des EU-JTPF für den Verhaltenskodex dem Europäischen Rat vorgelegt und dieser um Annahme ersucht.[397] Am 7. Dezember 2004 nahmen die Mitgliedstaaten im Europäischen Rat den vorgeschlagenen Verhaltenskodex an.[398]

Aufgrund der Erörterung von Anwendungsschwierigkeiten bei dem EU-Schiedsübereinkommen in darauffolgenden Sitzungen des Forums, wie insbesondere bezüglich des Anwendungsbereichs des EU-Schiedsübereinkommens im Hinblick auf Dreieckssachverhalte, der Frist bis zur Einsetzung der Schiedskommission sowie der Definition des Begriffs der „empfindlichen Bestrafung" im Sinne des Art. 8 Abs. 1 EU-SchiedsÜ[399], wurde vom EU-JTPF eine überarbeitete Version des Verhaltenskodexes erstellt, der auf dem bereits angenommen Verhaltenskodex aufbaut und diesen umfasst. Auch dieser Vorschlag wurde von der Europäischen Kommission mit Mitteilung vom 14. September 2009 an den

---

394 Verhaltenskodex zur wirksamen Durchführung des Übereinkommens über die Beseitigung der Doppelbesteuerung im Falle von Gewinnberichtigungen zwischen verbundenen Unternehmen, ABl. EU 2006 C 176/8.

395 Überarbeiteter Verhaltenskodex zur wirksamen Durchführung des Übereinkommens über die Beseitigung der Doppelbesteuerung im Falle von Gewinnberichtigungen zwischen verbundenen Unternehmen, ABl. EU 2009 C 322/1.

396 *Lehner* in: Vogel/Lehner, DBA, Kommentar, Art. 25 Rn. 301; *Vögele/Fischer* in: Vögele/Borstell/Engler, Verrechnungspreise, Kap. A Rn. 14.

397 Europäische Kommission v. 23.04.2004, KOM (2004) 297, Tz. 5, www.eur-lex.europa.eu/LexUriServ/LexUriServ.do?uri=COM:2004:0297:FIN:DE:PDF (Stand: 25.04.2014).

398 *Gangemi* in: FS Rödler, S. 255 (258); *Kroppen* in: FS Südtreu/Deloitte, S. 515 (522); Jacobs/Endres/Spengel, Int. Unternehmensbesteuerung, S. 205.

399 Europäische Kommission v. 26.02.2007, KOM (2007) 71, www.ec.europa.eu/taxation_customs/resources/documents/taxation/company_tax/transfer_pricing/com(2007)71_de.pdf (Stand: 25.04.2014).

Europäischen Rat weitergeleitet.[400] Am 22. Dezember 2009 nahm der Europäische Rat den von der Europäischen Kommission vorgelegten Vorschlag für den Überarbeiteten Verhaltenskodex an.

Der Verhaltenskodex sowie der Überarbeitete Verhaltenskodex stellen zwar keine formalen Rechtssetzungsakte der Europäischen Union dar und haben daher, wie auch ausdrücklich in den Präambeln der beiden Kodizes klargestellt wurde, keine direkten Auswirkungen auf die Rechte und Pflichten der einzelnen EU-Mitgliedstaaten.[401] Daher werden sie auch als „Rechtsakte sui generis"[402] bzw. als „soft law"[403] bezeichnet. Sie beinhalten jedoch, wie ebenfalls aus den jeweiligen Präambeln der Kodizes deutlich wird, eine politische Verpflichtung der Mitgliedstaaten. Dies dürfte dahingehend zu verstehen sein, dass die EU-Mitgliedstaaten es als ihre politische Pflicht ansehen, die aufgestellten Verfahrensregeln bei Anwendung des EU-Schiedsübereinkommens in ihrem Einflussbereich zu beachten.

Dass dies auch in der Praxis so gehandhabt wird, zeigt die Tatsache, dass Anfang 2009 der Verhaltenskodex bereits von fast allen Mitgliedstaaten übernommen worden war.[404] In Deutschland erfolgte dies durch das Merkblatt zum internationalen Verständigungs- und Schiedsverfahren auf dem Gebiet der Steuern vom Einkommen und vom Vermögen des Bundesministeriums der Finanzen[405] vom 13. Juli 2006. Im Folgenden wird daher davon ausgegangen, dass bei der Anwendung des EU-SchiedsÜ die im Überarbeiteten Verhaltenskodex enthaltenen Regelungen in der Praxis Geltung entfalten.

---

400 Europäische Kommission v. 14.09.2009, KOM (2009) 472, Tz. 43, www.ec.europa.eu/taxation_customs/resources/documents/taxation/company_tax/transfer_pricing/com(2009)472_de.pdf (Stand: 25.04.2014).

401 *Blumenberg* in: Grotherr, Handbuch int. Steuerplanung, S. 2160; *Kroppen* in: FS Südtreu/Deloitte, S. 515 (523).

402 *Baßler*, Steuerliche Gewinnabgrenzung im Europ. Binnenmarkt, S. 287, nach dem der Verhaltenskodex sowohl Merkmale einer Ratsentschließung als auch eines uneigentlichen Ratsbeschlusses in sich trägt. *Blumenberg* in: Grotherr, Handbuch int. Steuerplanung, S. 2160.

403 *Albert*, Schiedsverfahren im Int. Steuerrecht, S. 26; *Hendricks* in: Baumhoff/Wassermeyer, Verrechnungspreise int. verbundener Unternehmen, Rn. 10.32; *Lehner* in: Vogel/Lehner, DBA, Kommentar, Art. 25 Rn. 301; *Terra/Wattel*, European Tax Law, S. 370.

404 *Bödefeld/Kuntschik*, IStR 2009, 268 (268).

405 BMF-Schreiben v. 13.07.2006, BStBl. I 2006, 461.

B. Anwendungsbereich

Bei Anwendbarkeit des EU-Schiedsübereinkommens sind die Vertragsstaaten zu einer Vermeidung von Doppelbesteuerung in den Bereichen der Verrechnungspreise zwischen verbundenen Unternehmen und der Gewinnabgrenzung zwischen Stammhaus und Betriebsstätte verpflichtet.[406] Dabei ist der Anwendungsbereich insoweit beschränkt, als das Übereinkommen nur für Unternehmen der Vertragsstaaten gilt und insoweit lediglich für Verrechnungspreisfälle zwischen verbundenen Unternehmen sowie Fälle der Betriebsstättengewinnaufteilung.

Damit die international tätigen Unternehmen im Falle einer bereits eingetretenen oder drohenden Doppelbesteuerung die Einleitung eines Verfahrens nach dem EU-Schiedsübereinkommen beantragen können, müssen sowohl der räumliche als auch der persönliche und der sachliche Anwendungsbereich eröffnet sein.

I. Räumlicher Anwendungsbereich

Der räumliche Anwendungsbereich des EU-Schiedsübereinkommens ergibt sich aus diesem selbst. Dazu regelt Art. 16 Abs. 1 EU-SchiedsÜ, dass der räumliche Geltungsbereich dem in Art. 227 Abs. 1 des Vertrags zur Gründung der Europäischen Wirtschaftsgemeinschaft entspricht.

Art. 227 des Vertrags zur Gründung der Europäischen Wirtschaftsgemeinschaft[407] wurde zunächst aufgrund der Änderung der Artikelfolge durch den Vertrag von Amsterdam zu Art. 299 des Vertrags zur Gründung der EG[408].[409] Art. 299 des Vertrags zur Gründung der EG wurde durch den Vertrag von Lissabon nunmehr durch Art. 52 Abs. 1 des EU-Vertrages[410] ersetzt. Nach der derzeitigen Fassung des Art. 52 Abs. 1 des EU-Vertrages gilt das EU-Schiedsübereinkommen daher grundsätzlich für Belgien, Bulgarien, Tschechien, Dänemark, Deutschland, Estland, Irland, Griechenland, Spanien, Frankreich, Kroatien[411], Italien, Zypern,

406 *Krabbe* in: Fischer, Grenzüberschreitende Aktivitäten, S. 77 (79); *Merz/Sajogo*, PIStb 2010, 185 (239).

407 www.europarl.europa.eu/brussels/website/media/Basis/Vertraege/Pdf/EWG-Vertrag.pdf (Stand: 30.07.2014).

408 ABl. EG 1997 C 340/173.

409 *Krabbe* in: Wassermeyer, DBA, Kommentar, Stand: Januar 2010, Art. 16 EU-SchÜ Rn. 2.

410 ABl. EU 2008 C 115/13.

411 Im Hinblick auf Kroatien ist zu beachten, dass das EU-Schiedsübereinkommen noch nicht per Ratsbeschluss auf Kroatien ausgedehnt wurde, vgl. dazu bereits: 3. Teil, A. I., S. 61 ff.

Lettland, Litauen, Luxemburg, Ungarn, Malta, die Niederlande, Österreich, Polen, Portugal, Rumänien, Slowenien, Slowakei, Finnland, Schweden, Großbritannien und Nordirland.[412]

In Art. 16 Abs. 2 EU-SchiedsÜ wird explizit geregelt, für welche Gebiete das EU-Schiedsübereinkommen nicht gilt. Nach dem Wortlaut des Art. 16 Abs. 2 EU-SchiedsÜ sind dies die in Anhang IV des Vertrags zur Gründung der Europäischen Wirtschaftsgemeinschaft[413] genannten französischen Überseegebiete sowie die Färöer und Grönland.[414] Nach Änderungen der Vertragstexte der EU sind dies nunmehr nach Art 52 Abs. 2 des EU-Vertrages in Verbindung mit Art. 355 Abs. 2 des Vertrags über die Arbeitsweise der Europäischen Union die in Anhang II[415] genannten Gebiete.[416]

II. Persönlicher Anwendungsbereich

Wann der persönliche Anwendungsbereich des EU-Schiedsübereinkommens eröffnet ist, ist in Art. 1 EU-SchiedsÜ[417] geregelt, der von Art. 4 EU-SchiedsÜ ergänzt wird.

---

412 Der Wortlaut des Art. 52 Abs. 1 des EU-Vertrages spricht von: dem Königreich Belgien, der Republik Bulgarien, der Tschechischen Republik, dem Königreich Dänemark, der Bundesrepublik Deutschland, der Republik Estland, Irland, der Hellenischen Republik, dem Königreich Spanien, der Französischen Republik, der Republik Kroatien, der Italienischen Republik, der Republik Zypern, der Republik Lettland, der Republik Litauen, dem Großherzogtum Luxemburg, der Republik Ungarn, der Republik Malta, dem Königreich der Niederlande, der Republik Österreich, der Republik Polen, der Portugiesischen Republik, Rumänien, der Republik Slowenien, der Slowakischen Republik, der Republik Finnland, dem Königreich Schweden und dem Vereinigte Königreich Großbritannien und Nordirland, vgl. ABl. EU 2008 C 115/13.

413 BGBl. II 1957, 766.

414 BGBl. II 1957, 766 (962).

415 ABl. EU 2008 C 115/13 (334).

416 Vgl. dazu auch im Einzelnen, insbesondere zur Frage, ob überseeische Gebiete des Vereinigten Königsreichs von Großbritannien und Nordirland sowie des Königsreichs der Niederlande in den Anwendungsbereich des Übereinkommens gehören: *Baßler*, Steuerliche Gewinnabgrenzung im Europ. Binnenmarkt, S. 297 f.

417 Übereinkommen über die Beseitigung der Doppelbesteuerung im Falle von Gewinnberichtigungen zwischen verbundenen Unternehmen (90/436/EWG), ABl. EG 1990 L 225/10, geändert durch das Protokoll v. 25.05.1999, ABl. EG 1999 C 202/1, durch das Übereinkommen v. 21.12.1995, ABl. EG 1996 C 26/1, durch das Übereinkommen v. 08.12.2004, ABl. EU 2005 C 160/1 und durch den Beschluss des Rates v. 23.06.2008, ABl. EU 2008 L 174/1.

1. *Art. 1 Abs. 1 EU-SchiedsÜ*

Nach Art. 1 Abs. 1 EU-SchiedsÜ ist das Übereinkommen auf ein *Unternehmen eines Vertragsstaats* anwendbar. Im EU-Schiedsübereinkommen selbst ist nicht definiert, wann ein Unternehmen eines Vertragsstaats gegeben ist. Dabei ist weder eine Definition enthalten, was unter einem *Unternehmen* im Sinne des Übereinkommens zu verstehen ist, noch wann ein solches Unternehmen als Unternehmen *eines Vertragsstaats* qualifiziert. Es stellt sich somit die Frage, welche Kriterien zur Auslegung der Begriffe heranzuziehen sind. Entscheidend ist dies beispielsweise für die Frage, ob sowohl die Mutter- als auch die Tochtergesellschaft bzw. das Stammhaus und seine Betriebsstätte als Unternehmen im Sinne des EU-Schiedsübereinkommens qualifizieren. Ferner spielt die Begriffsbestimmung eine Rolle bei der Frage, ob Einheiten, die beispielsweise gewerblich, landwirtschaftlich oder selbstständig tätig sind, vom Anwendungsbereich des Übereinkommens umfasst sein können.

a) Unternehmen im Sinne des EU-Schiedsübereinkommens

Enthält das EU-Schiedsübereinkommen keine Begriffsbestimmung, so ist zur Definition die Auslegungsregelung des Art. 3 Abs. 2 EU-SchiedsÜ heranzuziehen. Nach dieser hat jeder in dem Übereinkommen nicht definierte Begriff die Bedeutung, die ihm nach dem Doppelbesteuerungsabkommen der beteiligten Staaten zukommt. Dies gilt nur dann nicht, wenn der Zusammenhang etwas anderes erfordert (Art. 3 Abs. 2 EU-SchiedsÜ).

Eine Auslegung nach der Bedeutung des bilateralen Abkommens setzt allerdings voraus, dass überhaupt ein Doppelbesteuerungsabkommen zwischen den betroffenen Staaten besteht und auch eine entsprechende Begriffsbestimmung enthält. Deutschland hat mit jedem der anderen 27 EU-Mitgliedstaaten jeweils einzelne Doppelbesteuerungsabkommen geschlossen.[418] Dies ist jedoch nicht zwischen allen Mitgliedstaaten der EU der Fall. So existieren beispielweise zwischen Luxemburg und Zypern sowie zwischen den Niederlanden und Zypern derzeit keine Doppelbesteuerungsabkommen.[419] Ferner ist denkbar, dass mehr als zwei Staaten in ein Verfahren involviert sind und daher – selbst wenn jeweils bilaterale

418 Vgl. die Auflistung zum Stand der Doppelbesteuerungsabkommen am 01. Januar 2014: BMF v. 22.01.2014, BStBl. I 2014, 171 ff.

419 Vgl. die Auflistung der Doppelbesteuerungsabkommen der Republik Zypern, www.mof.gov.cy/mof/mof.nsf/page26_en/page26_en?OpenDocument (Stand: 13.04.2014).

Doppelbesteuerungsabkommen bestehen – unterschiedliche Begriffsbestimmungen gegeben sind.[420]

Auch im OECD-Musterabkommen ist erst seit dem Jahre 2000 eine Definition des Begriffs des *Unternehmens* enthalten, nach der sich der Ausdruck Unternehmen auf die Ausübung einer Geschäftstätigkeit bezieht.[421] Sofern sich die Vertragsstaaten der bestehenden Doppelbesteuerungsabkommen daher vor dem Jahre 2000 an der zum Zeitpunkt des Abschlusses gültigen Fassung des Musterabkommens orientiert haben, weisen auch sie keine entsprechende Definition auf. Dies trifft auf die überwiegende Zahl der deutschen Doppelbesteuerungsabkommen zu, als Beispiele seien die Doppelbesteuerungsabkommen zwischen Deutschland und Italien sowie zwischen Deutschland und Schweden genannt. Eine dem aktuellen Musterabkommen entsprechende Definition enthalten indes beispielsweise die deutschen Doppelbesteuerungsabkommen mit Bulgarien[422] und Zypern.[423]

Besteht kein Doppelbesteuerungsabkommen zwischen den Vertragsstaaten oder ist in diesem der Begriff des *Unternehmens* nicht definiert, so ist umstritten, nach welchen Grundsätzen eine Auslegung zu erfolgen hat. Zwar stellen die Verhaltenskodizes[424] wichtige Auslegungshilfen für die Anwendung des EU-Schiedsübereinkommens dar[425], jedoch enthalten auch sie keine diesbezüglichen Begriffsbestimmungen.

aa) Meinungsstand in der Literatur

Nach einer Auffassung in der Literatur ist im Falle einer fehlenden Definition im Doppelbesteuerungsabkommen bzw. in den Fällen, in denen ein Doppelbesteuerungsabkommen zwischen den betroffenen Staaten gänzlich fehlt, zur Begriffsbestimmung nationales Recht heranzuziehen.[426] Begründet wird dies damit, dass eine eindeutige Begriffsbestimmung aus dem EU-Schiedsübereinkommen oder dem Doppelbesteuerungsabkommen heraus nicht möglich und daher in analoger Anwendung des Art. 3 Abs. 2 OECD-MA die Auslegung nach

---

420 *Huibregtse/Offermanns*, ITPJ 2004, 76 (78).

421 Vgl. die derzeit geltende Fassung des Art. 3 Abs. 1 Buchst. c) OECD-MA.

422 Vgl. Art. 3 Abs. 1 Buchst. f) DBA-Bulgarien.

423 Vgl. Art. 3 Abs. 1 Buchst. f) DBA-Zypern.

424 Vgl. dazu: 3. Teil, A. II., S. 64 ff.

425 *Liebchen* in: Schönfeld/Ditz, DBA, Art. 25 Rn. 276.

426 *Killius*, Intertax 1990, 437 (441); *Krabbe*, IStR 1996, 5 (6); *Meeus* in: Settlement of Disputes in Tax Treaty Law, S. 87 (102); *Rousselle*, ET 2005, 14 (15); *Schelpe*, EC Tax Review 1995, 68 (72); *Terra/Wattel*, European Tax Law, S. 370.

innerstaatlichem Recht vorzunehmen sei.[427] Damit wird in der Konsequenz das gleiche Auslegungsergebnis hergestellt, das bei der Anwendung eines Doppelbesteuerungsabkommens erreicht würde, welches eine Art. 3 Abs. 2 OECD-MA vergleichbare Regelung enthält.

Nach einer anderen Ansicht in der Literatur hingegen ist jeder nicht im EU-Schiedsübereinkommen definierte Begriff stets autonom aus dem Zusammenhang des EU-Schiedsübereinkommens heraus auszulegen.[428] Nach dieser Auffassung ist nur dann auf die Regelungen in den jeweiligen Doppelbesteuerungsabkommen zurückzugreifen, wenn aus dem EU-Schiedsübereinkommen keine Auslegungsergebnisse zu erzielen sind.[429] Diese Vorgehensweise sei für eine möglichst einheitliche Auslegung des multilateralen EU-Schiedsübereinkommen von großer Bedeutung.[430]

Nach einer vermittelnden Auffassung ist zunächst gemäß Art. 3 Abs. 2 EU-SchiedsÜ auf das Verständnis der bilateralen Doppelbesteuerungsabkommen zurückzugreifen.[431] Sollte ein solches bilaterales Abkommen keine Definition enthalten, so soll es zu einer autonomen Auslegung aus dem EU-Schiedsübereinkommen heraus kommen, wofür als Argument insbesondere die Erfordernisse des systematischen Zusammenhangs angeführt werden.[432] So sei bei Doppelbesteuerungsabkommen der Begriff des Unternehmens für die Abgrenzung im Hinblick auf die einzelnen Verteilungsnormen erforderlich, diese spezifische Funktion des

---

427 *Krabbe*, IStR 1996, 5 (6); *Krabbe* in: Wassermeyer, DBA, Kommentar, Stand: Oktober 2007, Art. 1 EU-SchÜ Rn. 5.

428 *Lahodny-Karner* in: DBA und EU-Recht, S. 201 (207); *Tumpel*, Harmonisierung der direkten Unternehmensbesteuerung, S. 309 f.; *Züger*, Schiedsverfahren für DBA, S. 105. Diese Auslegungsreihenfolge ergebe sich nach dieser Auffassung auch aus dem Vorbild von Art. 3 Abs. 2 EU-SchiedsÜ, nämlich dem Art. 3 Abs. 2 OECD-MA, bei dem ebenfalls der Begriff vorrangig aus dem Zusammenhang des jeweiligen Doppelbesteuerungsabkommens heraus zu definieren sei. Vgl. dazu auch: *Gloria*, Verständigungsverfahren, S. 92 ff.

429 *Züger*, Schiedsverfahren für DBA, S. 105 f. Besteht in einem solchen Fall kein Doppelbesteuerungsabkommens ist hingegen nach *Lahodny-Karner* in: DBA und EU-Recht, S. 201 (209) auf das OECD-Musterabkommen zurückzugreifen. a.A. *Tumpel*, Harmonisierung der direkten Unternehmensbesteuerung, S. 311 nach dem es im Falle des Fehlens eines Doppelbesteuerungsabkommens des Rückgriffs auf innerstaatliches Recht bedarf.

430 *Lahodny-Karner* in: DBA und EU-Recht, S. 201 (207); *Tumpel*, Harmonisierung der direkten Unternehmensbesteuerung, S. 309.

431 *Baßler*, Steuerliche Gewinnabgrenzung im Europ. Binnenmarkt, S. 306 ff.

432 *Baßler*, Steuerliche Gewinnabgrenzung im Europ. Binnenmarkt, S. 307 f.

Unternehmensbegriffes fehle im Gegensatz dazu in Bezug auf das EU-Schiedsübereinkommen weitestgehend.[433] Im Hinblick auf den Zweck des EU-Schiedsübereinkommens seien daher auch solche Tätigkeiten in den Schutzbereich des Übereinkommens einzubeziehen, denen es bei Anwendung eines vor dem Jahre 2000 geschlossenen Doppelbesteuerungsabkommens an der Qualifikation als Unternehmen im Sinne des Art. 7 OECD-MA mangelt, so dass nach dieser Meinung jede selbstständige und nachhaltige Tätigkeit am Markt ein solches Unternehmen darstellt.[434] In der Konsequenz qualifizieren nach dieser Auffassung auch gewerbliche, landwirtschaftliche oder selbstständige Tätigkeiten als Unternehmen im Sinne des EU-Schiedsübereinkommens, unabhängig davon, ob sie ein Unternehmen im Sinne des Art. 7 OECD-MA darstellen oder welche Rechtsform der Unternehmensträger aufweist.[435]

bb) Stellungnahme

In Art. 3 Abs. 2 EU-SchiedsÜ ist explizit geregelt, dass Begriffe, die im Übereinkommen nicht definiert sind, die Bedeutung haben, die ihnen nach dem jeweiligen, zwischen den beteiligten Staaten geltenden, Doppelbesteuerungsabkommen zukommt. Einschränkend darf der Zusammenhang nichts anderes erfordern (Art. 3 Abs. 2 EU-SchiedsÜ).

Ist in einem Doppelbesteuerungsabkommen eine Definition des Begriffes Unternehmen enthalten, wie dies beispielsweise bei den deutschen Abkommen mit Bulgarien und Zypern der Fall ist, so ist die entsprechende Bedeutung für die Bestimmung des persönlichen Anwendungsbereiches des EU-Schiedsübereinkommens heranzuziehen.

In das OECD-Musterabkommen wurde erst im Jahre 2000 eine Definition des Unternehmensbegriffs aufgenommen, in den vorherigen Fassungen des OECD-Musterabkommens war eine diesbezügliche Definierung nicht enthalten.[436] Folglich bestand zum Zeitpunkt des Abschlusses des EU-Schiedsübereinkommens auch in den am Musterabkommen orientierten Doppelbesteuerungsabkommen zwischen den EG-Mitgliedstaaten keine entsprechende Definition, auf die hätte zurückgegriffen werden können. Dennoch haben die EG-Mitgliedstaaten zu diesem Zeitpunkt eine Auslegungsregelung geschaffen, die auf Doppelbesteuerungsabkommen verweist, in denen insbesondere der Begriff des Unternehmens nicht definiert ist.

---

433 *Baßler*, Steuerliche Gewinnabgrenzung im Europ. Binnenmarkt, S. 307.
434 *Baßler*, Steuerliche Gewinnabgrenzung im Europ. Binnenmarkt, S. 307 f.
435 *Baßler*, Steuerliche Gewinnabgrenzung im Europ. Binnenmarkt, S. 307 f.
436 *Hemmelrath* in: Vogel/Lehner, DBA, Kommentar, Art. 7 Rn. 28.

Es sprechen folglich gute Gründe dafür, dass im Falle eines Fehlens von Definitionen im entsprechenden Doppelbesteuerungsabkommen die Konsequenzen für die Auslegung zu treffen sind, die auch bei alleiniger Anwendung des Doppelbesteuerungsabkommen zu ziehen wären. Fehlt in einem Doppelbesteuerungsabkommen, das sich am OECD-Musterabkommen orientiert, eine Definition, so regelt Art. 3 Abs. 2 OECD-MA, dass jeder nicht definierte Ausdruck die Bedeutung hat, die ihm nach dem Recht des anwendenden Staates zukommt, es sei denn der Zusammenhang erfordert etwas anderes. Diese Auslegungsregelung sah Art. 3 Abs. 2 OECD-MA im Grundsatz bereits im Jahre 1990 vor, also zu dem Zeitpunkt als das EU-Schiedsübereinkommen zwischen den damaligen EG-Mitgliedstaaten abgeschlossen wurde.

Demzufolge ist die Weiterverweisung auf nationales Recht nach der Art. 3 Abs. 2 OECD-MA entsprechenden Vorschrift auch für den Fall anzuwenden, in dem sowohl im EU-Schiedsübereinkommen als auch in dem zwischen den betreffenden Staaten bestehenden Doppelbesteuerungsabkommen keine Definition des Begriffs enthalten ist.[437]

Da Deutschland mit allen anderen Mitgliedstaaten ein entsprechendes Doppelbesteuerungsabkommen geschlossen hat, kann für die Auslegung gemäß dem Wortlaut des Art. 3 Abs. 2 EU-SchiedsÜ zunächst auf die Bestimmungen in dem jeweiligen Doppelbesteuerungsabkommen zurückgegriffen werden. Weisen diese allerdings keine diesbezügliche Definition auf, da sie, wie dies bei der überwiegenden Anzahl der deutschen Doppelbesteuerungsabkommen der Fall ist, vor dem Jahre 2000 geschlossen wurden, so ist der Unternehmensbegriff nach nationalem Recht des Anwenderstaats auszulegen.

Fehlt es indes an einem Doppelbesteuerungsabkommen, so läuft auch die Verweisung des Art. 3 Abs. 2 EU-SchiedsÜ auf ein solches Abkommen leer. In einem solchen Fall ist der Begriff des Unternehmens aus sich selbst heraus auszulegen.[438] Dies bedeutet, dass das jeweilige nationale Verständnis der betroffenen Mitgliedstaaten möglichst keine Geltung zu entfalten und vielmehr eine autonome Auslegung des Begriffs aus dem EU-Schiedsübereinkommen heraus stattzufinden hat. Bei dieser ist der Zweck des Übereinkommens zu beachten, nämlich die Erreichung der verbindlichen Streitbeilegung im Falle einer Doppelbesteuerung.

Dass es durch diese unterschiedlichen Herangehensweisen zu verschiedenen Interpretationen kommen kann, wird bereits durch den Verweis auf das jeweilige

---

437 So auch: *Menck* in: Gosch/Kroppen/Grotherr, DBA, Kommentar, Stand: Grundwerk 1997, Art. 25 MA Rn. 6 zu Art. 3 EU-SchÜ.

438 So auch: *Menck* in: Gosch/Kroppen/Grotherr, DBA, Kommentar, Stand: April 2000, Art. 25 MA Rn. 4 zu Art. 3 EU-SchÜ.

Doppelbesteuerungsabkommen in Kauf genommen, denn auch die verschiedenen Abkommen können voneinander abweichen. Wäre dies nicht gewollt gewesen, so hätte entweder eine Definition oder eine dem Art. 3 Abs. 2 OECD-MA entsprechende Regelung bzw. ein Verweis auf die jeweils geltende Fassung des Art. 3 Abs. 2 OECD-MA in das Abkommen aufgenommen werden können. Auch zum Zeitpunkt des Abschlusses des EU-Schiedsübereinkommens bestand nicht zwischen allen EG-Mitgliedstaaten ein Doppelbesteuerungsabkommen. Es ist folglich davon auszugehen, dass sich die damaligen Mitgliedstaaten bei Abschluss des EU-Schiedsübereinkommens bewusst gegen eine Fassung der Auslegungsregelung des Art. 3 Abs. 2 EU-SchiedsÜ entschieden haben, die sich an Art. 3 Abs. 2 OECD-MA orientiert.

Weiter haben die Mitgliedstaaten bereits durch die Wahl der Rechtsform als multilaterales Abkommen in Kauf genommen, dass es zu differierenden Auslegungen durch die betroffenen Staaten kommen kann. Wäre das Schiedsverfahren indes, wie von der Kommission der EG vorgeschlagen, als Richtlinie beschlossen worden, so würde die Regelung des Schiedsverfahrens in die Jurisdiktion des EuGH fallen und es wären sowohl direkte Klagen eines Mitgliedstaats oder eines Unternehmens sowie die Vorlage eines nationalen Gerichts denkbar.[439] Indes ist Konsequenz der Regelung als multilaterales Abkommen, dass es an einer internationalen Gerichtsbarkeit und damit an einer Instanz fehlt, die konsistente Entscheidungen erwirken könnte.[440] Auch die Herbeiführung von einheitlichen Auslegungen der nicht definierten Begriffe wäre möglich, wenn das Schiedsverfahren zu der Jurisdiktion des EuGH gehören würde.[441] Mithin kann das Argument der vermittelnden Auffassung, dass es bei der Auslegung nach nationalem Recht zu konfligierenden Auslegungen käme[442], nicht überzeugen, denn unterschiedliche Auslegungen durch die zuständigen Behörden sind auch bei einer Auslegung, die autonom aus dem Abkommen heraus erfolgt, nicht zu vermeiden, da es keine höhere Instanz gibt, die für Konsistenz und Klarheit sorgt.

cc) Zwischenergebnis

Ist ein Begriff im EU-Schiedsübereinkommen nicht definiert und besteht zwischen den Mitgliedstaaten ein Doppelbesteuerungsabkommen, das eine entsprechende Definition aufweist, so ist nach der erstgenannten und nach der vermittelnden

---

439 *Gangemi* in: FS Rödler, S. 255 (257); *Schaumburg*, Int. Steuerrecht, Rn. 3.78.

440 *Schaumburg*, Int. Steuerrecht, Rn. 3.78.

441 So auch: *Hinnekens*, EC Tax Review 1992, 70 (82); *Rousselle*, ET 2005, 14 (15).

442 *Baßler*, Steuerliche Gewinnabgrenzung im Europ. Binnenmarkt, S. 306.

Auffassung sowie nach der hier vertretenen Auffassung die im Doppelbesteuerungsabkommen enthaltene Definition heranzuziehen. Nach der zweitgenannten Ansicht ist auf die Begriffsbestimmung im Doppelbesteuerungsabkommen nur dann zurückzugreifen, wenn sich keine Ergebnisse aus der autonomen Auslegung des EU-Schiedsübereinkommens erzielen lassen.

Besteht zwischen den Mitgliedstaaten ein Doppelbesteuerungsabkommen, aber weist auch dieses keine Definition des im EU-Schiedsabkommen nicht definierten Begriffes auf, so soll nach der zweitgenannten und der vermittelnden Auffassung eine autonome Auslegung aus dem EU-Schiedsübereinkommen heraus erfolgen. Dem ist nach der hier vertretenen Ansicht nicht zuzustimmen. Ebenso wie die hier vertretende Ansicht kommt die erstgenannte Auffassung in dieser Konstellation zu dem Ergebnis, dass der Begriff nach nationalem Recht des Anwenderstaates auszulegen ist.

Fehlt zwischen den Mitgliedstaaten ein Doppelbesteuerungsabkommen, so ist nach der erstgenannten Auffassung zur Begriffsbestimmung nationales Recht heranzuziehen. Nach der zweitgenannten, der vermittelnden und der hier vertretenen Ansicht hingegen hat in einem solchen Fall eine Auslegung des Begriffs aus dem EU-Schiedsübereinkommen heraus stattzufinden und das nationale Verständnis der Mitgliedstaaten hat möglichst keine Geltung zu entfalten.

b) Unternehmen eines Vertragsstaats im Sinne des EU-Schiedsübereinkommens

Neben dem Vorliegen eines Unternehmens im Sinne des EU-Schiedsübereinkommens muss dieses auch ein Unternehmen *eines Vertragsstaats* bzw. das andere Unternehmen muss das Unternehmen[443] *eines anderen Vertragsstaats* sein. Auch diese Begriffe sind im EU-Schiedsübereinkommen nicht definiert. Demzufolge ist auch hier die Auslegungsregelung des Art. 3 Abs. 2 EU-SchiedsÜ zur Begriffsbestimmung heranzuziehen.

aa) Vorliegen eines Doppelbesteuerungsabkommens

Ist in dem anzuwendenden Doppelbesteuerungsabkommen keine entsprechende Definition enthalten, so ist der Begriff nach der hier vertretenden Auffassung nach nationalem Recht auszulegen.[444]

443 Dazu zählt nach der Fiktion des Art. 1 Abs. 2 EU-SchiedsÜ auch die Betriebsstätte eines Unternehmens eines Vertragsstaats, wenn diese in einem anderen Vertragsstaat gelegen ist. Vgl. dazu im Einzelnen: 3. Teil, B. II. 1. a), S. 70 ff.

444 Vgl. dazu: 3. Teil, B. II. 1. a) bb), S. 73 ff.

Jedoch ist im Gegensatz zu dem Begriff des Unternehmens in der überwiegenden Anzahl der bestehenden Doppelbesteuerungsabkommen zwischen den Mitgliedstaaten definiert, wann ein *Unternehmen eines* bzw. *eines anderen Vertragsstaats* vorliegt. Als Beispiele aus der deutschen Abkommenspraxis seien die Abkommen mit Dänemark[445], Österreich[446] und Spanien[447] genannt.

Durch die Bestimmung, dass ein Unternehmen eines Vertragsstaats und ein Unternehmen eines anderen Vertragsstaats gegeben sein müssen, ist ausgeschlossen, dass die beiden Unternehmen[448] solche eines einzigen Staates sind.[449]

Vertragsstaaten im Sinne des EU-Schiedsübereinkommens sind dabei die Mitgliedstaaten der EU, die dem EU-Schiedsübereinkommen beigetreten sind und damit derzeit alle EU-Mitgliedstaaten mit Ausnahme von Kroatien.[450]

Besteht ein Doppelbesteuerungsabkommen, das dem OECD-Musterabkommen entspricht, so bedeuten nach Art. 3 Abs. 1 Buchst. d) OECD-MA die Ausdrücke „Unternehmen eines Vertragsstaats" und „Unternehmen des anderen Vertragsstaats", je nachdem, ein Unternehmen, das von einer in einem Vertragsstaat ansässigen Person betrieben wird, oder ein Unternehmen, das von einer im anderen Vertragsstaat ansässigen Person betrieben wird.

(1) Person im Sinne des EU-Schiedsübereinkommens

Dies setzt folglich weiter voraus, dass eine *Person* in diesem Sinne gegeben ist und diese auch in einem Vertragsstaat *ansässig* ist. Da es auch für diese beiden Begriffe an einer Definierung im EU-Schiedsübereinkommen mangelt, richtet sich die Bedeutung über Art. 3 Abs. 2 EU-SchiedsÜ ebenfalls nach dem jeweiligen Doppelbesteuerungsabkommen.[451] Bei einem dem OECD-Musterabkommen entsprechenden Doppelbesteuerungsabkommen bestimmt sich die Frage, wer Person im Sinne des Abkommens ist, nach Art. 3 Abs. 1 Buchst. a) und b) OECD-MA. Die Ansässigkeit ist hingegen in Art. 4 OECD-MA definiert.

---

445 Vgl. Art. 3 Abs. 1 Buchst. g) DBA-Dänemark.

446 Vgl. Art. 3 Abs. 1 Buchst. f) DBA-Österreich.

447 Vgl. Art. 3 Abs. 1 Buchst. e) DBA-Spanien.

448 Dies gilt nach der Fiktion des Art. 1 Abs. 2 EU-SchiedsÜ auch für das Stammhaus und dessen Betriebsstätte, wenn diese in unterschiedlichen Staaten gelegen sind. Vgl. dazu im Einzelnen: 3. Teil, B. II. 1 a)., S. 70 ff.

449 *Meeus* in: Settlement of Disputes in Tax Treaty Law, S. 87 (109).

450 *Krabbe* in: Wassermeyer, DBA, Kommentar, Stand: Oktober 2007, Art. 1 EU-SchÜ Rn. 2. Vgl. dazu bereits: 3. Teil, A. I., S. 61 ff.

451 So auch: *Krabbe* in: Wassermeyer, DBA, Kommentar, Stand: Oktober 2007, Art. 1 EU-SchÜ Rn. 3.

Der Ausdruck der Person umfasst dabei natürliche Personen, Gesellschaften und alle anderen Personenvereinigungen (Art. 3 Abs. 1 Buchst. a) OECD-MA). Gesellschaften in diesem Sinne sind juristische Personen oder Rechtsträger, die für die Besteuerung wie juristische Personen behandelt werden (Art. 3 Abs. 1 Buchst. b) OECD-MA). Personengesellschaften zählen aus deutscher Sicht zu den anderen Personenvereinigungen.[452]

(2) Ansässigkeit im Sinne des EU-Schiedsübereinkommens

Ansässig ist eine Person in einem Staat gemäß Art. 4 Abs. 1 OECD-MA, wenn sie nach dem Recht dieses Staates dort ihren Wohnsitz bzw. ihren ständigen Aufenthalt hat oder der Ort ihrer Geschäftsleitung dort liegt und sie deswegen oder aufgrund eines ähnlichen Merkmals in diesem Staat unbeschränkt steuerpflichtig ist. Durch die Bezugnahme auf den Begriff der Person des Art. 3 Abs. 1 Buchst. a) OECD-MA gilt Art. 4 Abs. 1 OECD-MA sowohl für natürliche als auch für nichtnatürliche Personen.[453]

Haben natürliche Personen ihren Wohnsitz (§ 8 AO) oder ihren ständigen Aufenthalt (§ 9 AO) in Deutschland und sind wegen dieser Anknüpfung dort gemäß § 1 Abs. 1 Satz 1 EStG unbeschränkt steuerpflichtig, so sind sie in Deutschland gemäß Art. 4 Abs. 1 OECD-MA auch ansässig. Parallel dazu sind juristische Personen, zu denen deutsche Kapitalgesellschaften zählen, in Deutschland ansässig wenn sie dort aufgrund des Ortes ihrer Geschäftsleitung (§ 10 AO) unbeschränkt steuerpflichtig gemäß § 1 Abs. 1 KStG sind. Zwar fallen deutsche Personengesellschaften unter den Personenbegriff des Art. 3 Abs. 1 Buchst. a) OECD-MA[454], jedoch mangelt es ihnen an der unbeschränkten Steuerpflicht, da sie kein Steuersubjekt sind. Daher stellen sie nach deutschem Recht keine ansässigen Personen im Sinne des Art 4 Abs. 1 OECD-MA dar und sind nicht abkommensberechtigt.[455] Vielmehr ist auf die hinter ihnen stehenden Gesellschafter abzustellen, die nach den in Art. 4 Abs. 1 OECD-MA genannten Voraussetzungen ansässig und damit abkommensberechtigt sein können.[456] Betriebsstätten qualifizieren bereits nicht als

---

452 *Vogel* in: Vogel/Lehner, DBA, Kommentar, Art. 3 Rn. 17; *Wassermeyer* in: Wassermeyer, DBA, Kommentar, Stand: Oktober 2009, Art. 3 MA Rn. 20.

453 *Wassermeyer/Kaeser* in: Wassermeyer, DBA, Kommentar, Stand: März 2013, Art. 4 MA Rn. 21.

454 Vgl. dazu bereits: 3. Teil, B. II. 1. b) aa) (1), S. 77.

455 *Lehner* in: Vogel/Lehner, DBA, Kommentar, Art. 4 Rn. 73; *Wassermeyer/Kaeser* in: Wassermeyer, DBA, Kommentar, Stand: März 2013, Art. 4 MA Rn. 21 und 30.

456 *Lehner* in: Vogel/Lehner, DBA, Kommentar, Art. 4 Rn. 74; *Wassermeyer/Kaeser* in: Wassermeyer, DBA, Kommentar, Stand: März 2013, Art. 4 MA Rn. 30.

Personen im Sinne des Art. 3 Abs. 1 Buchst. a) OECD-MA, jedoch werden sie von Personen betrieben, so dass auf diese hinsichtlich des Vorliegens der Voraussetzungen von Art. 3 Abs. 1 Buchst. a) und Art 4 OECD-MA abgestellt werden muss.[457]

Die Anwendung des EU-Schiedsübereinkommens auf Unternehmen, wozu nach der Fiktion des Art. 1 Abs. 2 EU-SchiedsÜ auch Betriebsstätten zählen können, die von einer in einem Drittstaat ansässigen Person betrieben werden, scheidet daher aus, da diese keine Unternehmen eines bzw. eines anderen Vertragsstaats sind.[458] Das EU-Schiedsübereinkommen findet jedoch Anwendung, wenn lediglich die Konzernspitze in einem Drittstaat gelegen ist.[459] Dies ist beispielsweise dann der Fall, wenn zwei Schwestergesellschaften in Deutschland und Schweden von einer schweizerischen Muttergesellschaft beherrscht werden, denn auch in diesem Fall sind die beiden Schwestergesellschaften eigenständige Unternehmensbetreiber im Geltungsbereich des Übereinkommens. Maßgeblich ist, dass Gewinnberichtigung und Gegenberichtigung bei den EU-Unternehmen erfolgen.[460]

Fraglich ist, ob der persönliche Anwendungsbereich des EU-Schiedsübereinkommens auch im Fall der Doppelansässigkeit eröffnet sein kann. Ein solcher Fall der Doppelansässigkeit tritt ein, wenn die das Unternehmen betreibende Person sowohl in einem Vertragsstaat als auch in einem anderen Vertragsstaat ansässig ist.[461] Nach Auffassung der Literatur sollen im Fall der Doppelansässigkeit in zwei Vertragsstaaten die sog. „tie breaker rules" des Art. 4 Abs. 2 und 3 OECD-MA Anwendung finden und nach den diesen zugrunde liegenden Kriterien entschieden werden, in welchem der Staaten die das Unternehmen betreibende Person als ansässig anzusehen ist.[462] Voraussetzung dafür ist jedoch, dass

---

457 *Wassermeyer/Kaeser* in: Wassermeyer, DBA, Kommentar, Stand: März 2013, Art. 4 MA Rn. 21.

458 *Hinnekens*, EC Tax Review 1992, 70 (87); *Krabbe* in: Wassermeyer, DBA, Kommentar, Stand: Oktober 2007, Art. 1 EU-SchÜ Rn. 2.

459 *Krabbe*, IStR 1996, 5 (6).

460 *Krabbe* in: Wassermeyer, DBA, Kommentar, Stand: Oktober 2007, Art. 1 EU-SchÜ Rn. 2.

461 *Krabbe* in: Wassermeyer, DBA, Kommentar, Stand: Oktober 2007, Art. 1 EU-SchÜ Rn. 4, vgl. dort auch zu dem in seinem Anwendungsbereich beschränkten Fall der gleichzeitigen Ansässigkeit in einem Vertragsstaat und in einem Drittstaat.

462 *Hinnekens*, EC Tax Review 1992, 70 (87); *Krabbe* in: Wassermeyer, DBA, Kommentar, Stand: Oktober 2007, Art. 1 EU-SchÜ Rn. 4; *Meeus* in: Settlement of Disputes in Tax Treaty Law, S. 87 (109); *Menck* in: Gosch/Kroppen/Grotherr, DBA, Kommentar, Stand: April 2000, Art. 25 MA Rn. 5 zu Art. 3 EU-SchÜ; *Schelpe*, EC Tax Review 1995, 68 (73).

ein Doppelbesteuerungsabkommen besteht, da ansonsten der Verweis in Art. 3 Abs. 2 EU-SchiedsÜ leer läuft.

bb) Nichtvorliegen eines Doppelbesteuerungsabkommens

Besteht kein Doppelbesteuerungsabkommen zwischen den betroffenen EU-Mitgliedstaaten, so ist eine Auslegung des Begriffs des Unternehmens *eines Vertragsstaats* aus sich selbst heraus vorzunehmen[463]. Bei einer solchen Auslegung hat das jeweilige nationale Verständnis der betroffenen Mitgliedstaaten möglichst keine Geltung zu entfalten. Der Begriff ist vielmehr autonom aus dem EU-Schiedsübereinkommen heraus auszulegen, wobei insbesondere der Zweck des Übereinkommens, nämlich die Erreichung der verbindlichen Streitbeilegung im Falle einer Doppelbesteuerung, zu beachten ist.

Jedoch soll auch bei dieser Auslegung der allgemein anerkannte Grundsatz Anwendung finden, nach dem bei der Ansässigkeit auf die das Unternehmen betreibende Person abzustellen ist.[464]

c) Verbundene Unternehmen im Sinne des EU-Schiedsübereinkommens

Die in EU-Staaten ansässigen Unternehmen müssen ferner verbundene Unternehmen im Sinne des Art. 4 Nr. 1 EU-SchiedsÜ sein. Art. 4 Nr. 1 EU-SchiedsÜ stimmt mit Art. 9 Abs. 1 OECD-MA nahezu wörtlich überein.[465] Ebenso wie bei Art. 9 Abs. 1 OECD-MA[466] liegt daher für die Anwendung des EU-Schiedsübereinkommens ein verbundenes Unternehmen vor, wenn ein Unternehmen an einem anderen Unternehmen unmittelbar oder mittelbar an der Geschäftsleitung, der Kontrolle oder dem Kapital eines Unternehmensbeteiligt ist und beide Unternehmen solche verschiedener Vertragsstaaten sind. Ferner ist ein verbundenes Unternehmen gegeben, wenn Unternehmen zweier Vertragsstaaten unter

---

463 Vgl. dazu die Grundsätze, die bei der Definition des Begriffs des *Unternehmens* im Sinne des EU-Schiedsübereinkommens aufgestellt wurden: 3. Teil, B. II. 1. a) bb), S. 73 ff.

464 *Krabbe* in: Wassermeyer, DBA, Kommentar, Stand: Oktober 2007, Art. 1 EU-SchÜ Rn. 3.

465 *Eigelshoven* in: Vogel/Lehner, DBA, Kommentar, Art. 9 Rn. 144. Der einzige Unterschied zwischen den Vorschriften besteht darin, dass in Art. 4 Nr. 1 Buchst. a) und b) EU-SchiedsÜ die Formulierung „... Unternehmens eines anderen Vertragsstaats ...“ verwendet wird während Art. 9 Abs. 1 Buchst. a) und b) OECD-MA von „... Unternehmens des anderen Vertragsstaats...“ spricht, vgl. dazu auch: *Baßler*, Steuerliche Gewinnabgrenzung im Europ. Binnenmarkt, S. 300.

466 Vgl. dazu bereits: 2. Teil, B. II. 1., S. 24 ff.

der unmittelbaren oder mittelbaren Kontrolle, Geschäftsleitung oder Kapitalbeteiligung derselben Personen stehen.

2. Art. 1 Abs. 2 EU-SchiedsÜ

Das EU-Schiedsübereinkommen erweitert den persönlichen Anwendungsbereich des Art. 1 Abs. 1 EU-SchiedsÜ mit einer Fiktion in Art. 1 Abs. 2 EU-SchiedsÜ. Nach dieser gilt eine Betriebsstätte eines Unternehmens eines Vertragsstaats, die in einem anderen Vertragsstaat gelegen ist, als Unternehmen des Staats, in dem sie gelegen ist. Dies hat zur Konsequenz, dass die im Staat B gelegene Betriebsstätte des Unternehmens A, das seinen Sitz im Staate A hat, für Abkommenszwecke als Unternehmen des Staates B gilt.

a) Vorliegen eines Doppelbesteuerungsabkommens

aa) Betriebsstätte im Sinne des EU-Schiedsübereinkommens

Der Begriff der Betriebsstätte ist mangels eigener Definition im EU-Schiedsübereinkommen auf Grundlage von Art. 3 Abs. 2 EU-SchiedsÜ nach Art. 5 OECD-MA bzw. dem jeweiligen an ihm orientierten Doppelbesteuerungsabkommen zu definieren.[467] Nach Art. 5 Abs. 1 OECD-MA bedeutet der Ausdruck Betriebsstätte eine feste Geschäftseinrichtung, durch die die Geschäftstätigkeit eines Unternehmens ganz oder teilweise ausgeübt wird.[468]

Weist das Doppelbesteuerungsabkommen indes keine Definition des Begriffs der Betriebsstätte auf, so ist nationales Recht heranzuziehen.[469]

bb) Drittstaatenbezug

Neben dem Vorliegen einer Betriebsstätte ist erforderlich, dass diese die Betriebsstätte eines Unternehmens eines Vertragsstaats im Sinne des Art. 1 Abs. 1 EU-SchiedsÜ[470] ist und in einem anderen Vertragsstaat als das Unternehmen liegt. Folglich scheidet die Anwendung auf Betriebsstätten eines Unternehmens

467 So auch: *Hinnekens*, EC Tax Review 1992, 70 (88); *Tumpel*, Harmonisierung der direkten Unternehmensbesteuerung, S. 311.

468 Vgl. zu den einzelnen Tatbestandsmerkmalen: *Wassermeyer* in: Wassermeyer, DBA, Kommentar, Stand: Juli 2009, Art. 5 MA Rn. 26 ff.

469 Vgl. dazu die Grundsätze, die bei der Definition des Begriffs des *Unternehmens* im Sinne des EU-Schiedsübereinkommens aufgestellt wurden: 3. Teil, B. II. 1. a) bb), S. 73 ff.

470 Vgl. zu dem Begriff des Unternehmens eines Vertragsstaats bereits: 3. Teil, B. II. 1., S. 70 ff.

aus, das in einem Drittstaat belegen ist, selbst wenn die Betriebsstätte eine solche eines Vertragsstaats ist.[471]

b) Nichtvorliegen eines Doppelbesteuerungsabkommens

Sofern kein Doppelbesteuerungsabkommen zwischen den betroffenen Vertragsstaaten besteht, sei für die Auslegung auf die Ausführungen zur Begriffsbestimmung bei dem *Unternehmen* im Sinne des EU-Schiedsübereinkommens verwiesen[472], die entsprechend anzuwenden sind, so dass der Begriff aus sich selbst heraus auszulegen ist. Dies bedeutet, dass eine autonome Auslegung des Begriffs aus dem EU-Schiedsübereinkommen heraus stattzufinden hat, bei der das jeweilige nationale Verständnis der betroffenen Mitgliedstaaten möglichst keine Geltung entfaltet, sondern insbesondere der Zweck des Übereinkommens, nämlich die Erreichung der verbindlichen Streitbeilegung im Falle einer Doppelbesteuerung, beachtet wird.

III. Sachlicher Anwendungsbereich

Der sachliche Anwendungsbereich des EU-Schiedsübereinkommens wird durch Art. 2, Art. 1 Abs. 1 und 3 sowie Art. 4 EU-SchiedsÜ bestimmt.

1. Steuerarten

In Art. 2 EU-SchiedsÜ ist geregelt, für welche Steuerarten das EU-Schiedsübereinkommen gilt. Nach Art. 2 Abs. 1 EU-SchiedsÜ werden vom EU-Schiedsübereinkommen nur Steuern vom Einkommen erfasst.[473] Im darauffolgenden Absatz werden für jeden Mitgliedstaat die wesentlichen Steuern aufgeführt, für die das Übereinkommen gilt.

Für Deutschland beispielsweise sind dies die Einkommensteuer, die Körperschaftsteuer und die Gewerbesteuer, soweit diese nach dem Gewerbeertrag ermittelt wird (Art. 2 Abs. 2 v) Buchst. a) bis c) EU-SchiedsÜ).

Was unter dem Begriff der Steuer vom Einkommen zu verstehen ist, ist indes nicht definiert. Insoweit dürfte über die Auslegungsregel des Art. 3 Abs. 2 EU-SchiedsÜ die Definition des Art. 2 Abs. 2 OECD-MA bzw. die Begriffsbestimmung des am Musterabkommen orientierten Doppelbesteuerungsabkommens

---

471 *Huibregtse/Offermanns*, ITPJ 2004, 76 (77); *Krabbe* in: Wassermeyer, DBA, Kommentar, Stand: Januar 2010, Art. 1 EU-SchÜ Rn. 12; *Saß*, DB 1991, 984 (985).

472 Vgl. dazu: 3. Teil, B. II. 1. a) bb), S. 73 ff.

473 Im Gegensatz dazu werden vom OECD-Musterabkommen neben Steuern vom Einkommen auch Steuern vom Vermögen erfasst, vgl. Art. 2 Abs. 1 OECD-MA.

heranzuziehen sein. Sollte ein Doppelbesteuerungsabkommen indes keine Definition enthalten oder kein Abkommen zur Vermeidung einer Doppelbesteuerung zwischen den betroffenen Mitgliedstaaten bestehen, so ist der Begriff entweder nach nationalem Recht oder aus sich selbst heraus auszulegen.[474] Bei dieser Auslegung aus sich selbst heraus hat das jeweilige nationale Verständnis der betroffenen Mitgliedstaaten möglichst keine Geltung zu entfalten. Stattdessen hat eine autonome Auslegung des Begriffs aus dem EU-Schiedsübereinkommen heraus stattzufinden, bei der besonders der Zweck des Übereinkommens, nämlich eine verbindliche Streitbeilegung zu erreichen, zu beachten ist. Jedoch sollte dies aufgrund der Aufzählung der relevanten Steuern in Art. 2 Abs. 2 EU-SchiedsÜ von untergeordneter Bedeutung sein. Die Auflistung kann indes auch im Rahmen einer Auslegung herangezogen werden.

Im dritten Absatz von Art. 2 EU-SchiedsÜ wird der Anwendungsbereich auf solche Steuern vom Einkommen ausgedehnt, die gleicher oder im Wesentlichen gleicher Art sind und nach Unterzeichnung des EU-Schiedsübereinkommens neben den bestehenden Steuern oder an deren Stelle erhoben werden.

Dies ist zum Beispiel für Deutschland im Hinblick auf den Solidaritätszuschlag von Bedeutung, da dieser als eine neben den in Art. 2 Abs. 2 EU-SchiedsÜ aufgeführten Steuern ebenfalls in den Anwendungsbereich des Übereinkommens fällt.[475]

2. *Fälle der sachlichen Anwendung*

Neben Regelungen zu dem persönlichen Anwendungsbereich finden sich in Art. 1 Abs. 1 EU-SchiedsÜ auch Bestimmungen zum sachlichen Anwendungsbereich. Nach dieser Vorschrift findet das EU-Schiedsübereinkommen „Anwendung, wenn zur Besteuerung Gewinne, die in die Gewinne eines Unternehmens eines Vertragsstaats einbezogen sind, ebenfalls in die Gewinne eines Unternehmens eines anderen Vertragsstaats mit der Begründung einbezogen oder voraussichtlich einbezogen werden, daß die in Artikel 4 niedergelegten Grundsätze, die entweder unmittelbar oder in entsprechenden Rechtsvorschriften des betreffenden Staates angewendet werden, nicht eingehalten worden sind."

474 Vgl. dazu die Ausführungen zur Auslegung des Begriff des Unternehmens, die entsprechend gelten, unter: 3. Teil, B. II. 1. a) bb), S. 73 ff.

475 *Krabbe* in: Wassermeyer, DBA, Kommentar, Stand: Januar 2010, Art. 2 EU-SchÜ Rn. 7.

Art. 1 Abs. 3 EU-SchiedsÜ weitet diesen Anwendungsbereich auf die Fälle aus, in denen eines der betroffenen Unternehmen[476] nicht Gewinne erzielt, sondern Verluste erleidet. Folglich müssen zur Anwendbarkeit des Abkommens Gewinne oder Verluste eines Unternehmens eines Vertragsstaats vorliegen, die Gegenstand der Besteuerung sind. Ferner muss es bei einem Unternehmen eines anderen Vertragsstaats zu einer Gewinnberichtigung aufgrund der Anwendung des Fremdvergleichsgrundsatzes gekommen sein, die zu einer (voraussichtlichen) Doppelbesteuerung führt.

a) Gewinne oder Verluste eines Unternehmens

Was unter Gewinnen oder Verlusten eines Unternehmens im Sinne des EU-Schiedsübereinkommens zu verstehen ist, ist in diesem nicht definiert.[477] Auch in dem OECD-Musterabkommen fehlt es insoweit an Begriffsbestimmungen.[478]

Besteht zwischen den Vertragsstaaten ein Doppelbesteuerungsabkommen und weist dieses keine entsprechenden Definitionen auf, so haben die Ausdrücke Gewinne und Verluste[479] nach der hier vertretenen Auffassung die Bedeutung, die ihnen nach dem Recht des anwendenden Staates zukommt[480]. Sollte kein solches Abkommen zwischen den betroffenen Staaten bestehen, so bedarf es einer Auslegung der Begriffe aus sich selbst heraus[481]. Bei einer solchen Auslegung hat das jeweilige nationale Verständnis der betroffenen Mitgliedstaaten möglichst keine Geltung zu entfalten. Vielmehr hat eine autonome Auslegung des Begriffs aus dem EU-Schiedsübereinkommen heraus stattzufinden, die den Zweck des Übereinkommens beachtet.

---

476 Zur einfacheren Darstellung wird im Folgenden lediglich auf „Unternehmen" bzw. „verbundenes Unternehmen" Bezug genommen. Die Ausführungen beziehen sich dabei stets auch auf diejenige Betriebsstätte, die nach der Fiktion in Art. 1 Abs. 2 EU-SchiedsÜ als Unternehmen gilt.

477 Nach dem Wortlaut des Art. 1 Abs. 3 EU-SchiedsÜ findet Abs. 1 Anwendung, wenn eines der betreffenden Unternehmen keine Gewinne erzielt, sondern Verluste erlitten hat. Nach allgemeiner Ansicht in der Literatur ist das EU-Schiedsübereinkommen jedoch auch in den Fällen anwendbar, in denen beide Unternehmen Verluste erleiden: *Hinnekens*, EC Tax Review 1992, 70 (90); *Krabbe* in: Wassermeyer, DBA, Kommentar, Stand: Januar 2010, Art. 1 EU-SchÜ Rn. 16.

478 *Krabbe* in: Wassermeyer, DBA, Kommentar, Stand: Oktober 2007, Art. 1 EU-SchÜ Rn. 5.

479 Die nachfolgenden Ausführungen beziehen sich auf die „Gewinne" eines Unternehmens. Sie gelten indes für „Verluste" entsprechend.

480 Vgl. dazu bereits: 3. Teil, B. II. 1. a) bb), S. 73 ff.

481 Vgl. dazu ebenfalls bereits: 3. Teil, B. II. 1. a) bb), S. 73 ff.

Fraglich ist, wie es sich auswirkt, wenn die beiden Vertragsstaaten bei der Qualifikation der Einkünfte zu unterschiedlichen Ergebnissen kommen. Liegen danach Einkünfte vor, die ein Staat als Unternehmensgewinne qualifiziert, während der andere Staat die Einkünfte nicht als solche, sondern beispielsweise als Einkünfte aus freiberuflicher Tätigkeit, qualifiziert, so soll nach einer Auffassung in der Literatur das EU-Schiedsübereinkommen nicht anwendbar sein.[482] Begründet wird dies damit, dass nur bei einer übereinstimmenden Charakterisierung als Unternehmensgewinne jeder Staat die Anwendung des Übereinkommens und damit eine verbindliche Schiedsentscheidung akzeptiert hat.[483] Diese Auffassung erscheint insbesondere im Hinblick auf den Zweck des EU-Schiedsübereinkommens problematisch. Allein durch eine differierende Qualifikation der Einkünfte seitens der Vertragsstaaten könnte damit die Anwendung des Übereinkommens und damit eine verbindliche Streitentscheidung verhindert werden. Jedoch dürften die Mitgliedstaaten in der Regel zu der gleichen Qualifikation der Einkünfte kommen.[484] Daher erscheint das Risiko, dass aufgrund einer unterschiedlichen Qualifikation das EU-Schiedsübereinkommen keine Anwendung findet, überschaubar.

b) Gewinnberichtigung nach den Grundsätzen des Art. 4 EU-SchiedsÜ

Es muss bei einem Unternehmen eines anderen Vertragsstaats zu einer Gewinnberichtigung nach den in Art. 4 EU-SchiedsÜ niedergelegten Grundsätzen gekommen sein. Art. 4 EU-SchiedsÜ stellt dabei die zentrale Vorschrift der Regelungen zur Gewinnberichtigung im EU-Schiedsübereinkommen dar.[485] Die Regelungen dieser Vorschrift bilden dabei keine Rechtsgrundlage für Gewinnberichtigungen, sondern hierfür sind allein die nationalen Regelungen maßgeblich.[486] Es ist hinsichtlich der sachlichen Anwendungsbereiche des Art. 4 EU-SchiedsÜ zwischen Nr. 1 und Nr. 2 der Vorschrift zu differenzieren. Neben der Eröffnung des Anwendungsbereiches einer der Fälle von Art. 4 EU-SchiedsÜ ist weitere Voraussetzung eine (voraussichtliche) Doppelbesteuerung.

---

482 *Krabbe*, IStR 1996, 5 (6); *Krabbe* in: Wassermeyer, DBA, Kommentar, Stand: Oktober 2007, Art. 1 EU-SchÜ Rn. 8.

483 *Krabbe*, IStR 1996, 5 (6); *Krabbe* in: Wassermeyer, DBA, Kommentar, Stand: Oktober 2007, Art. 1 EU-SchÜ Rn. 8.

484 *Krabbe*, IStR 1996, 5 (6).

485 *Vögele/Fischer* in: Vögele/Borstell/Engler, Verrechnungspreise, Kap. A Rn. 14.

486 *Albert*, Schiedsverfahren im Int. Steuerrecht, S. 33; *Krabbe* in: Fischer, Grenzüberschreitende Aktivitäten, S. 77 (80).

aa) Art. 4 Nr. 1 EU-SchiedsÜ

Art. 4 Nr. 1 EU-SchiedsÜ wurde Art. 9 Abs. 1 OECD-MA nachgebildet und stimmt mit diesem nahezu wörtlich überein.[487] Sprachliche, jedoch keine inhaltlichen, Unterschiede ergeben sich daraus, dass im OECD-Musterabkommen von „eines Unternehmens des anderen Vertragsstaats" die Rede ist, während im EU-Schiedsübereinkommen aufgrund seines Charakters als multilateraler Vertrag die Formulierung „eines Unternehmens eines anderen Vertragsstaats" enthalten ist.

Art. 4 Nr. 1 EU-SchiedsÜ bestimmt, wie auch Art. 9 Abs. 1 OECD-MA, die Grundsätze für eine Gewinnberichtigung bei verbundenen Unternehmen. Danach ist eine Berichtigung im Hinblick auf solche nicht erzielten Gewinne erlaubt, deren Nichterzielung daraus resultiert, dass die verbundenen Unternehmen bei ihren Geschäftsbeziehungen an vereinbarte oder auferlegte Bedingungen gebunden sind, die nicht dem Fremdvergleichsgrundsatz entsprechen.[488] Folglich wurde von den Mitgliedstaaten der Fremdvergleichsgrundsatz als Maßstab festgelegt.[489]

Von Art. 4 Nr. 1 EU-SchiedsÜ ist dabei nach der gemeinsamen Erklärung der Vertragsstaaten nicht nur der Fall erfasst, dass zwei rechtlich selbstständige Unternehmen unmittelbar ein Geschäft miteinander abwickeln, sondern auch die Konstellation, in der die Abwicklung eines Geschäfts zwischen einem der Unternehmen und der Betriebsstätte des anderen Unternehmens erfolgt, die in einem dritten Vertragsstaat gelegen ist.[490]

Im Gegensatz zu der Vorschrift des Art. 9 OECD-MA ist in Art. 4 EU-SchiedsÜ keine dem Art. 9 Abs. 2 OECD-MA entsprechende Regelung zur Gegenberichtigung enthalten. Sofern jedoch zwischen den Vertragsstaaten ein Doppelbesteuerungsabkommen besteht, welches eine solche Vorschrift zur Gegenberichtigung aufweist, so ist diese als weitergehende Verpflichtung nach Art. 15 EU-SchiedsÜ anzuwenden, jedoch nur soweit der eigene souveräne Fremdvergleichsrahmen reicht.[491] Das gleiche gilt, wenn das innerstaatliche Recht Gegenberichtigungsvorschriften aufweist.[492]

---

487 *Bellstedt*, IWB, F. 11, Gr. 2, 191 (192); *Eigelshoven* in: Vogel/Lehner, DBA, Kommentar, Art. 9 Rn. 144.

488 Vgl. zu weiteren Einzelheiten die entsprechenden Ausführungen zu Art. 9 Abs. 1 OECD-MA unter: 2. Teil, B. II. 1, S. 24 ff.

489 *Menck*, StBp 1995, 169 (170); *Saß*, DB 1991, 984 (985).

490 ABl. EG 1990 L 225/21.

491 *Krabbe* in: Wassermeyer, DBA, Kommentar, Stand: Januar 2010, Art. 15 EU-SchÜ Rn. 2.

492 *Krabbe* in: Wassermeyer, DBA, Kommentar, Stand: Januar 2010, Art. 15 EU-SchÜ Rn. 3.

Jedoch besteht auch eine Pflicht zur Gegenberichtigung, wenn die Vertragsstaaten kein Doppelbesteuerungsabkommen miteinander abgeschlossen haben, denn eine solche Pflicht ergibt sich aus dem Regelungszweck des Art. 4 Nr. 1 EU-SchiedsÜ selbst. Da in dieser Vorschrift die Erlaubnis zu einer Gewinnberichtigung enthalten ist, ist die Regelung erst vollständig, wenn mit dieser Erlaubnis auch eine Pflicht zur Gegenkorrektur einhergeht.[493] Eine solche Gegenberichtigung kann auch das Ergebnis des Verständigungs- und Schiedsverfahrens nach Artt. 6 ff. EU-SchiedsÜ sein.[494]

bb) Art. 4 Nr. 2 EU-SchiedsÜ

Art. 4 Nr. 2 EU-SchiedsÜ ist demgegenüber an Art. 7 Abs. 2 OECD-MA angelehnt. Danach werden einer „Betriebsstätte die Gewinne zugerechnet, die sie hätte erzielen können, wenn sie eine gleiche oder ähnliche Tätigkeit unter gleichen oder ähnlichen Bedingungen als selbstständiges Unternehmen ausgeübt hätte und im Verkehr mit dem Unternehmen, dessen Betriebsstätte sie ist, völlig unabhängig gewesen wäre." Damit gilt der Fremdvergleichsgrundsatz auch im Verhältnis zwischen Stammhaus und ihrer in einem anderen Vertragsstaat gelegenen Betriebsstätte und eine entsprechende Berichtigung kann bei Beachtung dieses Grundsatzes in dem anderen Vertragsstaat erfolgen.[495]

Auch für die Zurechnung von Gewinnen zu einer Betriebsstätte ist im EU-Schiedsübereinkommen keine dem Art. 7 Abs. 3 OECD-MA entsprechende Gegenberichtigungsvorschrift enthalten. Zum Zeitpunkt des Abschlusses des EU-Schiedsübereinkommens gab es die Regelung des Art. 7 Abs. 3 OECD-MA indes auch im OECD-Musterabkommen noch nicht.[496] Jedoch sollte nach dem Regelungszweck des Art. 4 Nr. 2 EU-SchiedsÜ auch bei der Zurechnung von Gewinnen zu einer Betriebsstätte von einer Pflicht zur Gegenkorrektur ausgegangen werden, denn es ist nicht erkennbar, warum die beiden verschiedenen Arten der Berichtigung insoweit unterschiedlich behandelt werden sollten. Dafür spricht auch der Zweck des EU-Schiedsübereinkommens, nämlich die Vermeidung einer Doppelbesteuerung sowohl bei verbundenen Unternehmen als auch im Falle von diesen gleichgestellten Betriebsstätten. Dieser kann nur dann erreicht werden, wenn die entstehende Doppelbesteuerung durch eine entsprechende, innerhalb

493 *Hinnekens*, EC Tax Review 1992, 70 (94); *Krabbe* in: Wassermeyer, DBA, Kommentar, Stand: Oktober 2007, Art. 4 EU-SchÜ Rn. 1.

494 *Krabbe* in: Wassermeyer, DBA, Kommentar, Stand: Oktober 2007, Art. 4 EU-SchÜ Rn. 1.

495 So auch: *Hinnekens*, EC Tax Review 1992, 70 (94).

496 Vgl. dazu bereits: 2. Teil, B. I. 3., S. 23.

des eigenen souveränen Fremdvergleichsrahmens bleibende Gegenberichtigung seitens des anderen Vertragsstaats verhindert wird. Erfolgt dies nicht, so sind das Verständigungs- und gegebenenfalls auch das Schiedsverfahren durchzuführen.

c) (Voraussichtliche) Doppelbesteuerung

Wurden einem Unternehmen Gewinne nach Anwendung des Fremdvergleichsgrundsatzes gemäß Art. 4 EU-SchiedsÜ zugerechnet, die auch in die Gewinne bei einem Unternehmen eines anderen Vertragsstaats einbezogen werden, so ist (voraussichtlich) eine Doppelbesteuerung die Folge. Nicht erforderlich ist, dass die Doppelbesteuerung bereits eingetreten ist, es ist vielmehr ausreichend, dass eine solche droht.[497] In den Fällen des Art. 4 Nr. 1 EU-SchiedsÜ handelt es sich mangels Subjektidentität um eine wirtschaftliche und in den Fällen des Art. 4 Nr. 2 EU-SchiedsÜ um eine juristische Doppelbesteuerung. In diesen vorgenannten Konstellationen ist das EU-Schiedsübereinkommen anwendbar. Damit ist der Anwendungsbereich des Übereinkommens grundsätzlich insoweit abgegrenzt und beschränkt, als nicht jegliche Doppelbesteuerung vermieden werden soll, sondern nur eine, die sich aus Gewinnberichtigungen auf Grundlage des Fremdverhaltensgrundsatzes ergibt oder ergeben kann.

Jedoch ist nicht abschließend geklärt, ob das EU-Schiedsübereinkommen ausschließlich bei Gewinnberichtigungen auf Grundlage des Fremdvergleichsgrundsatzes Anwendung findet oder ob das Übereinkommen auch auf weitere Fälle von Gewinnkorrekturen, wie beispielsweise bei der Anwendung von Regelungen zur Unterkapitalisierung, anwendbar ist.[498]

Eine Auffassung in der Literatur spricht sich generell gegen eine Ausweitung des Anwendungsbereiches des EU-Schiedsübereinkommens auf andere Fälle aus.[499] Nach einer anderen Ansicht kann das EU-Schiedsübereinkommen auch auf andere Fälle, wie Regelungen zur Unterkapitalisierung, Anwendung finden.[500] Auch das EU-JTPF begann bereits im 2007 mit der Untersuchung, ob und in welchem Umfang Unterkapitalisierungsvorschriften vom Anwendungsbereich des Übereinkommens umfasst sind.[501] Einigkeit bestand bei den Vertretern der

---

497 *Saß*, DB 1991, 984 (985).

498 *Baßler*, Steuerliche Gewinnabgrenzung im Europ. Binnenmarkt, S. 303; *Lehner* in: Vogel/Lehner, DBA, Kommentar, Art. 25 Rn. 302.

499 *Terra/Wattel*, European Tax Law, S. 374.

500 *Adonnino*, ET 2003, 403 (405); *Krabbe*, IStR 1996, 5 (6). Wohl auch: *van Herksen/Fraser*, ITPJ 2009, 143 (144 f.). In Deutschland ist dies hinsichtlich der Regelung des § 8a KStG a.F. relevant.

501 *Gangemi* in: FS Rödler, S. 255 (261).

EU-Mitgliedstaaten sowie den Vertretern der Privatwirtschaft insoweit, dass Korrekturen von Zinssätzen bei Darlehensbeziehungen zwischen verbundenen Unternehmen in den Schutz des Übereinkommens fallen sollen.[502]

Im Hinblick auf die Berichtigung des Darlehensbetrages bestanden und bestehen indessen kontroverse Auffassungen, wobei jedoch die Mehrzahl der Vertreter der EU-Mitgliedstaaten im EU-JTPF zu dem Ergebnis kam, dass auch solche Berichtigungen unter das EU-Schiedsübereinkommen fallen.[503] So lässt sich erklären, dass in den Überarbeiteten Verhaltenskodex bezüglich einer Unterkapitalisierung folgender Passus aufgenommen wurde:

„Das Schiedsübereinkommen verweist eindeutig auf die Gewinne aus kaufmännischen und finanziellen Beziehungen, differenziert jedoch nicht zwischen diesen verschiedenen Arten von Gewinnen. Gewinnberichtigungen, die sich aus finanziellen Beziehungen, einschließlich Darlehen und Darlehenskonditionen, ergeben und nach dem Fremdvergleichsgrundsatz erfolgen, sind daher als unter das Schiedsübereinkommen fallend anzusehen."[504]

Nichtsdestotrotz lehnen einige Mitgliedstaaten diese Ansicht ab und haben Vorbehalte geäußert, die nun ebenfalls in dem Überarbeiteten Verhaltenskodex enthalten sind.[505] Auch in der Literatur gibt es Stimmen, nach denen das EU-Schiedsübereinkommen nicht auf Fälle von Korrekturen aufgrund nationaler Unterkapitalisierungsregelungen anzuwenden ist.[506] Als Begründung wird angeführt,

---

502 Europäische Kommission v. 14.09.2009, KOM (2009) 472, Tz. 18, www.ec.europa.eu/taxation_customs/resources/documents/taxation/company_tax/transfer_pricing/com(2009)472_de.pdf (Stand: 25.04.2014).

503 Europäische Kommission v. 14.09.2009, KOM (2009) 472, Tz. 18 f., www.ec.europa.eu/taxation_customs/resources/documents/taxation/company_tax/transfer_pricing/com(2009)472_de.pdf (Stand: 25.04.2014).

504 Überarbeiteter Verhaltenskodex, ABl. EU 2009 C 322/1, Tz. 1.2. Zustimmend: *Peters/Haverkamp*, BB 2011, 1303 (1307).

505 Überarbeiteter Verhaltenskodex, ABl. EU 2009 C 322/1, Tz. 1.2, vgl. dort die Vorbehalte in der Fußnote.

506 *Hinnekens*, EC Tax Review 1992, 70 (90); *Krabbe* in: Wassermeyer, DBA, Kommentar, Stand: Oktober 2007/Januar 2010, Art. 1 Rn. 11 EU-SchÜ; *Menck* in: Gosch/Kroppen/Grotherr, DBA, Kommentar, Stand: April 2000, Art. 25 MA Rn. 7 zu Art. 1 und Rn. 3 zu Art. 4 EU-SchÜ. *Baßler*, Steuerliche Gewinnabgrenzung im Europ. Binnenmarkt, S. 303 ff. spricht sich sowohl gegen die Ausdehnung des Schutzes des EU-Schiedsübereinkommens auf Regelungen der Hinzurechnungsbesteuerung als auch auf nationale Regeln zur Unterkapitalisierung aus. Dem ist hinsichtlich der Fälle der Hinzurechnungsbesteuerung mit den dort aufgeführten Argumenten zuzustimmen.

dass bei diesen Regelungen der Fremdvergleichsgrundsatz lediglich ein Hilfsmerkmal darstelle.[507]

Es erscheint jedoch aus verschiedenen Gründen eher vertretbar, auch Berichtigungen aufgrund von nationalen Unterkapitalisierungsregeln als unter den Schutz des EU-Schiedsübereinkommens fallend anzuerkennen, sofern diese nach dem Fremdvergleichsgrundsatz erfolgen. So ist der Wortlaut des Art. 4 Nr. 1 EU-SchiedsÜ weit genug gefasst, um sämtliche Aspekte solcher Regelungen, also sowohl den Zinssatz als auch den Darlehensbetrag als solchen, zu umfassen.[508]

Art. 4 Nr. 1 EU-SchiedsÜ bestimmt, wie bereits gezeigt[509], die Grundsätze für eine Gewinnberichtigung zwischen verbundenen Unternehmen. Danach ist eine Berichtigung von nicht erzielten Gewinnen erlaubt, wenn die nicht erfolgte Erzielung daraus resultiert, dass die verbundenen Unternehmen in ihren kaufmännischen oder finanziellen Beziehungen an vereinbarte oder auferlegte Bedingungen gebunden sind, die nicht dem Fremdvergleichsgrundsatz entsprechen.[510] Der Begriff der Bedingungen ist dabei weit auszulegen und umfasst alle Merkmale und Umstände, die eine Geschäftsbeziehung beeinflussen.[511] Daher sollte auch der Darlehensbetrag an sich als maßgebende Größe der Darlehensbeziehung unter diesen Begriff fallen.[512] Voraussetzung ist jedoch weiter, dass der Fremdvergleichsgrundsatz nicht eingehalten wurde (Art. 4 Nr. 1 EU-SchiedsÜ). Alternativ könnten auch die Zinsen, die das Eigen- und Fremdkapitalverhältnis übersteigen, als Bedingung angesehen werden, die dem Fremdvergleich nicht standhalten.[513]

---

507 *Krabbe* in: Wassermeyer, DBA, Kommentar, Stand: Oktober 2007/Januar 2010, Art. 1 Rn. 11 EU-SchÜ; *Menck* in: Gosch/Kroppen/Grotherr, DBA, Kommentar, Stand: Grundwerk 1997, Art. 25 MA Rn. 3 zu Art. 4 EU-SchÜ.

508 So auch die Europäische Kommission: Europäische Kommission v. 14.09.2009, KOM (2009) 472, Tz. 20, www.ec.europa.eu/taxation_customs/resources/documents/taxation/company_tax/transfer_pricing/com(2009)472_de.pdf (Stand: 25.04.2014).

509 Vgl. dazu bereits: 3. Teil, B. III. 2. b) aa), S. 86 ff.

510 Vgl. für weitere Einzelheiten die entsprechenden Ausführungen zu Art. 9 Abs. 1 OECD-MA unter: 2 Teil, B. II. 1, S. 24 ff.

511 *Becker* in: Gosch/Kroppen/Grotherr, DBA, Kommentar, Stand: Oktober 2000, Art. 9 MA Rn. 34.

512 So wohl auch die Mehrzahl der Mitgliedstaaten: Europäische Kommission v. 14.09.2009, KOM (2009) 472, Tz. 19, www.ec.europa.eu/taxation_customs/resources/documents/taxation/company_tax/transfer_pricing/com(2009)472_de.pdf (Stand: 25.04.2014).

513 So: *Adonnino*, ET 2003, 403 (405).

Eine Einbeziehung auch von Korrekturen des Darlehensbetrages erscheint auch insoweit überzeugend, als sich im Ergebnis alle Aspekte auf die Gewinne der verbundenen Unternehmen auswirken.[514] So ist der Effekt, der sich bei Anwendung einer Unterkapitalisierungsregelung ergibt, mit dem vergleichbar, der aus der Verneinung einer Abzugsfähigkeit von Kosten mit der Begründung, dass diese dem Fremdvergleich nicht standhalten, resultiert.[515] Auch der Schutz der verbundenen Unternehmen vor Doppelbesteuerung sowie das Ziel des EU-Schiedsübereinkommens der Beseitigung von Doppelbesteuerung in seinem Geltungsbereich sprechen für eine Ausweitung des Anwendungsbereiches des EU-Schiedsübereinkommens auf nationale Unterkapitalisierungsregeln. Allerdings dürfte dies nur insoweit gelten, als die Berichtigungen nach dem Fremdvergleichsgrundsatz erfolgen.[516] Nichtsdestotrotz dürfte die Diskussion, auch im Rahmen des EU-JTPF, mit dem Ziel der Findung einer einheitlichen Position der Mitgliedstaaten noch einige Jahre in Anspruch nehmen.[517]

C. Verfahrensablauf

I. Allgemein

Das EU-Schiedsübereinkommen sieht vier verschiedene Verfahrensabschnitte vor, die voneinander zu trennen sind. Diese sind das Vorfahren (Art. 5 EU-SchiedsÜ), das Verständigungsverfahren (Art. 6 EU-SchiedsÜ), das Schiedsverfahren (Art. 7 EU-SchiedsÜ) und das Schlussverfahren (Art. 12 EU-SchiedsÜ).

Auf jeder der ersten drei Stufen kann eine Beseitigung der Doppelbesteuerung für die verbundenen Unternehmen sowie für Stammhaus und Betriebsstätte erfolgen, ohne dass zwangsläufig alle drei Stufen nacheinander durchlaufen werden müssen.[518] So ist es insbesondere möglich, dass kein Vorverfahren durchgeführt wird. Auch auf der vierten Stufe kommt es zu einer Beseitigung der Doppelbesteuerung, jedoch wird insoweit an ein vorhergehendes Schiedsverfahren angeknüpft.

---

514 So auch die Europäische Kommission: Europäische Kommission v. 14.09.2009, KOM (2009) 472, Tz. 20, www.ec.europa.eu/taxation_customs/resources/documents/taxation/company_tax/transfer_pricing/com(2009)472_de.pdf (Stand: 25.04.2014).

515 *Adonnino*, ET 2003, 403 (405).

516 Vgl. dazu auch: Überarbeiteter Verhaltenskodex, ABl. EU 2009 C 322/1, Tz. 1.2.

517 *Gangemi* in: FS Rödler, S. 255 (263).

518 *Engler/Elbert* in: Vögele/Borstell/Engler, Verrechnungspreise, Kap. F Rn. 303.

II. Vorverfahren (Art. 5 EU-SchiedsÜ)

Das Vorverfahren nach Art. 5 EU-SchiedsÜ dient als Vorstufe zu den nachfolgenden Verständigungs- und Schiedsverfahren. Dazu beinhaltet die Vorschrift eine frühzeitige Unterrichtungspflicht seitens des Staates, der beabsichtigt, eine Gewinnberichtigung nach den Grundsätzen des Art. 4 EU-SchiedsÜ vorzunehmen.[519] Der Staat hat das von der Gewinnberichtigung betroffene Unternehmen frühzeitig von der beabsichtigten Maßnahme zu unterrichten, damit es Gelegenheit hat, das andere, verbundene Unternehmen in dem anderen Vertragsstaat zu informieren (Art. 5 Satz 1 OECD-MA). Es besteht jedoch keine Verpflichtung des unterrichteten Unternehmens, das andere Unternehmen auch tatsächlich zu informieren.[520]

Das informierte Unternehmen wiederum kann sodann die zuständigen Behörden seines Ansässigkeitsstaats in Kenntnis setzen und den Sachverhalt mit diesen erörtern, um als Ergebnis eine Gegenberichtigung zu erreichen, mit der eine Doppelbesteuerung durch einseitige Verrechnungspreiskorrektur vermieden werden kann.[521] Auch hier besteht seitens des informierten Unternehmens keine Verpflichtung zur Unterrichtung seines Ansässigkeitsstaats und es besteht keine Pflicht dieses Staates zur Stellungnahme.[522]

Zweck dieses Vorverfahrens ist es, die Möglichkeit zu schaffen, ein Verwaltungsverfahren schon auf dieser Stufe zu beenden, denn wenn beide Unternehmen und der andere Vertragsstaat nach einer entsprechenden Unterrichtung der Gewinnberichtigung zustimmen, so sind die Verständigungs- und Schiedsverfahren nach Artt. 6 ff. EU-SchiedsÜ ausgeschlossen (Art. 5 Satz 3 EU-SchiedsÜ). Dabei kann sich die Zustimmung auch auf vermittelnde Lösungen beziehen.[523]

Die Durchführung des Vorverfahrens hat jedoch nicht zur Konsequenz, dass der Vertragsstaat, der das Unternehmen von seiner beabsichtigten Gewinnberichtung

519 *Eicker/Stockburger*, IWB, F. 11, Gr. 2, 661 (667); *Krabbe* in: Wassermeyer, DBA, Kommentar, Stand: Oktober 2007, Art. 5 EU-SchÜ Rn. 3; *Liebchen* in: Schönfeld/Ditz, DBA, Art. 25 Rn. 278.

520 *Krabbe* in: Wassermeyer, DBA, Kommentar, Stand: Oktober 2007, Art. 5 EU-SchÜ Rn. 4.

521 *Liebchen* in: Schönfeld/Ditz, DBA, Art. 25 Rn. 278.

522 *Krabbe* in: Wassermeyer, DBA, Kommentar, Stand: Oktober 2007, Art. 5 EU-SchÜ Rn. 5.

523 *Krabbe* in: Wassermeyer, DBA, Kommentar, Stand: Oktober 2007, Art. 5 EU-SchÜ Rn. 8; *Liebchen* in: Schönfeld/Ditz, DBA, Art. 25 Rn. 279; a.A. *Engler/Elbert* in: Vögele/Borstell/Engler, Verrechnungspreise, Kap. F Rn. 304, die von einer Beseitigung des Konflikts durch Nachgeben des anderen Vertragsstaats ausgehen.

informiert hat, an der Durchführung dieser Berichtigung gehindert ist (Art. 5 Satz 2 EU-SchiedsÜ). Die Unterrichtung hat damit keine Suspensivwirkung.[524] Vielmehr kann die vorgenannte Zustimmung nach Art. 5 Satz 3 EU-SchiedsÜ auch noch nach erfolgter Gewinnberichtigung erteilt werden.[525]

III. Verständigungsverfahren (Art. 6 EU-SchiedsÜ)

Wurde kein Vorverfahren nach Art. 5 EU-SchiedsÜ durchgeführt oder wurde ein solches nicht mit einer einvernehmlichen Lösung abgeschlossen, so steht als nächste Stufe zur Streitbeilegung das Verständigungsverfahren nach Art. 6 EU-SchiedsÜ zur Verfügung.

Die Regelungen zum Verständigungsverfahren des EU-Schiedsübereinkommens sind an Art. 25 Abs. 1 und 2 OECD-MA angelehnt. Das Verfahren lässt sich, ebenso wie das in diesen Vorschriften des OECD-Musterabkommens geregelte Verständigungsverfahren im engeren Sinne[526], in die Verfahrensabschnitte Vorprüfungs- und Abhilfeverfahren, Verständigungsverfahren im eigentlichen Sinne sowie Verfahren zur Umsetzung der Verständigungsregelung in nationales Recht einteilen.[527] Im Folgenden sind diese Verfahrensabschnitte für die Fälle dargestellt, in denen das Ergebnis einer Verständigungsvereinbarung der zuständigen Behörden die vollständige Vermeidung der Doppelbesteuerung sein kann. Dies ist grundsätzlich bei bilateralen Sachverhalten zu bejahen.

Denkbar ist allerdings, dass mehr als zwei Staaten involviert sind und damit Besonderheiten im Verfahrensablauf gelten. Dies ist insbesondere der Fall, wenn eine sog. EU-Dreieckskonstellation vorliegt. Eine solche ist nach dem Überarbeiteten Verhaltenskodex gegeben, wenn die zuständigen Behörden nicht in der Lage sind, die Doppelbesteuerung durch eine Verständigungsvereinbarung unter Anwendung des Fremdvergleichsgrundsatzes gänzlich zu vermeiden, „weil ein verbundenes Unternehmen in (einem) anderen Mitgliedstaat(en), (...), bei einer Kette von betroffenen Geschäftsvorfällen oder kaufmännischen/finanziellen Beziehungen in einem erheblichen Umfang zu einem dem Fremdvergleichsgrundsatz nicht entsprechenden Ergebnis beigetragen hat, und wenn dies vom

---

524 *Bellstedt*, IWB, F. 11, Gr. 2, 191 (194); *Engler/Elbert* in: Vögele/Borstell/Engler, Verrechnungspreise, Kap. F Rn. 304; *Käferbock* in: Verrechnungspreisgestaltung im Int. Steuerrecht, S. 365 (374).

525 *Krabbe* in: Wassermeyer, DBA, Kommentar, Stand: Oktober 2007, Art. 5 EU-SchÜ Rn. 6.

526 Vgl. dazu bereits: 2. Teil, B. III. 1., S. 29 ff.

527 *Liebchen* in: Schönfeld/Ditz, DBA, Art. 25 Rn. 289.

Steuerpflichtigen, der die Doppelbesteuerung erleidet und die Anwendung der Bestimmungen des Schiedsübereinkommens beantragt hat, als solches anerkannt wird."[528] Aufgrund der Fiktion des Art. 1 Abs. 2 EU-SchiedsÜ kann eine solche EU-Dreieckskonstellation auch bei Beteiligung von Stammhaus und Betriebsstätte gegeben sein.

Besteht eine solche EU-Dreieckskonstellation, so besteht zum einen die Möglichkeit, das Verständigungsverfahren multilateral zu führen, so dass sämtliche zuständigen Behörden in gleicher Weise in das Verfahren einzubeziehen sind und sich insoweit keine Besonderheiten zu einem bilateralen Verfahren ergeben.[529] Dies stellt die im Überarbeiten Verhaltenskodex favorisierte Vorgehensweise dar.[530] Zum anderen kann ein bilaterales Verfahren durchgeführt werden, bei dem die zuständige Behörde des nicht beteiligten EU-Mitgliedstaats als Beobachter an den Verhandlungen teilnimmt.[531] Denkbar ist weiter, dass mehrere parallel laufende bilaterale Verständigungsverfahren durchgeführt werden, in denen jeweils die nicht beteiligte zuständige Behörde in der Rolle als Beobachter in die Verhandlungen eingebunden wird.[532]

Für Zwecke der übersichtlicheren Darstellung wird nachfolgend davon ausgegangen, dass lediglich zwei Staaten und damit zwei zuständige Behörden an dem dadurch bilateralen Verfahren beteiligt sind.

1. *Antragsstellung*

Damit es seitens der zuständigen Behörde eines Vertragsstaats zu einer Einleitung des Verständigungsverfahrens nach Art. 6 EU-SchiedsÜ kommt, bedarf es des Antrags eines verbundenen Unternehmens, das bei einer Gewinnberichtigung den Fremdvergleichsgrundsatz des Art. 4 EU-SchiedsÜ für falsch angewendet erachtet.[533] Dieser Antrag kann unbeschadet der im jeweiligen nationalen Recht vorgesehenen Rechtsbehelfe gestellt werden (Art. 6 Abs. 1 Satz 1 EU-SchiedsÜ). Dabei hat die Antragsstellung bei der zuständigen Behörde desjenigen Staates

528 Überarbeiteter Verhaltenskodex, ABl. EU 2009 C 322/1, Tz. 1.1 Buchst. a).

529 Überarbeiteter Verhaltenskodex, ABl. EU 2009 C 322/1, Tz. 6.2 Buchst. b) i).

530 Überarbeiteter Verhaltenskodex, ABl. EU 2009 C 322/1, Tz. 6.2 Buchst. b).

531 Überarbeiteter Verhaltenskodex, ABl. EU 2009 C 322/1, Tz. 6.2 Buchst. b) ii).

532 Überarbeiteter Verhaltenskodex, ABl. EU 2009 C 322/1, Tz. 6.2 Buchst. b) iii). Vgl. dort auch Tz. 6.2 für weitere Einzelheiten zum Verständigungsverfahren bei EU-Dreieckskonstellationen. Vgl. zur Problematik von Dreieckskonstellationen die ausführlichen Darstellungen von: *Peters/Haverkamp*, BB 2011, 1303 (1307) und *van Herksen*, Intertax 2008, 332 (335 ff.).

533 *Saß*, DB 1991, 984 (985).

zu erfolgen, dem das Unternehmen zugeordnet ist.[534] Im Gegensatz zu dem Verständigungsverfahren nach dem OECD-Musterabkommen[535] ist es nicht zulässig, den Antrag bei der örtlichen Finanzbehörde zu stellen.[536]

Grundsätzlich kann jedes der beiden verbundenen Unternehmen den Antrag bei der für es zuständigen Behörde stellen. Dabei ist nicht ausgeschlossen, dass beide Unternehmen den Fall der für sie zuständigen Behörde unterbreiten, im Regelfall werden jedoch Zweckmäßigkeitserwägungen darüber entscheiden, welches Unternehmen den Antrag in welchem Staat stellt.[537] Nach der deutschen Finanzverwaltung soll der Antrag zweckmäßigerweise von dem übergeordneten Unternehmen gestellt werden.[538] Im Falle der Zurechnung von Gewinnen zu einer Betriebsstätte (Art. 4 Nr. 2 EU-SchiedsÜ) heißt dies, dass das Stammhaus in seinem Ansässigkeitsstaat die Initiative für die Einleitung eines Verständigungsverfahrens ergreifen sollte.[539]

Das Bundeszentralamt für Steuern in Bonn ist die in Deutschland für die Antragsstellung zuständige Behörde.[540] Nach der deutschen Finanzverwaltung ist bei der Antragsstellung erforderlich, dass sich das Unternehmen in seinem Antrag ausdrücklich auf das EU-Schiedsübereinkommen beruft.[541] Dies dient dem Zweck, deutlich zu machen, ob das Unternehmen sich bei einem zwischen den beteiligten Staaten bestehenden Doppelbesteuerungsabkommen auf dieses oder auf das EU-Schiedsübereinkommen beruft.

Das Unternehmen teilt ferner gleichzeitig mit dem Antrag mit, welche anderen Vertragsstaaten gegebenenfalls beteiligt sind (Art. 6 Abs. 1 Satz 3 EU-SchiedsÜ).

Wie beim Verständigungsverfahren im engeren Sinne des OECD-Musterabkommens beträgt die Frist für die Antragsstellung drei Jahre nach der ersten Mitteilung der Maßnahme, die eine Doppelbesteuerung im Sinne des Art. 1

---

534 *Krabbe* in: Wassermeyer, DBA, Kommentar, Stand: Oktober 2007, Art. 6 EU-SchÜ Rn. 7.

535 Vgl. dazu bereits: 2. Teil, B. III. 1. a), S. 29 f.

536 *Krabbe* in: Wassermeyer, DBA, Kommentar, Stand: Oktober 2007, Art. 6 EU-SchÜ Rn. 7.

537 *Krabbe* in: Wassermeyer, DBA, Kommentar, Stand: Oktober 2007, Art. 6 EU-SchÜ Rn. 7.

538 BMF-Schreiben v. 13.07.2006, BStBl. I 2006, 461, Tz. 11.1.2.

539 BMF-Schreiben v. 13.07.2006, BStBl. I 2006, 461, Tz. 11.1.2; *Krabbe* in: Wassermeyer, DBA, Kommentar, Stand: Oktober 2007, Art. 6 Rn. 7.

540 BMF-Schreiben v. 13.07.2006, BStBl. I 2006, 461, Tz. 1.4.

541 BMF-Schreiben v. 13.07.2006, BStBl. I 2006, 461, Tz. 11.1.1.

EU-SchiedsÜ herbeiführt oder herbeiführen könnte (Art. 6 Abs. 1 Satz 2 EU-SchiedsÜ). In Deutschland ist der Eingang des Antrags beim Bundeszentralamt für Steuern für die Fristwahrung erforderlich.[542] Der Eingang des Antrags wird dem antragstellenden Unternehmen nach dem Überarbeiteten Verhaltenskodex innerhalb eines Monats bestätigt.[543] Ferner unterrichtet die zuständige Behörde die zuständige Behörde des anderen, an dem Fall beteiligten, Vertragsstaats (Art. 6 Abs. 1 Satz 4 EU-SchiedsÜ).[544]

2. *Vorprüfungs- und Abhilfeverfahren*

a) Vorprüfungsverfahren

Im Vorprüfungsverfahren, das dem eigentlichen Verständigungsverfahren vorgelagert ist, prüft die zuständige Behörde, ob der bei ihr eingegangene Einleitungsantrag zulässig und begründet ist.[545]

Zulässig ist der Antrag, wenn er fristgemäß innerhalb der dreijährigen Ausschlussfrist eingereicht wurde und der Eintritt oder der voraussichtliche Eintritt einer Doppelbesteuerung wegen der Nichtbeachtung der Grundsätze des Art. 4 EU-SchiedsÜ geltend gemacht wurde.[546] Die Dreijahres-Frist beginnt mit dem Datum „der ersten Mitteilung der Maßnahme, die zu einer Doppelbesteuerung im Sinne von Artikel 1 des Schiedsübereinkommens, (...), führt oder führen könnte“[547].

In dem Überarbeiteten Verhaltenskodex ist eine Auflistung von Angaben sowie Dokumenten enthalten, nach deren Übermittlung der Fall für Zwecke des Art. 7 Abs. 1 EU-SchiedsÜ gemäß Art. 6 Abs. 1 OECD-MA als unterbreitet gilt[548].[549] Für die Einhaltung der Frist für die Antragsstellung nach Art. 6 SchiedsÜ und damit für die Zulässigkeit des Antrags ist die Erfüllung dieser Mindestanforderungen an die zu machenden Angaben sowie zu übermittelnden

542 BMF-Schreiben v. 13.07.2006, BStBl. I 2006, 461, Tz. 11.2.1.

543 Überarbeiteter Verhaltenskodex, ABl. EU 2009 C 322/1, Tz. 6.3 Buchst. d).

544 Diese Unterrichtung erfolgt nach dem Überarbeiteten Verhaltenskodex gleichzeitig mit der Bestätigung des Eingangs durch Übermittlung einer Kopie des Antrags: Überarbeiteter Verhaltenskodex, ABl. EU 2009 C 322/1, Tz. 6.3. Buchst. d).

545 *Liebchen* in: Schönfeld/Ditz, DBA, Art. 25 Rn. 290.

546 BMF-Schreiben v. 13.07.2006, BStBl. I 2006, 461, Tz. 11.3.1; *Krabbe* in: Wassermeyer, DBA, Kommentar, Stand: Oktober 2007, Art. 6 EU-SchÜ Rn. 8; *Liebchen* in: Schönfeld/Ditz, DBA, Art. 25 Rn. 281 und 290; *Merz/Sajogo*, PIStb 2010, 239 (240).

547 Überarbeiteter Verhaltenskodex, ABl. EU 2009 C 322/1, Tz. 4.

548 Vgl. dazu im Einzelnen unter: 3. Teil, C. IV. 1. a) aa), S. 106 f.

549 Überarbeiteter Verhaltenskodex, ABl. EU 2009 C 322/1, Tz. 5.

Dokumente unerheblich. Diese spielt grundsätzlich nur eine Rolle für die Ingangsetzung der Frist des Art. 7 EU-SchiedsÜ.[550] Nichtsdestotrotz wird im Überarbeiteten Verhaltenskodex an verschiedenen Stellen an die Übermittlung der notwendigen Mindestanforderungen angeknüpft. So beispielsweise bei der Bestimmung von internen Fristen bei der Durchführung des Verständigungsverfahrens.[551] Ferner kann die zuständige Behörde, sollte sie der Ansicht sein, dass die notwendigen Mindestanforderungen nicht übermittelt wurden, das Unternehmen bereits in diesem Verfahrensstadium zur Einreichung von spezifischen Zusatzinformationen auffordern.[552]

Der Antrag ist begründet, wenn der Anwendungsbereich des EU-Schiedsübereinkommens nach Art. 1 EU-SchiedsÜ eröffnet ist und die Grundsätze des Art. 4 EU-SchiedsÜ nicht beachtet wurden.[553] Bestehen seitens der Behörde Zweifel daran, dass die Unternehmensgewinne den Gewinnen eines Unternehmens eines anderen EU-Mitgliedstaats zugerechnet werden oder wahrscheinlich zugerechnet werden, so teilt sie dies dem antragstellenden Unternehmen mit und fordert es zu weiteren Erläuterungen auf.[554]

b) Abhilfeverfahren

Hält die zuständige Behörde den Antrag für zulässig und begründet, so prüft sie, ob sie selbst zur Abhilfe in der Lage ist. Ist dies der Fall, so wird sie innerstaatliche Maßnahmen treffen, um eine für den Steuerpflichtigen befriedigende Lösung herbeizuführen (Art. 6 Abs. 2 EU-SchiedsÜ). Diese muss allerdings dem Fremdvergleichsgrundsatz des Art. 4 EU-SchiedsÜ entsprechen.[555]

In den Fällen, in denen der Antrag bei der zuständigen Behörde des Staates gestellt wird, in dem die Gewinnberichtigung erfolgt ist, ist Gegenstand des Abhilfeverfahrens die Überprüfung dieser durchgeführten Berichtigung.[556] Wird der Antrag indes bei der zuständigen Behörde des anderen Vertragsstaats gestellt, so richtet sich die Prüfung auf die Gegenberichtigung.[557] Eine solche

---

550 *Krabbe* in: Wassermeyer, DBA, Kommentar, Stand: Oktober 2007, Art. 6 EU-SchÜ Rn. 8.

551 Überarbeiteter Verhaltenskodex, ABl. EU 2009 C 322/1, Tz. 6.4 Buchst. c) ii) und Buchst. e) ii) bb).

552 Überarbeiteter Verhaltenskodex, ABl. EU 2009 C 322/1, Tz. 6.3 Buchst. e).

553 *Liebchen* in: Schönfeld/Ditz, DBA, Art. 25 Rn. 290.

554 Überarbeiteter Verhaltenskodex, ABl. EU 2009 C 322/1, Tz. 6.3 Buchst. f) i).

555 *Meeus* in: Settlement of Disputes in Tax Treaty Law, S. 87 (117).

556 *Liebchen* in: Schönfeld/Ditz, DBA, Art. 25 Rn. 290.

557 *Krabbe* in: Wassermeyer, DBA, Kommentar, Stand: Oktober 2007, Art. 6 EU-SchÜ Rn. 14.

Gegenberichtigung ist im Abhilfeverfahren durchzuführen, wenn der nicht erstberichtigende Staat die Gewinnkorrektur für gerechtfertigt hält.[558]

Erfolgt eine Abhilfe durch die Behörde, bei der der Antrag gestellt wurde, so ist das Unternehmen über die Entscheidung zu informieren und die zuständige Behörde nimmt die entsprechenden Korrekturen bzw. Abzüge vor.[559] In einem solchen Fall ist das Verfahren sodann beendet.

3. *Verständigungsverfahren im eigentlichen Sinne*

a) Einleitung

Ist das Ergebnis der Prüfung im Abhilfeverfahren indes, dass die zuständige Behörde selbst nicht in der Lage ist, eine befriedigende Lösung herbeizuführen, so leitet sie das Verständigungsverfahren ein, indem sie die zuständige Behörde des anderen Mitgliedstaats über ihre Entscheidung unterrichtet und ihr die vom Unternehmen gemachten Angaben und eingereichten Unterlagen zuleitet.[560] Nach dem Überarbeiteten Verhaltenskodex informiert sie ferner das Unternehmen über die Einleitung des Verständigungsverfahrens im eigentlichen Sinne und teilt weiter sowohl der anderen Behörde als auch dem antragstellenden Unternehmen mit, ob ihr der Antrag innerhalb der Frist des Art. 6 Abs. 1 EU-SchiedsÜ unterbreitet wurde sowie wann die Zweijahresfrist gemäß Art. 7 Abs. 1 EU-SchiedsÜ beginnt.[561]

aa) Verpflichtung zur Einleitung

Nach überzeugender, allgemeiner Auffassung in der Literatur besteht seitens des antragsstellenden Unternehmens ein Anspruch auf Einleitung des Verständigungsverfahrens im eigentlichen Sinne und nicht nur auf ermessensfehlerfreie Entscheidung der zuständigen Behörde, wenn der gestellte Antrag nicht offensichtlich unbegründet ist.[562] Nur wenn man dieser Auffassung folgt und

---

558 *Krabbe* in: Wassermeyer, DBA, Kommentar, Stand: Oktober 2007, Art. 6 EU-SchÜ Rn. 14.

559 Überarbeiteter Verhaltenskodex, ABl. EU 2009 C 322/1, Tz. 6.3 Buchst. f) ii).

560 *Saß*, DB 1991, 984 (986); Überarbeiteter Verhaltenskodex, ABl. EU 2009 C 322/1, Tz. 6.3 Buchst. g).

561 Überarbeiteter Verhaltenskodex, ABl. EU 2009 C 322/1, Tz. 6.3 Buchst. g).

562 *Baßler*, Steuerliche Gewinnabgrenzung im Europ. Binnenmarkt, S. 319; *Bödefeld/Kuntschik*, IStR 2009, 268 (269); *Hendricks* in: Baumhoff/Wassermeyer, Verrechnungspreise int. verbundener Unternehmen, Rn. 10.42; *Käferbock* in: Verrechnungspreisgestaltung im Int. Steuerrecht, S. 365 (375); *Krabbe* in: Wassermeyer, DBA, Kommentar, Stand: Oktober 2007, Art. 6 EU-SchÜ Rn. 15; *Lehner* in: Vogel/

eine Verpflichtung zur Einleitung des Verständigungsverfahrens bejaht, kann der Zweck des EU-Schiedsübereinkommens gewährleistet werden. Ansonsten könnte bereits auf dieser frühen Verfahrensstufe das Verfahren durch die zuständige Behörde beendet werden und es in letzter Konsequenz nicht zu einer verbindlichen Entscheidung kommen.[563]

bb) Verweigerung der Einleitung

Jedoch können sowohl die zuständige Behörde, bei der der Antrag gestellt wurde, sowie die zuständige Behörde des anderen Vertragsstaats, die Einleitung des Verständigungsverfahrens verweigern, wenn ein Fall des Art. 8 Abs. 1 EU-SchiedsÜ vorliegt.[564] Ein solcher ist zu bejahen, wenn eines der beteiligten Unternehmen durch Handlungen, die eine Gewinnberichtigung gemäß Art. 4 EU-SchiedsÜ zur Folge haben, einen durch Gerichts- oder Verwaltungsverfahren rechtskräftig festgestellten „empfindlich zu bestrafenden Verstoß" gegen steuerliche Vorschriften begangen hat. Das Recht, die Einleitung des Verfahrens zu verweigern, impliziert ferner die Möglichkeit, das Verfahren einzustellen, wenn eine rechtskräftige Feststellung erst während des Verständigungsverfahrens ergeht.[565] Die EU-Mitgliedsstaaten haben von dieser Regelung in der Praxis durchaus Gebrauch gemacht.[566]

Eine Definition, was unter einem „empfindlich zu bestrafenden Verstoß" zu verstehen ist, ist im EU-Schiedsübereinkommen nicht enthalten. Vielmehr hat jeder einzelne EU-Mitgliedstaat eine einseitige Erklärung abgegeben, was nach seiner Auffassung unter dieser Terminologie zu verstehen ist.[567] Da die von den EU-Mitgliedstaaten vorgenommenen Definitionen teilweise recht weit gefasst sind, wurde im Überarbeiteten Verhaltenskodex empfohlen, diese einseitigen Erklärungen zu präzisieren oder zu überarbeiten, damit besser zum Ausdruck kommt, dass eine Verweigerung der Einleitung des Verständigungsverfahrens mit der Begründung der Feststellung eines empfindlich zu bestrafenden Verstoßes nur

---

Lehner, DBA, Kommentar, Art. 25 Rn. 303; *Liebchen* in: Schönfeld/Ditz, DBA, Art. 25 Rn. 291; *Schelpe*, EC Tax Review 1995, 68 (74). Wohl auch: BMF-Schreiben v. 13.07.2006, BStBl. I 2006, 461, Tz. 2.4.3.

563 So auch: *Lehner* in: Vogel/Lehner, DBA, Kommentar, Art. 25 Rn. 90 und 303.

564 *Krabbe* in: Wassermeyer, DBA, Kommentar, Stand: Oktober 2007, Art. 6 EU-SchÜ Rn. 15 und Art. 8 EU-SchÜ Rn. 5.

565 *Krabbe* in: Wassermeyer, DBA, Kommentar, Stand: Oktober 2007, Art. 8 EU-SchÜ Rn. 5.

566 *Merz/Sajogo*, PIStb 2010, 44 (50).

567 Vgl. bspw. ABl. EG 1990 L 225/22 ff.; ABl. EU 2008 L 174/5.

in Ausnahmefällen, nämlich beispielsweise bei Betrug, erfolgen soll.[568] Auch dies lässt sich mit dem Zweck des EU-Schiedsübereinkommens erklären, denn durch eine Ausweitung des Anwendungsbereiches des Art. 8 EU-SchiedsÜ kann die Verpflichtung zur Einleitung des Verständigungsverfahrens (und des Schiedsverfahrens[569]), und damit der Zweck des Schiedsverfahrens zu Ungunsten der beteiligten Unternehmen beschränkt werden.

Die dazu von Deutschland abgegebene Erklärung lautet: „Ein empfindlich zu bestrafender Verstoß gegen steuerliche Vorschriften ist jeder Verstoß gegen Steuergesetze, der mit Freiheitsstrafe, Geldstrafe oder Bußgeld geahndet wird.“[570] Folglich kommen insbesondere die Steuerhinterziehung nach § 370 AO, die leichtfertige Steuerverkürzung nach § 378 AO sowie die Steuergefährdung nach § 379 AO in Betracht.[571]

Sollte eine Verweigerung der Einleitung des Verfahrens seitens einer der zuständigen Behörden erfolgen, so kann hiergegen mit den jeweils gegebenen nationalen Rechtsmitteln vorgegangen werden.[572]

b) Durchführung

Hält die Behörde, bei der der Antrag seitens des Steuerpflichtigen gestellt wurde, diesen für begründet und ist sie selbst zur Abhilfe nicht in der Lage, so wird sie sich bemühen, durch Verständigung mit der zuständigen Behörde des anderen beteiligten Vertragsstaats zu einer Regelung zu kommen, die eine Vermeidung der Doppelbesteuerung nach dem Fremdvergleichsgrundsatz des Art. 4 EU-SchiedsÜ beinhaltet (Art. 6 Abs. 2 Satz 1 EU-SchiedsÜ).

Da sich die zuständigen Behörden lediglich um eine einvernehmliche Lösung bemühen sollen, besteht indes in diesem Verfahrensstadium keine Pflicht zur Einigung oder zur Herbeiführung einer Lösung. Materiell haben die zuständigen Behörden bei einer Regelung durch Verständigung die in Art. 4 EU-SchiedsÜ festgelegten Grundsätze, also insbesondere den Fremdvergleichsgrundsatz, sowohl für die Gewinnberichtigung zwischen verbundenen Unternehmen als auch für die Gewinnzurechnung zu einer Betriebsstätte zu beachten (Art. 6 Abs. 2 Satz 1

568 Überarbeiteter Verhaltenskodex, ABl. EU 2009 C 322/1, Tz. 3.

569 Vgl. dazu unter: 3. Teil, C. IV., S. 105 ff.

570 ABl. EG 1990 L 225/22. Vgl. für weitere Einzelheiten zu Art. 8 EU-SchiedsÜ: *Krabbe* in: Wassermeyer, DBA, Kommentar, Stand: Oktober 2007/Januar 2010, Art. 8 EU-SchÜ Rn. 1 ff.

571 *Liebchen* in: Schönfeld/Ditz, DBA, Art. 25 Rn. 285.

572 *Krabbe* in: Wassermeyer, DBA, Kommentar, Stand: Oktober 2007, Art. 8 EU-SchÜ Rn. 5.

EU-SchiedsÜ). Eine Konkretisierung enthält der Überarbeitete Verhaltenskodex. Nach diesem haben die Behörden bei der Einigung den Fremdvergleichsgrundsatz so anzuwenden, wie er von der OECD festgelegt wird, wobei die unmittelbaren steuerlichen Folgen für jeden einzelnen Mitgliedstaat außer Betracht bleiben sollen. Bei der Verweisung auf den Fremdvergleichsgrundsatz, wie er von der OECD angewendet wird, dürfte es sich um eine dynamische Verweisung handeln, so dass die jeweils geltende Auslegung maßgeblich sein dürfte.[573]

Der Ablauf des Verfahrens zur Findung einer einvernehmlichen Lösung ist nicht im EU-Schiedsübereinkommen selbst, sondern lediglich im Überarbeiteten Verhaltenskodex aufgezeigt:

Um ein Einvernehmen zu erzielen wird die Behörde des Staates, in dem die Steuerfestsetzung[574] eine Korrektur enthält, die zu einer Doppelbesteuerung im Sinne des Art. 1 EU-SchiedsÜ führt oder führen könnte, der anderen zuständigen Behörde ein sogenanntes Positionspapier übermitteln.[575] Dieses hat insbesondere folgende Angaben zu enthalten: 1. die Darlegung des Falles durch das antragstellende Unternehmen, 2. die Beurteilung des Sachverhaltes durch die Behörde[576] und 3. einen Vorschlag zur Lösung des Falles im Hinblick auf die Beseitigung der Doppelbesteuerung nebst umfassender Erläuterung des Lösungsvorschlages.[577]

Ferner hat das Positionspapier eine vollständige Begründung der Steuerfestsetzung und eine Liste aller weiteren Unterlagen, die bei der Korrektur verwendet werden, zu beinhalten.[578] Dem Positionspapier sind auch die Unterlagen von grundsätzlicher Bedeutung zur Darlegung des Standpunktes der zuständigen Behörde beizufügen.[579]

---

573 So auch: *Krabbe* in: Wassermeyer, DBA, Kommentar, Stand: Oktober 2007, Art. 6 EU-SchÜ Rn. 19.

574 Unter Steuerfestsetzung in diesem Sinne wird „eine endgültige Entscheidung der Steuerverwaltung über die Höhe des Einkommens oder eine gleich bedeutende Maßnahme“ verstanden, vgl. Überarbeiteter Verhaltenskodex, ABl. EU 2009 C 322/1, Tz. 6.4 Buchst. a).

575 Überarbeiteter Verhaltenskodex, ABl. EU 2009 C 322/1, Tz. 6.4 Buchst. a).

576 Im Überarbeiteten Verhaltenskodex v. 30.12.2009, ABl. EU C 322/1 wird als Beispiel die Beurteilung genannt, warum nach Ansicht der Behörde eine Doppelbesteuerung vorliegt oder wahrscheinlich eintreten könnte, vgl. dort Tz. 6.4 Buchst. a) ii).

577 Überarbeiteter Verhaltenskodex, ABl. EU 2009 C 322/1, Tz. 6.4 Buchst. a) i) bis iii).

578 Überarbeiteter Verhaltenskodex, ABl. EU 2009 C 322/1, Tz. 6.4 Buchst. b).

579 Überarbeiteter Verhaltenskodex, ABl. EU 2009 C 322/1, Tz. 6.4 Buchst. b).

In zeitlicher Hinsicht ist das Positionspapier der anderen Behörde so schnell wie möglich, jedoch spätestens vier Monate nach dem späteren Eintritt eines von zwei näher definierten Zeitpunkten zu übermitteln.[580] Diese Zeitpunkte sind entweder das Datum des Steuerbescheids[581] bzw. einer gleich bedeutenden Maßnahme oder das Datum des Eingangs des Antrags auf Einleitung des Verständigungsverfahrens nebst der einzureichenden Mindestinformationen[582] bei der zuständigen Behörde.[583]

Die zuständige Behörde des anderen Staates, die das Positionspapier erhält, soll dieses so schnell wie möglich, spätestens jedoch sechs Monate nach dessen Eingang beantworten.[584] Die Möglichkeiten, in welcher Weise die Beantwortung erfolgen kann, werden ebenfalls durch den Überarbeiteten Verhaltenskodex vorgegeben:

Sollte die das Positionspapier empfangende Behörde der Ansicht sein, dass eine Doppelbesteuerung vorliegt oder droht und stimmt sie der im Positionspapier vorgeschlagenen Lösung zu, so teilt sie dies der anderen Behörde mit und nimmt die entsprechenden Korrekturen oder Abzüge schnellstmöglich vor.[585] Sollte sie nicht der Auffassung sein, dass eine Doppelbesteuerung vorliegt oder droht, oder sollte sie die im Positionspapier vorgeschlagene Lösung ablehnen, so erstellt sie ebenfalls ein Positionspapier in dem sie ihre Gründe darlegt und den Vorschlag eines unverbindlichen Zeitplans unterbreitet, wie in dem Fall aus ihrer Sicht vorzugehen ist.[586] Möglich ist auch, dass sie einen Termin für ein persönliches Treffen vorschlägt, das spätestens 18 Monate nach dem späteren der soeben für den Übermittlungszeitraum des Positionspapiers dargestellten zwei Zweipunkte stattfinden soll.[587]

Der weitere Ablauf des Verfahrens ist weder im EU-Schiedsübereinkommen noch im Überarbeiteten Verhaltenskodex geregelt. Jedoch soll neben persönlichen Treffen jedes geeignete Mittel erwogen werden, um schnellstmöglich ein

580 Überarbeiteter Verhaltenskodex, ABl. EU 2009 C 322/1, Tz. 6.4 Buchst. c).

581 Dies bedeutet nach dem Überarbeiteten Verhaltenskodex v. 30.12.2009, ABl. EU C 322/1 eine endgültige Entscheidung der Steuerverwaltung über die Einkommenserhöhung, vgl. dort Tz. 6.4 Buchst. c) i).

582 Vgl. dazu im Einzelnen unter: 3. Teil, C. IV. 1. a) aa), S. 106 f.

583 Überarbeiteter Verhaltenskodex, ABl. EU 2009 C 322/1, Tz. 6.4 Buchst. c) i) und ii).

584 Überarbeiteter Verhaltenskodex, ABl. EU 2009 C 322/1, Tz. 6.4 Buchst. d).

585 Überarbeiteter Verhaltenskodex, ABl. EU 2009 C 322/1, Tz. 6.4 Buchst. e) i).

586 Überarbeiteter Verhaltenskodex, ABl. EU 2009 C 322/1, Tz. 6.4 Buchst. e) ii).

587 Überarbeiteter Verhaltenskodex, ABl. EU 2009 C 322/1, Tz. 6.4 Buchst. e) ii) aa) und bb).

Einvernehmen herbeizuführen.[588] Im Überarbeiteten Verhaltenskodex ist dabei ferner als Handlungsalternative aufgezeigt, dass das Unternehmen aufgefordert werden könne, der für es zuständigen Behörde seinen Standpunkt darzulegen.[589] Dies soll dazu dienen, das erklärte Ziel, nämlich die Erzielung von Einvernehmen innerhalb von zwei Jahren ab dem Datum, an dem der Fall einer der zuständigen Behörden das erste Mal unterbreitet wurde, zu erreichen.[590] Bei besonders komplexen Sachverhalten, wie beispielsweise bei Dreieckskonstellationen[591], besteht jedoch die Möglichkeit eine kurze Fristverlängerung zu vereinbaren.[592]

Sollte ein Gerichts- oder Verwaltungsverfahren anhängig sein, das die Feststellung eines empfindlich zu bestrafenden Verstoßes zum Gegenstand hat und sollte dieser Verstoß eine Gewinnberichtigung nach Art. 4 EU-SchiedsÜ zur Folge haben oder gehabt haben, dann kann nach Art. 8 Abs. 2 EU-SchiedsÜ ein gleichzeitig anhängiges Verständigungsverfahren (oder auch ein Schiedsverfahren[593]) bis zur Entscheidung des Gerichts- oder Verwaltungsverfahrens ausgesetzt werden.

Die Behörde, bei der der Antrag eingereicht wurde, trifft nach dem Überarbeiteten Verhaltenskodex die Pflicht, das beantragende Unternehmen während des laufenden Verfahrens über die das Unternehmen betreffenden wesentlichen Entwicklungen zu unterrichten.[594] Eine weitere Konkretisierung, was unter dem Begriff der wesentlichen Entwicklungen zu verstehen ist, erfolgt durch den Überarbeiteten Verhaltenskodex indes nicht. In jedem Fall sollte darunter die Mitteilung über eine Aussetzung nach Art. 8 Abs. 2 EU-SchiedsÜ fallen.

Ferner besteht bei Durchführung des Verfahrens eine allgemeine Praxis, den betroffenen Unternehmen die Mitwirkungsrechte und -pflichten nach Art. 10 EU-SchiedsÜ, die nach dem Wortlaut lediglich für das Schiedsverfahren gelten, auch im Rahmen des diesem vorgelagerten Verständigungsverfahrens einzuräumen bzw. aufzuerlegen.[595]

In Deutschland bedeutet dies, dass es den Unternehmen obliegt, durch die Darlegung ihrer Verhältnisse und gegebenenfalls durch Beibringung von

---

588 Überarbeiteter Verhaltenskodex, ABl. EU 2009 C 322/1, Tz. 6.1 Buchst. c).
589 Überarbeiteter Verhaltenskodex, ABl. EU 2009 C 322/1, Tz. 6.1 Buchst. c).
590 Überarbeiteter Verhaltenskodex, ABl. EU 2009 C 322/1, Tz. 6.1 Buchst. d).
591 Vgl. dazu bereits: 3. Teil, C. III., S. 93 ff.
592 Überarbeiteter Verhaltenskodex, ABl. EU 2009 C 322/1, Tz. 6.1 Buchst. d).
593 Vgl. dazu unter: 3. Teil, C. IV., S. 105 ff.
594 Überarbeiteter Verhaltenskodex, ABl. EU 2009 C 322/1, Tz. 6.3 Buchst. b).
595 *Krabbe* in: Wassermeyer, DBA, Kommentar, Stand: Oktober 2007, Art. 6 EU-SchÜ Rn. 19; *Liebchen* in: Schönfeld/Ditz, DBA, Art. 25 Rn. 293.

Beweisunterlagen zum Verfahren beizutragen.[596] Ferner können die Unternehmen Anträge stellen und ihnen wird Gelegenheit zur Stellungnahme gegeben.[597]

c) Abschluss

Das Verständigungsverfahren im engeren Sinne wird durch den Abschluss einer Verständigungsvereinbarung, durch die eine Doppelbesteuerung vermieden wird, beendet.

Wann eine Doppelbesteuerung nach dem EU-Schiedsübereinkommen als beseitigt betrachtet wird, ist in Art. 14 EU-SchiedsÜ geregelt. Nach dieser Vorschrift ist eine Beseitigung zum einen zu bejahen, wenn die Gewinne nur in einem der Staaten zur Besteuerung herangezogen werden (Art. 14 Buchst. a) EU-SchiedsÜ). Dies kann erreicht werden, indem entweder die bereits erfolgte Gewinnberichtigung rückgängig gemacht wird oder indem eine entsprechende Gegenberichtigung durchgeführt wird.[598] Dabei ist zu beachten, dass die Gegenberichtigung sowohl hinsichtlich des tatsächlich in der Bemessungsgrundlage der Steuer zu mindernden Betrages als auch bezüglich des Besteuerungszeitraums von der durchgeführten Berichtigung abweichen kann.[599]

Zum anderen liegt eine Vermeidung der Doppelbesteuerung im Sinne des EU-Schiedsübereinkommens vor, wenn eine entsprechende Steueranrechnung erfolgt (Art. 14 Buchst. b) EU-SchiedsÜ). Bei dieser Art der Beseitigung ist zugelassen, dass der andere Staat den Gewinn ebenfalls besteuert, jedoch dabei seine Steuer um die Steuer des steuerberechtigten Staates mindert, so dass der streitige Gewinnbetrag stets dem höheren Steuerniveau unterliegt.[600] Die Möglichkeit der Steueranrechnung soll der Lage in den Staaten Rechnung tragen, in denen die Anrechnungsmethode die favorisierte Methode zur Vermeidung der Doppelbesteuerung darstellt.[601]

Dabei steht den beteiligten Staaten frei, auf welche der beiden im EU-Schiedsübereinkommen vorgesehenen Arten sie die Doppelbesteuerung beseitigen und

596 BMF-Schreiben v. 13.07.2006, BStBl. I 2006, 461, Tz. 12.1.2 i.V.m. 3.3.1.

597 BMF-Schreiben v. 13.07.2006, BStBl. I 2006, 461, Tz. 12.1.2 i.V.m. 3.3.1.

598 *Krabbe* in: Wassermeyer, DBA, Kommentar, Stand: Oktober 2007, Art. 14 EU-SchÜ Rn. 4 f.

599 *Krabbe* in: Wassermeyer, DBA, Kommentar, Stand: Oktober 2007, Art. 14 EU-SchÜ Rn. 8. Eine Abweichung in der Höhe ist auch für die Gegenberichtigung bei Art. 9 OECD-MA anerkannt, vgl. dazu: *Wassermeyer* in: Wassermeyer, DBA, Kommentar, Stand: Mai 2004, Art. 9 MA Rn. 80.

600 *Saß*, DB 1991, 984 (987).

601 *Saß*, DB 1991, 984 (987).

dies in der von ihnen abgeschlossenen Verständigungsvereinbarung festlegen.[602] Ist jedoch eine Anrechnung der Steuer aufgrund der gegebenen Konstellation nicht tauglich, um die Doppelbesteuerung zu vermeiden, so bleibt nur die Rückgängigmachung der Berichtigung oder die Durchführung einer entsprechenden Gegenberichtigung nach Art. 14 Buchst. a) EU-SchiedsÜ.

Jedoch hat das Unternehmen keinen Anspruch darauf, dass eine Verständigungsvereinbarung zustande kommt.[603] Sollte es daher in der Konsequenz innerhalb der Zweijahres-Frist nicht zu einer Verständigungsvereinbarung kommen, so folgt der automatische Übergang ins Schiedsverfahren nach Artt. 7 ff. EU-SchiedsÜ.

IV. Schiedsverfahren (Artt. 7 ff. EU-SchiedsÜ)

Sollte es im Rahmen des Verständigungsverfahrens nicht innerhalb der Zweijahres-Frist zu einer einvernehmlichen Regelung zur Beseitigung der Doppelbesteuerung im Sinne des Art. 14 EU-SchiedsÜ[604] zwischen den zuständigen Behörden der beteiligten Vertragsstaaten gekommen sein, geht das Verfahren automatisch ins Schiedsverfahren nach Artt. 7 ff. EU-SchiedsÜ über, welches mit einer verbindlichen Streitentscheidung abgeschlossen werden muss.[605]

1. Einleitung durch Einsetzung des Beratenden Ausschusses

Nach dem Wortlaut des Art. 7 Abs. 1 Satz 1 EU-SchiedsÜ setzen die Behörden, die bereits im Rahmen des Verständigungsverfahrens für den Fall zuständig waren, nach Ablauf der zweijährigen Frist einen Beratenden Ausschuss mit dem Auftrag ein, eine Stellungnahme abzugeben, wie eine Beseitigung der Doppelbesteuerung erfolgen soll. Dabei bedarf es keines erneuten Antrags des Steuerpflichtigen, sondern das Schiedsverfahren folgt dem Verständigungsverfahren bei dessen erfolglosem Abschluss ohne weiteren Antrag nach.[606] Hierbei besteht

---

602 *Krabbe* in: Wassermeyer, DBA, Kommentar, Stand: Oktober 2007, Art. 14 EU-SchÜ Rn. 1.

603 *Saß*, DB 1991, 984 (986).

604 Vgl. dazu unter: 3. Teil, C. III. 3. c), S. 104 f.

605 Die Möglichkeit das Verfahren bei EU-Dreiecksverhältnissen multilateral auszugestalten besteht neben dem Verständigungsverfahren ebenfalls für das Schiedsverfahren nach dem EU-Schiedsübereinkommen, vgl. dazu: Überarbeiteter Verhaltenskodex, ABl. EU 2009 C 322/1, Tz. 1.1, Tz. 7.2 Buchst. c) und Tz. 7.4 Buchst. ii). Für Zwecke der besseren Darstellung wird auch dieses Verfahren hier lediglich als bilaterales Verfahren dargestellt.

606 *Flüchter* in: Schönfeld/Ditz, DBA, Art. 25 Rn. 20.

grundsätzlich eine Verpflichtung der zuständigen Behörden zur Einsetzung des Beratenden Ausschusses und damit zur Einleitung des Schiedsverfahrens, wenn sie die Doppelbesteuerung nicht innerhalb von zwei Jahren, nachdem der Fall nach Art. 6 Abs. 1 EU-SchiedsÜ erstmals einer der zuständigen Behörden unterbreitet worden ist, einvernehmlich im Rahmen des Verständigungsverfahrens beseitigt haben.[607] Etwas anderes gilt jedoch, wenn ein innerstaatliches Rechtsmittelverfahren anhängig ist (Art. 7 Abs. 1 Satz 2 EU-SchiedsÜ).

Erfüllen die zuständigen Behörden ihre Verpflichtung zur Einsetzung nicht, so können die Unternehmen allenfalls nationale Rechtsbehelfe in Anspruch nehmen, da eine neutrale Instanz, die ansonsten die erforderlichen Handlungen vornehmen könnte, nicht existiert.[608]

Bei Vorliegen gewisser Voraussetzungen sind die zuständigen Behörden indes nicht verpflichtet, ein Schiedsverfahren einzuleiten oder weiter zu verfolgen (Art. 7 Abs. 3, Art. 8 EU-SchiedsÜ).[609]

Kommt es zu einer Einleitung des Schiedsverfahrens durch Einsetzung des Beratenden Ausschusses, so ist über dessen Zusammensetzung zu entscheiden (Art. 9 EU-SchiedsÜ).

Im EU-Schiedsübereinkommen ist nicht geregelt, welcher Staat die Initiative für die Einsetzung des Ausschusses zu ergreifen hat.[610] Sollten die Vertragsstaaten sich nicht anders geeinigt haben, so initiiert nach dem Überarbeiteten Verhaltenskodex der Staat die Einsetzung, der den ersten Steuerbescheid[611] oder eine gleichbedeutende Maßnahme erlassen hat, die zu der beanstandeten Doppelbesteuerung geführt hat oder führen könnte.[612]

a) Frist

aa) Fristbeginn im Falle der Nichtverfolgung eines innerstaatlichen Rechtsbehelfs

Ist der Fall nicht bei einem nationalen Gericht anhängig, so knüpft das EU-Schiedsübereinkommen grundsätzlich nach Art. 7 Abs. 1 Satz 1 EU-SchiedsÜ

---

607 *Krabbe* in: Wassermeyer, DBA, Kommentar, Stand: Oktober 2007/Januar 2010, Art. 7 EU-SchÜ Rn. 1; *Liebchen* in: Schönfeld/Ditz, DBA, Art. 25 Rn. 296.

608 *Krabbe* in: Wassermeyer, DBA, Kommentar, Stand: Oktober 2007, Art. 7 EU-SchÜ Rn. 2.

609 *Terra/Wattel*, European Tax Law, S. 370.

610 *Liebchen* in: Schönfeld/Ditz, DBA, Art. 25 Rn. 296.

611 Dies bedeutet nach dem Überarbeiteten Verhaltenskodex v. 30.12.2009, ABl. EU C 322/1 eine endgültige Entscheidung der Steuerverwaltung über die Einkommenserhöhung, vgl. dort Tz. 7.2 Buchst. a).

612 Überarbeiteter Verhaltenskodex, ABl. EU 2009 C 322/1, Tz. 7.2 Buchst. a).

für die Bestimmung des Zeitpunkts, ab dem eine Verpflichtung zur Einsetzung des Beratenden Ausschusses seitens der zuständigen Behörden besteht, an die erstmalige Unterbreitung zum Zwecke der Einleitung des Verständigungsverfahrens durch ein Unternehmen an. Nach dem Wortlaut des EU-Schiedsübereinkommens läuft die Frist von zwei Jahren innerhalb derer die einvernehmliche Regelung erzielt werden muss, ab dem Zeitpunkt der erstmaligen Unterbreitung des Falles. Es stellt sich somit für die Fristbestimmung die Frage, wann von einer Unterbreitung in diesem Sinne auszugehen ist.

Abweichend von dem Wortlaut des Art. 7 Abs. 1 Satz 1 EU-SchiedsÜ beginnt nach dem Überarbeiteten Verhaltenskodex die Frist an dem späteren von zwei näher definierten Zeitpunkten. Diese sind zum einen das Datum des Steuerbescheids, das heißt einer endgültigen Entscheidung der Finanzverwaltung über die Einkommenserhöhung bzw. einer gleich bedeutenden Maßnahme und zum anderen das Datum des Eingangs des Antrags auf Einleitung des Verständigungsverfahrens nebst der einzureichenden Mindestinformationen bei der zuständigen Behörde.[613]

Zu dem zweitgenannten Zeitpunkt ist in dem überarbeiteten Verhaltenskodex eine Auflistung von Angaben sowie Dokumenten enthalten, nach deren Übermittlung der Fall für Zwecke des Art. 7 Abs. 1 EU-SchiedsÜ gemäß Art. 6 Abs. 1 EU-SchiedsÜ als unterbreitet gilt.[614] Die dem Antrag beizufügenden Informationen sind beispielsweise Name, Anschrift und Steuernummer des antragsstellenden Unternehmens sowie der anderen an den betreffenden Geschäftsvorfällen Beteiligten, detaillierte Angaben zu den für den Fall relevanten Tatsachen und Umständen und Angaben zu den betreffenden Besteuerungszeiträumen.[615] Dem Antrag sind weiter zum Beispiel Kopien der Steuerbescheide, des Betriebsprüfungsberichts oder vergleichbarer Dokumente, die zur behaupteten Doppelbesteuerung geführt haben, beizufügen.[616] Weiter muss seitens des Unternehmens begründet werden, warum es von einer Nichtbeachtung der Grundsätze des Art. 4 EU-SchiedsÜ ausgeht.[617] Ferner hat das Unternehmen spezifische Zusatzinformationen zu übermitteln, wenn solche seitens der zuständigen Behörde innerhalb von zwei Monaten nach Eingang des Antrags angefordert werden.[618]

---

613 Überarbeiteter Verhaltenskodex, ABl. EU 2009 C 322/1, Tz. 5 Buchst. b) i) bis ii).
614 Überarbeiteter Verhaltenskodex, ABl. EU 2009 C 322/1, Tz. 5 Buchst. a).
615 Überarbeiteter Verhaltenskodex, ABl. EU 2009 C 322/1, Tz. 5 Buchst. a) i) bis iii).
616 Überarbeiteter Verhaltenskodex, ABl. EU 2009 C 322/1, Tz. 5 Buchst. a) iv).
617 Überarbeiteter Verhaltenskodex, ABl. EU 2009 C 322/1, Tz. 5 Buchst. a) vi).
618 Überarbeiteter Verhaltenskodex, ABl. EU 2009 C 322/1, Tz. 5 Buchst. a) viii).

bb) Fristbeginn im Falle der Verfolgung eines innerstaatlichen Rechtsbehelfs
Wurde indes von einem betroffenen Unternehmen der Fall bei Gericht anhängig gemacht, so beginnt die Frist abweichend von dem Zeitpunkt der Unterbreitung erst mit Rechtskraft der letztinstanzlichen Entscheidung zu laufen (Art. 7 Abs. 1 Satz 2 EU-SchiedsÜ).

Zwar ist grundsätzlich die Erklärung eines Rechtsbehelfsverzichts keine Voraussetzung für die Einleitung des Schiedsverfahrens[619], jedoch knüpft das EU-Schiedsübereinkommen die Folgen des abweichenden Fristbeginns an die erfolgte Einlegung eines innerstaatlichen Rechtsbehelfs. Dies gilt unabhängig davon, ob die Rechtshängigkeit des Falles zeitlich vor oder nach der Antragsstellung im Sinne des Art. 6 EU-SchiedsÜ eintritt.[620]

cc) Fristablauf
Sind seit dem Tag der Unterbreitung des Falles bzw. der rechtskräftigen letztinstanzlichen Gerichtsentscheidung zwei Jahre vergangen, so besteht grundsätzlich die Verpflichtung zur Einsetzung.

Etwas anderes gilt dann, wenn die zuständigen Behörden von ihrer Möglichkeit des Art. 7 Abs. 4 EU-SchiedsÜ Gebrauch gemacht haben und im Einvernehmen mit den beteiligten verbundenen Unternehmen die Zweijahres-Frist verlängert haben. Eine solche Verlängerung ist in der Praxis durchaus üblich.[621]

Eine taggenaue Bestimmung des Fristablaufs ist in der Praxis nicht relevant, da die Einsetzung des Ausschusses eine gewisse Zeit dauert.[622] Nach dem Überarbeiteten Verhaltenskodex sollen die Behörden den Ausschuss jedoch spätestens sechs Monate nach Ablauf der Zweijahres-Frist einsetzen.[623] Sollte eine der zuständigen Behörden ihrer diesbezüglichen Verpflichtung nicht innerhalb der Frist nachkommen, so kann die andere beteiligte zuständige Behörde die Einsetzung initiieren.[624] Zwar kann auch dies das Verfahren zum Nachteil des Steuerpflichtigen hinauszögern, jedoch sollte die grundsätzliche Festlegung der Frist als Fortschritt zur Verkürzung des Verfahrens gesehen werden. Denn in der

---

619 Vgl. zu Ausnahmefällen unter: 3. Teil, C. IV. 1. b), S. 109 f.

620 *Krabbe* in: Wassermeyer, DBA, Kommentar, Stand: Oktober 2007, Art. 7 EU-SchÜ Rn. 6.

621 *Meeus* in: Settlement of Disputes in Tax Treaty Law, S. 87 (118); *van Herksen/Fraser*, ITPJ 2009, 143 (160).

622 *Krabbe* in: Wassermeyer, DBA, Kommentar, Stand: Oktober 2007, Art. 7 EU-SchÜ Rn. 5; *Liebchen* in: Schönfeld/Ditz, DBA, Art. 25 Rn. 297.

623 Überarbeiteter Verhaltenskodex, ABl. EU 2009 C 322/1, Tz. 7.2 Buchst. b).

624 Überarbeiteter Verhaltenskodex, ABl. EU 2009 C 322/1, Tz. 7.2 Buchst. b).

Vergangenheit ist es in der Praxis bereits vorgekommen, dass die Einsetzung des Beratenden Ausschusses fast zwei Jahre gedauert hat.[625]

b) Ausschlussgrund (Art. 7 Abs. 3 EU-SchiedsÜ)

Grundsätzlich können das Schiedsverfahren und innerstaatliche Rechtsmittel nebeneinander betrieben werden. Eine Ausnahme greift jedoch, wenn die Behörden eines Mitgliedstaats nach innerstaatlichem Recht daran gehindert sind von rechtskräftigen Entscheidungen ihrer Gerichte abzuweichen (Art. 7 Abs. 3 EU-SchiedsÜ). Voraussetzung ist dabei aber, dass der Streitgegenstand mit dem Gegenstand des vorangegangenen Verständigungsverfahrens identisch ist.[626]

Ist dies der Fall, so findet eine Einsetzung des Beratenden Ausschusses nach dem Wortlaut des EU-Schiedsübereinkommens nur statt, wenn das Unternehmen entweder die innerstaatliche Rechtsbehelfsfrist hat verstreichen lassen oder den eingelegten Rechtsbehelf noch vor Ergehen einer Entscheidung zurück nimmt (Art. 7 Abs. 3 Satz 1 EU-SchiedsÜ). Darüber hinaus sollte nach zustimmungswürdiger Auffassung in der Literatur auch dann eine Einsetzung des Ausschusses erfolgen, wenn seitens des Unternehmens ein Rechtsbehelfsverzicht erklärt wurde,[627] denn im Ergebnis kann es keinen Unterschied machen aus welchem Grunde es nicht zu einer rechtskräftigen gerichtlichen Entscheidung kommt.

Einzelne Mitgliedstaaten haben einseitige Erklärungen dazu abgegeben, dass sie von dieser Regelung Gebrauch machen werden. Daher besteht bei Beteiligung der zuständigen Behörden dieser Staaten grundsätzlich keine Verpflichtung zur Einsetzung des Beratenden Ausschusses. Etwas anderes gilt jedoch auch bei Beteiligung dieser Mitgliedstaaten, wenn es in dem betreffenden Fall zu keiner Gerichtsentscheidung kommen kann, sei es, weil die Frist zur Einlegung des Rechtsbehelfs verstrichen ist oder ein solcher vor Ergehen der Gerichtsentscheidung zurückgenommen wurde. Mitgliedstaaten, die eine entsprechende Erklärung abgegeben haben sind beispielsweise Frankreich, Italien, Litauen, und Malta.[628]

Bei den übrigen Staaten sollte Art. 7 Abs. 3 EU-SchiedsÜ keine Probleme bereiten, weil diese nicht erklärt haben, von dieser Regelung Gebrauch zu machen und daher eine Verpflichtung zur Einsetzung des Beratenden Ausschusses nach

625 *Bödefeld/Kuntschik*, IStR 2009, 268 (271).

626 Art. 7 Abs. 3 Satz 2 EU-SchiedsÜ; *Krabbe* in: Wassermeyer, DBA, Kommentar, Stand: Januar 2010, Art. 7 EU-SchÜ Rn. 17.

627 *Krabbe* in: Wassermeyer, DBA, Kommentar, Stand: Januar 2010, Art. 7 EU-SchÜ Rn. 17.

628 ABl. EG 1990 L 225/22; ABl. EU 2008 L 174/5.

Art. 7 Abs. 1 EU-SchiedsÜ besteht.[629] Auch Deutschland hat eine solche Erklärung nicht abgegeben.

c) Verweigerungsgründe (Art. 8 EU-SchiedsÜ)

Für die zuständigen Behörden besteht ein Ermessensspielraum hinsichtlich der Verweigerung einer Einsetzung des Beratenden Ausschusses, wenn ein Fall des Art. 8 Abs. 1 EU-SchiedsÜ vorliegt.[630] Dies gilt unabhängig davon, ob die Behörden bereits aus diesem Grunde die Durchführung des Verständigungsverfahrens hätten verweigern können, dieses indes durchgeführt haben.[631]

Ein Fall des Art. 8 Abs. 1 EU-SchiedsÜ ist gegeben, wenn eines der Unternehmen durch Handlungen, die zu einer Gewinnberichtigung gemäß Art. 4 EU-SchiedsÜ führen, einen durch Gerichts- oder Verwaltungsverfahren rechtskräftig festgestellten „empfindlich zu bestrafenden Verstoß" gegen steuerliche Vorschriften begangen hat. Folglich ist eine Kausalität zwischen dem Steuervergehen und der Gewinnberichtigung nach Art. 4 EU-SchiedsÜ erforderlich.[632] Wie das Verständigungsverfahren kann auch das Schiedsverfahren eingestellt werden, wenn eine entsprechende rechtskräftige Feststellung erst während des Laufs des Verfahrens ergeht.[633] Gegen die Verweigerungsentscheidung der Behörde sind die nationalen Rechtsmittel gegeben.[634]

Wenn ein Gerichts- oder Verwaltungsverfahren anhängig sein sollte, das die Feststellung eines empfindlich zu bestrafenden Verstoßes zum Gegenstand hat, dann kann nach Art. 8 Abs. 2 EU-SchiedsÜ ein gleichzeitig anhängiges Schiedsverfahren bis zur Entscheidung des Gerichts- oder Verwaltungsverfahrens ausgesetzt werden.[635]

---

629 *Krabbe* in: Wassermeyer, DBA, Kommentar, Stand: Januar 2010, Art. 7 EU-SchÜ Rn. 16.

630 *Krabbe* in: Wassermeyer, DBA, Kommentar, Stand: Oktober 2007, Art. 7 EU-SchÜ Rn. 2 und Art. 8 EU-SchÜ Rn. 5.

631 *Krabbe* in: Wassermeyer, DBA, Kommentar, Stand: Oktober 2007, Art. 8 EU-SchÜ Rn. 5.

632 *Lühn/Siemers*, PIStb 2009, 161 (162).

633 *Krabbe* in: Wassermeyer, DBA, Kommentar, Stand: Oktober 2007, Art. 8 EU-SchÜ Rn. 5.

634 *Krabbe* in: Wassermeyer, DBA, Kommentar, Stand: Oktober 2007, Art. 8 EU-SchÜ Rn. 5.

635 Vgl. für weitere Einzelheiten die entsprechenden Ausführungen zum Verständigungsverfahren unter: 3. Teil, C. III. 3. a) bb), S. 99 f.

d) Zusammensetzung des Beratenden Ausschusses

Bei dem Beratenden Ausschuss handelt es sich nicht um eine ständige Einrichtung, sondern dieser wird von den beteiligten Vertragsstaaten im jeweiligen Fall ad hoc gemäß Art. 9 EU-SchiedsÜ gebildet.[636]

Der Ausschuss setzt sich zusammen aus einem Vorsitzenden, zwei oder vier Vertretern der beteiligten zuständigen Behörden sowie einer geraden Anzahl unabhängiger Personen (Art. 9 Abs. 1 EU-SchiedsÜ).

aa) Vertreter der beteiligten zuständigen Behörden

Dem Ausschuss gehören grundsätzlich jeweils zwei Vertreter jeder der zuständigen Behörden der beteiligten Vertragsstaaten an, insgesamt also vier Personen, die jeweils von ihren zuständigen Behörden ausgewählt werden. Jedoch lässt sich die Anzahl durch Einvernehmen der zuständigen Behörden auf jeweils einen Vertreter verringern (Art. 9 Abs. 1 EU-SchiedsÜ). Die Vertreter können von den zuständigen Behörden während des laufenden Verfahrens jederzeit ausgetauscht werden.[637]

bb) Unabhängige Personen

Ferner benennt jeder Mitgliedstaat vorab, das heißt ohne konkreten Anlass, gegenüber dem Generalsekretär des Rates der Europäischen Union fünf unabhängige Personen. Aus diesen benannten Personen aller Vertragsstaaten wird eine Liste erstellt (Art. 9 Abs. 4 EU-SchiedsÜ), von der dann im Falle der tatsächlichen Bildung eines Beratenden Ausschusses die unabhängigen Personen ausgewählt werden.[638] Bei der Benennung können die Mitgliedstaaten auch angeben, welche dieser Personen die Voraussetzungen für die Funktion des Vorsitzenden des Beratenden Ausschusses[639] erfüllen, da nach dem Überarbeiteten Verhaltenskodex bei dessen Auswahl ebenfalls die vorgenannte Liste heranzuziehen ist.[640]

---

636 *Krabbe* in: Wassermeyer, DBA, Kommentar, Stand: Oktober 2007, Art. 7 EU-SchÜ Rn. 7; *Menck* in: Gosch/Kroppen/Grotherr, DBA, Kommentar, Stand: Grundwerk 1997, Art. 25 MA Rn. 7 zu Art. 7 EU-SchÜ.

637 *Krabbe* in: Wassermeyer, DBA, Kommentar, Stand: Oktober 2007, Art. 9 EU-SchÜ Rn. 2.

638 Vgl. für die vollständige Liste sämtlicher benannter unabhängiger Personen mit Stand vom 20.06.2013: http://consilium.europa.eu/ueDocs/cms_Data/docs/accords/tables/1990093.pdf (Stand: 25.04.2014).

639 Vgl. zu den Voraussetzungen unter: 3. Teil, C. IV. 1. d) cc), S. 113 f.

640 Überarbeiteter Verhaltenskodex, ABl. EU 2009 C 322/1, Tz. 7.1 Buchst. c). Vgl. für die vollständige Liste sämtlicher benannter unabhängiger Personen mit Stand vom 20.06.2013: http://consilium.europa.eu/ueDocs/cms_Data/docs/accords/tables/1990093.pdf (Stand: 25.04.2014).

Nach dem Überarbeiteten Verhaltenskodex sind die Vertragsstaaten verpflichtet, dem Generalsekretär des Rates der Europäischen Union gleichzeitig mit der Benennung einer Person deren Lebenslauf zu übermitteln, aus dem unter anderen die Erfahrung der Person in den Bereichen Recht, Steuern und dabei insbesondere im Gebiet der Verrechnungspreise hervorgeht.[641] Ferner werden die Mitgliedsstaaten alljährlich vom Generalsekretariat des Rates der Europäischen Union aufgefordert, die benannten Personen zu bestätigen oder sie ersetzende Personen zu benennen.[642]

Bei den unabhängigen Personen muss es sich nach dem Überarbeiteten Verhaltenskodex nicht um Staatsangehörige des sie benennenden Staates handeln und sie müssen in diesem auch nicht ihren Wohnsitz haben, sondern es ist ausreichend, wenn sie Staatsangehörige eines der EU-Mitgliedstaaten sind und ihren Wohnsitz im Geltungsbereich des EU-Schiedsübereinkommens[643] haben.[644] Jedoch muss es sich um Personen handeln, die unabhängig sind. In dem Überarbeiteten Verhaltenskodex wird den zuständigen Behörden dazu empfohlen, eine Erklärung aufzusetzen, in der die ausgewählten unabhängigen Personen ihre Unabhängigkeit in dem betreffenden Fall durch ihre Unterschrift versichern.[645]

Die bereits im Rahmen des Verständigungsverfahrens für den Fall zuständigen Behörden wählen aus den von den Mitgliedstaaten benannten und in der vorgenannten Liste aufgeführten Personen im gegenseitigen Einvernehmen die erforderliche Anzahl an unabhängigen Personen aus (Art. 9 Abs. 1 EU-SchiedsÜ). Sollte kein Einvernehmen bei der Auswahl erzielt werden, so entscheidet das Los (Art. 9 Abs. 1 EU-SchiedsÜ). Gleichzeitig dazu bestimmen die zuständigen Behörden im Einvernehmen oder per Losentscheid für jede unabhängige Person einen Stellvertreter für den Fall, dass eine Hinderung der unabhängigen Person zur Wahrnehmung der Aufgabe besteht (Art. 9 Abs. 2 EU-SchiedsÜ). Fällt auch diese Ersatzperson weg, so ist ad hoc durch Einvernehmen oder durch Losentscheid eine weitere Person zu bestimmen.[646]

Sollte eine Entscheidung darüber, wer als unabhängige Person dem Beratenden Ausschuss angehören soll, mangels gegenseitigen Einvernehmens im Losverfahren

641 Überarbeiteter Verhaltenskodex, ABl. EU 2009 C 322/1, Tz. 7.1 Buchst. b).
642 Überarbeiteter Verhaltenskodex, ABl. EU 2009 C 322/1, Tz. 7.1 Buchst. d).
643 Vgl. dazu bereits unter: 3. Teil, B. I., S. 68 f.
644 Überarbeiteter Verhaltenskodex, ABl. EU 2009 C 322/1, Tz. 7.1 Buchst. f).
645 Überarbeiteter Verhaltenskodex, ABl. EU 2009 C 322/1, Tz. 7.1 Buchst. g).
646 *Krabbe* in: Wassermeyer, DBA, Kommentar, Stand: Oktober 2007, Art. 9 EU-SchÜ Rn. 4.

entschieden werden müssen, so steht jeder zuständigen Behörde das Recht zur vorherigen Ablehnung aus bestimmten Gründen, wie beispielsweise bei maßgeblicher Beteiligung der Person an einem der betroffenen verbundenen Unternehmen, zu (Art. 9 Abs. 3 EU-SchiedsÜ[647]). Gegen eine solche im Ermessen der jeweiligen zuständigen Behörde liegende Ablehnung ist kein Rechtsbehelf gegeben, vielmehr hat die andere zuständige Behörde diese Entscheidung zu akzeptieren.[648] Im Falle der Ablehnung einer unabhängigen Person im Rahmen des Losverfahrens wird deren Ersatzperson im Sinne des Art. 9 Abs. 2 EU-SchiedsÜ Mitglied des Beratenden Ausschusses.[649]

In der Praxis stellt die Auswahl der unabhängigen Personen eines der Kernprobleme des Schiedsverfahrens nach dem EU-Schiedsübereinkommen dar, denn bereits bei der Auswahl dieser Personen werden die Weichen für den möglichen Ausgang des Schiedsverfahrens gestellt und die Entscheidung des Beratenden Ausschusses kann unmittelbare Auswirkungen auf das jeweilige Steuersubstrat der beteiligten Staaten haben.[650] So dauerte es in einem nicht öffentlich bekannt gewordenen Verfahren fast zwei Jahre bis die Mitglieder des Ausschusses feststanden.[651]

cc) Vorsitzender

Im Gegensatz zu den Vertretern der zuständigen Behörden sowie den übrigen unabhängigen Personen wird der Vorsitzende des Beratenden Ausschusses bei der konkreten Einsetzung des Ausschusses nicht von den zuständigen Behörden der beteiligten Vertragsstaaten ausgewählt, sondern es obliegt den bereits eingesetzten Mitgliedern des Ausschusses (das heißt den Vertretern der zuständigen Behörden sowie den übrigen unabhängigen Personen) einen Vorsitzenden aus der beim Generalsekretär des Rates der Europäischen Union geführten Liste auszuwählen (Art. 9 Abs. 5 Satz 1 EU-SchiedsÜ). Dabei genügt eine Entscheidung der Mehrheit.[652] Den beteiligten Staaten steht indes bei Vorliegen eines

---

647 Vgl. Art. 9 Abs. 3 EU-SchiedsÜ für weitere Ablehnungsgründe. Im Übrigen können die zuständigen Behörden solche Gründe auch im Voraus zusätzlich vereinbaren.

648 *Bödefeld/Kuntschik*, IStR 2009, 268 (272); *Liebchen* in: Schönfeld/Ditz, DBA, Art. 25 Rn. 302.

649 *Krabbe* in: Wassermeyer, DBA, Kommentar, Stand: Oktober 2007, Art. 9 EU-SchÜ Rn. 10.

650 *Bödefeld/Kuntschik*, IStR 2009, 268 (271).

651 *Bödefeld/Kuntschik*, IStR 2009, 268 (271).

652 *Krabbe* in: Wassermeyer, DBA, Kommentar, Stand: Oktober 2007, Art. 9 EU-SchÜ Rn. 15; *Liebchen* in: Schönfeld/Ditz, DBA, Art. 25 Rn. 303.

der entsprechenden Gründe das Recht zur Ablehnung nach Art. 9 Abs. 3 EU-SchiedsÜ[653] zu (Art. 9 Abs. 5 Satz 1 EU-SchiedsÜ).

Grundsätzlich kann jede der in der vorgenannten Liste im Sinne des Art. 9 Abs. 4 EU-SchiedsÜ benannten Personen als Vorsitzender gewählt werden. Jedoch muss der Vorsitzende dabei die Anforderungen erfüllen, die in seinem Land an die Ausübung höchstrichterlicher Aufgaben gestellt werden oder er muss ein Jurist von allgemein bekannter Kompetenz sein (Art. 9 Abs. 5 Satz 2 EU-SchiedsÜ). Wie bereits gezeigt[654] können die Mitgliedstaaten bei der Benennung angeben, welche ihrer benannten Personen diese Voraussetzungen erfüllen.

Deutschland hat von den fünf benannten Personen zwei Personen für die Funktion des Vorsitzenden des Beratenden Ausschusses als geeignet erachtet.[655] Es gibt jedoch Mitgliedstaaten, die keine Person als für die Position des Vorsitzenden geeignet befunden und daher nur Personen benannt haben, die nicht als Vorsitzende des Beratenden Ausschuss in Frage kommen. Dies ist beispielsweise bei der Tschechischen Republik und Irland der Fall.[656] Sollte es folglich zu einem Schiedsverfahren kommen, an dem diese beiden Staaten beteiligt sind, so wäre zwangsläufig eine von einem dritten Mitgliedstaat benannte Person als Vorsitzender auszuwählen.

e) Weitere Maßnahmen der zuständigen Behörden

Nach Art. 9 Abs. 7 EU-SchiedsÜ haben die zuständigen Behörden die erforderlichen Maßnahmen zu treffen, damit der Beratende Ausschuss unverzüglich zusammentreten kann. Dies beinhaltet insbesondere die Organisation des ersten Zusammentreffens, die Festlegung der zu verwendenden Sprache und das zur Verfügung stellen der erforderlichen Mittel.[657] Nach dem Überarbeiteten Verhaltenskodex sind vor der ersten Sitzung des Beratenden Ausschusses dessen Mitgliedern alle sachdienlichen Unterlagen und Informationen zu übermitteln.[658]

---

653 Vgl. dort für eine Aufzählung von Ablehnungsgründen. Zusätzliche Gründe können die zuständigen Behörden ferner im Voraus vereinbaren.

654 Vgl. dazu bereits: 3. Teil, C. IV 1. d) bb), S. 111 ff.

655 Liste der benannten unabhängigen Personen mit Stand vom 20.06.2013: http://consilium.europa.eu/ueDocs/cms_Data/docs/accords/tables/1990093.pdf (Stand: 25.04.2014).

656 Liste der benannten unabhängigen Personen mit Stand vom 20.06.2013: http://consilium.europa.eu/ueDocs/cms_Data/docs/accords/tables/1990093.pdf (Stand: 25.04.2014).

657 *Krabbe* in: Wassermeyer, DBA, Kommentar, Stand: Oktober 2007, Art. 9 EU-SchÜ Rn. 21.

658 Überarbeiteter Verhaltenskodex, ABl. EU 2009 C 322/1, Tz. 7.2 Buchst. f).

Dies beinhaltet insbesondere sämtliche Dokumente, Berichte, Korrespondenz und Schlussfolgerungen aus dem Verständigungsverfahren.[659]

Die Übermittlung dieser Unterlagen ist maßgeblich für den Beginn der Frist innerhalb derer der Ausschuss seine Stellungnahme abzugeben hat, denn diese beginnt erst dann zu laufen, wenn der Beratende Ausschuss mit dem Fall befasst ist (Art. 11 Abs. 1 Satz 1 EU-SchiedsÜ). Eine solche Befassung wiederum ist zu bejahen, wenn der Fall dem Beratenden Ausschuss unterbreitet wurde.[660] Als unterbreitet gilt der Fall nach dem Überarbeiteten Verhaltenskodex, wenn dem Beratenden Ausschuss die vorgenannten erforderlichen Unterlagen vorliegen und der Ausschussvorsitzende deren Erhalt bestätigt hat.[661]

Jedoch könnten die zuständigen Behörden nach ihrem Ermessen bei Anhängigkeit eines Gerichts- oder Verwaltungsverfahrens, das die Feststellung eines empfindlich zu bestrafenden Verstoßes zum Gegenstand hat und dieser Verstoß eine Gewinnberichtigung nach Art. 4 EU-SchiedsÜ zur Folge hat oder hatte, nach Art. 8 Abs. 2 EU-SchiedsÜ das Schiedsverfahren bis zur Entscheidung des Gerichts- oder Verwaltungsverfahrens aussetzen.[662] Dies wiederum hat für die Frist zur Abgabe der Stellungnahme durch den Beratenden Ausschuss eine Hemmung zur Folge.[663]

Wurde ein Beratender Ausschuss eingesetzt und befasst sich dieser mit dem Fall, so können die Vertragsstaaten dennoch Verfahren zur Verfolgung von Zuwiderhandlungen gegen die Steuergesetze einleiten (Art. 7 Abs. 2 EU-SchiedsÜ). Führt ein solches Verfahren zu einer rechtskräftigen Verurteilung, so können die zuständigen Behörden das Schiedsverfahren auch noch zu diesem Zeitpunkt einstellen.[664]

2. *Schiedsverfahren vor dem Beratenden Ausschuss*

a) Allgemeines

Wurde der Beratende Ausschuss mit dem Fall befasst, so obliegt es ihm binnen sechs Monaten eine Stellungnahme abzugeben, wie die Doppelbesteuerung im

---

659 Überarbeiteter Verhaltenskodex, ABl. EU 2009 C 322/1, Tz. 7.2 Buchst. f).

660 *Krabbe* in: Wassermeyer, DBA, Kommentar, Stand: Oktober 2007, Art. 11 EU-SchÜ Rn. 2.

661 Überarbeiteter Verhaltenskodex, ABl. EU 2009 C 322/1, Tz. 7.3 Buchst. a).

662 Vgl. dazu auch: 3. Teil, C. III. 3. b), S. 100 ff. sowie 3. Teil, C. IV. 1. c), S. 110 f.

663 *Krabbe* in: Wassermeyer, DBA, Kommentar, Stand: Oktober 2007, Art. 11 EU-SchÜ Rn. 2; *Liebchen* in: Schönfeld/Ditz, DBA, Art. 25 Rn. 310.

664 *Krabbe* in: Wassermeyer, DBA, Kommentar, Stand: Oktober 2007, Art. 8 EU-SchÜ Rn. 5.

Sinne des Art. 14 EU-SchiedsÜ[665] beseitigt werden kann. Dabei hat er den Fremdvergleichsgrundsatz gemäß Art. 4 EU-SchiedsÜ zu beachten (Art. 11 Abs. 1 Satz 2 EU-SchiedsÜ).

Im EU-Schiedsübereinkommen finden sich nur vereinzelte Regelungen bezüglich des Verfahrens vor dem Beratenden Ausschuss. Im Überarbeiteten Verhaltenskodex hingegen sind einige diesbezügliche Konkretisierungen enthalten. Im Übrigen können die zuständigen Behörden weitere Verfahrensregeln vereinbaren (Art. 11 Abs. 2 Satz 2 EU-SchiedsÜ). Soweit keine Regelungen vorhanden sind, wird das Verfahren vom Beratenden Ausschuss nach freiem Ermessen durchgeführt.[666] Dies birgt insbesondere auch im Hinblick auf Art. 10 EU-SchiedsÜ die Gefahr, dass es im Vergleich zu Verfahren, die von einem anders besetzten Ausschuss zu entscheiden sind, zu einem uneinheitlichen Verfahrensablauf kommen kann. Dies bedeutet, dass den verbundenen Unternehmen, je nach Zusammensetzung des Ausschusses unterschiedliche Rechte und Pflichten zustehen bzw. auferlegt werden könnten.

b) Grundsätze des Verfahrens vor dem Beratenden Ausschuss

aa) Stellung des Beratenden Ausschusses im Verfahren

Während des Verfahrens ist der Beratende Ausschuss befugt, eine Klärung streitiger Sachverhaltsfragen selbstständig zu bewirken.[667] Solche treten hauptsächlich dann auf, wenn der Sachverhalt im innerstaatlichen Besteuerungsverfahren oder im Verständigungsverfahren noch nicht hinreichend aufgeklärt worden ist.[668] Jedoch ist der Beratende Ausschuss insbesondere aufgrund eines Mangels im Hinblick auf personelle und zeitliche Möglichkeiten auf die Mitwirkung der Verfahrensparteien und -beteiligten angewiesen.[669] Eine Aufforderung an die zuständigen Behörden bzw. die verbundenen Unternehmen zur Vornahme entsprechender Mitwirkungshandlungen ergeht aufgrund einer Mehrheitsentscheidung des Beratenden Ausschusses.[670]

---

665 Vgl. zur Beseitigung der Doppelbesteuerung in diesem Sinne bereits: 3. Teil, C. III. 3. c), S. 104 ff.

666 *Krabbe* in: Wassermeyer, DBA, Kommentar, Stand: Oktober 2007, Art. 11 EU-SchÜ Rn. 5.

667 *Bödefeld/Kuntschik*, IStR 2009, 268 (272); *Krabbe* in: Wassermeyer, DBA, Kommentar, Stand: Oktober 2007, Art. 10 EU-SchÜ Rn. 4.

668 *Krabbe* in: Wassermeyer, DBA, Kommentar, Stand: Oktober 2007, Art. 10 EU-SchÜ Rn. 4.

669 *Bödefeld/Kuntschik*, IStR 2009, 268 (272).

670 *Krabbe* in: Wassermeyer, DBA, Kommentar, Stand: Oktober 2007, Art. 10 EU-SchÜ Rn. 4 und 6.

Auch nach Einsetzung des Ausschusses bleibt es den zuständigen Behörden jedoch unbenommen, die Doppelbesteuerung außerhalb des Schiedsverfahrens zu beseitigen und damit das Verfahren zu beenden.[671] Die zuständigen Behörden bleiben damit „Herrinnen des Verfahrens".

bb) Mitwirkungsrechte und -pflichten der steuerpflichtigen verbundenen Unternehmen

Es ist allgemein anerkannt, dass die beteiligten verbundenen Unternehmen weder Partei des vorgelagerten Verständigungsverfahrens noch des Schiedsverfahrens nach dem EU-Schiedsübereinkommen sind.[672] Vielmehr handelt es sich um ein reines Verwaltungsverfahren, in dem Parteien lediglich die beteiligten Vertragsstaaten vertreten durch die zuständigen Behörden sind.[673] Ungeachtet dessen können die verbundenen Unternehmen zur Vornahme bestimmter Handlungen verpflichtet werden. Darüber hinaus stehen ihnen innerhalb des Verfahrens verschiedene Rechte zu, obwohl sie keine Stellung als Partei innehaben. Folglich sollte den verbundenen Unternehmen der Status von Verfahrensbeteiligten zukommen.[674] Die für das Verfahren vor dem Beratenden Ausschuss geltenden Mitwirkungsrechte und -pflichten sind in Art. 10 EU-SchiedsÜ normiert.

(1) Rechte und Pflichten zur Übermittlung von Angaben, Beweismitteln und Schriftstücken

Nach Art. 10 Abs. 1 Satz 1 EU-SchiedsÜ haben die verbundenen Unternehmen das Recht, dem Beratenden Ausschuss alle Angaben, Beweismittel und Schriftstücke zu übermitteln, die nach ihrer Ansicht für die Entscheidungsfindung brauchbar sein können. In der Praxis findet diese Übermittlung unter Einschaltung der

---

671 *Menck*, StBp 1995, 169 (173).

672 *Adonnino*, ET 2003, 403 (404); *Hinnekens*, EC Tax Review 1992, 70 (99); *Killius*, Intertax 1990, 437 (446); *Menck* in: Gosch/Kroppen/Grotherr, DBA, Kommentar, Stand: Grundwerk 1997, Art. 25 MA Rn. 16 zu Vorbemerkung EU-SchÜ i.V.m. *Lüthi* in: Gosch/Kroppen/Grotherr, DBA, Kommentar, Stand: April 2008, Art. 25 MA Rn. 69; *Saß*, DB 1991, 984 (984 und 986).

673 *Adonnino*, ET 2003, 403 (404); *Menck* in: Gosch/Kroppen/Grotherr, DBA, Kommentar, Stand: Grundwerk 1997, Art. 25 MA Rn. 16 zu Vorbemerkung EU-SchÜ i.V.m. *Lüthi* in: Gosch/Kroppen/Grotherr, DBA, Kommentar, Stand: April 2008, Art. 25 MA Rn. 69; *Saß*, DB 1991, 984 (984 und 986).

674 *Schmitz* in: Strunk/Kaminski/Köhler, AStG/DBA, Kommentar, Stand: Oktober 2009, Art. 25 MA Rn. 8.7.

für das jeweilige verbundene Unternehmen zuständigen Behörde statt, die die Unterlagen an den Ausschuss weiterleitet.[675]

Demgegenüber steht die Verpflichtung der verbundenen Unternehmen jeder Aufforderung zur Übermittlung ebensolcher Unterlagen durch den Beratenden Ausschuss nachzukommen (Art. 10 Abs. 1 Satz 2 EU-SchiedsÜ). Zur Durchsetzung seiner Anordnung stehen dem Beratenden Ausschuss jedoch keine unmittelbaren Zwangsmittel zur Verfügung, er ist vielmehr insoweit auf eine mittelbare Inanspruchnahme der verbundenen Unternehmen über die nationalen Behörden angewiesen.[676]

Nicht im EU-Schiedsübereinkommen geregelt ist der Umfang der Verpflichtung zur Übermittlung von Angaben, Beweismitteln und Schriftstücken. Nach zutreffender Auffassung in der Literatur soll das verbundene Unternehmen hingegen keine Pflichten haben, die über solche hinausgehen, die das Unternehmen nach dem für es geltenden innerstaatlichem Recht hätte, so dass in der Konsequenz die jeweiligen innerstaatlichen Auskunfts- und Vorlageverweigerungsrechte entsprechend gelten.[677] Dieser Ansicht ist zuzustimmen, da es ansonsten über das Verfahren vor dem Beratenden Ausschuss zu einer Aushöhlung dieser innerstaatlich garantierten Rechte kommen könnte.

(2) Anhörungsrecht

Nach Art. 10 Abs. 2 Satz 1 EU-SchiedsÜ hat jedes verbundene Unternehmen das Recht, auf Antrag vom Beratenden Ausschuss angehört zu werden oder sich dort vertreten zu lassen. Mithin besteht für das Verfahren vor dem Beratenden Ausschuss ein Anspruch auf rechtliches Gehör.[678] Dies beinhaltet jedoch nicht das Recht, bei den gesamten Ausschussberatungen anwesend sein zu dürfen.[679]

Im Hinblick auf eine mögliche Vertretung wird jedoch nicht spezifiziert, wer die verbundenen Unternehmen vertreten kann.[680] Jedoch dürften an den

---

675 *Krabbe* in: Wassermeyer, DBA, Kommentar, Stand: Oktober 2007, Art. 10 EU-SchÜ Rn. 3.

676 *Albert*, Schiedsverfahren im Int. Steuerrecht, S. 38; *Bödefeld/Kuntschik*, IStR 2009, 268 (272); *Peters/Haverkamp*, BB 2011, 1303 (1310).

677 *Krabbe* in: Wassermeyer, DBA, Kommentar, Stand: Oktober 2007, Art. 10 EU-SchÜ Rn. 4.

678 *Schaumburg*, Int. Steuerrecht, Rn. 16.122.

679 *Hendricks* in: Baumhoff/Wassermeyer, Verrechnungspreise int. verbundener Unternehmen, Rn. 10.55; *Menck* in: Gosch/Kroppen/Grotherr, DBA, Kommentar, Stand: Grundwerk 1997, Art. 25 MA Rn. 5 zu Art. 10 EU-SchÜ.

680 *van Herksen/Fraser*, ITPJ 2009, 143 (156).

Vertreter keine Anforderungen hinsichtlich der beruflichen Qualifikation zu stellen sein, insbesondere sollte nicht erforderlich sein, dass es sich um einen Juristen handelt.[681] Solche Voraussetzungen, die beispielsweise an den Vorsitzenden des Beratenden Ausschusses gestellt werden[682], sind weder aus dem EU-Schiedsübereinkommen noch aus dem Überarbeiteten Verhaltenskodex ersichtlich.

(3) Erscheinungspflicht

Dem Recht auf Anhörung steht die Verpflichtung jedes verbundenen Unternehmens gegenüber, auf Aufforderung durch den Beratenden Ausschuss vor diesem zu erscheinen oder sich vor diesem vertreten zu lassen (Art. 10 Abs. 2 Satz 1 EU-SchiedsÜ).

cc) Mitwirkungsrechte und -pflichten der zuständigen Behörden

Auch für die zuständigen Behörden ergeben sich für das Verfahren vor dem Beratenden Ausschuss Mitwirkungsrechte und -pflichten, die ebenfalls in Art. 10 EU-SchiedsÜ normiert sind.

(1) Rechte und Pflichten zur Übermittlung von Angaben, Beweismitteln und Schriftstücken

Ebenso wie für die verbundenen Unternehmen besteht auch für die zuständigen Behörden die Pflicht, dem Beratenden Ausschuss auf dessen Aufforderung Angaben, Beweismittel und Schriftstücke zu übermitteln (Art. 10 Abs. 1 Satz 2 EU-SchiedsÜ). Dieses Verfahren wird in der Praxis insbesondere dann angewendet, wenn weitere Ermittlungen durch die zuständigen Behörden notwendig erscheinen, sei es wenn ein verbundenes Unternehmen seinen vorgenannten Mitwirkungspflichten nicht nachkommt oder sei es, dass dritte Personen nach innerstaatlichem Recht zu Vorlage oder Auskunft verpflichtet sein können.[683] Die zuständigen Behörden können sich, sollten sie der Aufforderung nachkommen, zur Durchführung der Ermittlungen ihrer örtlichen Finanzbehörden bedienen.[684] Sollten die zuständigen Behörden der Aufforderung indes nicht nachkommen,

---

681 a.A. wohl: *Hendricks* in: Baumhoff/Wassermeyer, Verrechnungspreise int. verbundener Unternehmen, Rn. 10.55.

682 Vgl. dazu: 3. Teil, C. IV. 1. d) cc), S. 113 f.

683 *Krabbe* in: Wassermeyer, DBA, Kommentar, Stand: Oktober 2007, Art. 10 EU-SchÜ Rn. 6.

684 *Krabbe* in: Wassermeyer, DBA, Kommentar, Stand: Oktober 2007, Art. 10 EU-SchÜ Rn. 6.

so stehen dem Beratenden Ausschuss auch hier keine Mittel zur Verfügung, die Aufforderung gegebenenfalls mit Zwang durchzusetzen.

(2) Erscheinungspflicht

Eine Pflicht der beteiligten zuständigen Behörden vor dem Ausschuss zu erscheinen, ist im EU-Schiedsübereinkommen nicht geregelt. Jedoch sieht der Überarbeitete Verhaltenskodex vor, dass der Beratende Ausschuss die Mitgliedstaaten und dabei insbesondere den Mitgliedstaat, der den ersten Steuerbescheid erlassen hat, der zu einer Doppelbesteuerung geführt hat oder führen könnte, vor den Ausschuss laden kann.[685] Mit dieser Regelung dürften die jeweiligen örtlichen Behörden bzw. deren Vertreter angesprochen sein.[686]

(3) Grenzen der Mitwirkungspflichten

Die Grenzen der vorgenannten Mitwirkungspflichten der zuständigen Behörden sind in Art. 10 Abs. 1 Satz 3 EU-SchiedsÜ durch Weigerungstatbestände normiert. Dieser Artikel entspricht Art. 26 Abs. 3 OECD-MA. Ein Unterschied besteht lediglich in der Formulierung, denn Art. 10 Abs. 1 Satz 3 EU-SchiedsÜ benennt die zuständigen Behörden als Adressaten, während Art. 26 Abs. 3 OECD-MA allgemein auf die Vertragsstaaten Bezug nimmt.

Die Weigerungstatbestände sind in verschiedene Fallgruppen aufgeteilt.[687] So wird die Hilfeleistungspflicht beispielsweise dadurch begrenzt, indem auf die Gesetze und die Verwaltungspraxis des grundsätzlich zur Hilfeleistung verpflichteten Staates Bezug genommen wird.[688] Danach sind die zuständigen Behörden nicht verpflichtet Verwaltungsmaßnahmen zu ergreifen, die von Gesetzen und der Verwaltungspraxis ihres Staates abweichen (Art. 10 Abs. 1 Satz 3 Buchst. a) EU-SchiedsÜ). Ferner sind die zuständigen Behörden nicht zur Erteilung von Informationen verpflichtet, deren Beschaffung den Gesetzen und der Verwaltungspraxis ihres Staates widersprechen (Art. 10 Abs. 1 Satz 3 Buchst. b) EU-SchiedsÜ). Durch diese Regelung wird gewährleistet, dass sich die zuständigen Behörden vertrauter Informationsbeschaffungsmethoden bedienen können.[689] Darüber hinaus besteht ein Weigerungsgrund, wenn Informationen zu erteilen

---

685 Überarbeiteter Verhaltenskodex, ABl. EU 2009 C 322/1, Tz. 7.3 Buchst. d).

686 *Krabbe* in: Wassermeyer, DBA, Kommentar, Stand: Oktober 2007, Art. 10 EU-SchÜ Rn. 5.

687 *Hendricks* in: Wassermeyer, DBA, Kommentar, Stand: März 2013, Art. 26 MA Rn. 64; vgl. dort Rn. 65 ff. auch für weitere Einzelheiten zu den jeweiligen Tatbestandsmerkmalen.

688 *Hendricks* in: Wassermeyer, DBA, Kommentar, Stand: März 2013, Art. 26 MA Rn. 65.

689 *Hendricks* in: Wassermeyer, DBA, Kommentar, Stand: März 2013, Art. 26 MA Rn. 66.

wären, die ein Handels-, Industrie-, Gewerbe- oder Berufsgeheimnis oder Geschäftsverfahren preisgeben würden oder deren Erteilung der öffentlichen Ordnung widerspräche (Art. 10 Abs. 1 Satz 3 Buchst. c) EU-SchiedsÜ).

c) Entscheidung des Beratenden Ausschusses

aa) Grundsätzliches

Für den Beginn der Frist, innerhalb derer der Beratende Ausschuss die Stellungnahme abzugeben hat, ist die Befassung des Ausschusses mit dem Fall maßgeblich[690]. Hat die Frist aufgrund der Bejahung einer solchen Befassung zu laufen begonnen, so ist die Stellungnahme des Ausschusses binnen sechs Monaten abzugeben (Art. 11 Abs. 1 Satz 1 EU-SchiedsÜ). Eine Möglichkeit zur Verlängerung der Frist ist ausdrücklich nicht vorgesehen, jedoch zieht eine Überschreitung der Frist keine Konsequenzen nach sich.[691] Zutreffend wird in der Literatur indes vertreten, dass die Frist analog Art. 7 Abs. 4 EU-SchiedsÜ[692] verlängert werden kann.[693] Da eine solche Fristverlängerung lediglich im Einvernehmen mit den beteiligten verbundenen Unternehmen möglich ist, erwächst für diese hieraus keine Benachteiligung aufgrund einer längeren Verfahrensdauer, ohne dass sie dies beeinflussen könnten.

Materiell-rechtlich legt der Beratende Ausschuss seiner Entscheidung den Fremdvergleichsgrundsatz des Art. 4 EU-SchiedsÜ zugrunde (Art. 11 Abs. 1 Satz 2 EU-SchiedsÜ).[694] Dies bedeutet, dass das EU-Schiedsübereinkommen selbst die rechtliche Basis für die Entscheidung vorgibt und andere Entscheidungsgrundlagen, wie beispielsweise eine 50:50-Entscheidung, ausscheiden.[695] Es gilt der Grundsatz, dass bei der Entscheidung Einzelfallgerechtigkeit auszuüben und dabei der erzielte Ermittlungs- und Erkenntnisstand der Entscheidung zugrunde zu legen ist.[696]

---

690 Vgl. für die Bestimmung des Zeitpunkts der Befassung: 3. Teil, C. IV. 1. e), S. 114 ff.

691 *Krabbe* in: Wassermeyer, DBA, Kommentar, Stand: Oktober 2007, Art. 11 EU-SchÜ Rn. 2.

692 Vgl. dazu bereits: 3. Teil, C. IV. 1. a) cc), S. 108 f.

693 *Krabbe* in: Wassermeyer, DBA, Kommentar, Stand: Oktober 2007, Art. 11 EU-SchÜ Rn. 2. *Menck*: in Gosch/Kroppen/Grotherr, DBA, Kommentar, Stand: Grundwerk 1997, Art. 25 MA Rn. 6 zu Art. 11 EU-SchÜ will eine solche Analogie auf zwingende Fälle, wie z.B. die Verhinderung der Stellungnahme durch höhere Gewalt, begrenzen.

694 *Albert*, Schiedsverfahren im Int. Steuerrecht, S. 38; *Puls/Nientimp*, RIW 2006, 673 (677); *Saß*, DB 1991, 984 (986).

695 *Adonnino*, ET 2003, 403 (405); *Hinnekens*, EC Tax Review 2010, 109 (110).

696 *Menck* in: Gosch/Kroppen/Grotherr, DBA, Kommentar, Stand: Grundwerk 1997, Art. 25 MA Rn. 1 zu Art. 11 EU-SchÜ.

Die Kosten des Verfahrens vor dem Beratenden Ausschuss werden von den beteiligten Vertragsstaaten zu gleichen Teilen getragen (Art. 11 Abs. 3 EU-SchiedsÜ).[697] Dazu zählen nach dem Überarbeiteten Verhaltenskodex die Verwaltungskosten des Ausschusses sowie die Honorare und Auslagen der unabhängigen Personen, einschließlich des Vorsitzenden.[698] Die den verbundenen Unternehmen entstehenden Kosten haben diese selbst zu tragen, selbst wenn diese durch die Erfüllung einer Mitwirkungsverpflichtung entstanden sind.[699]

bb) Verfahren

Der Ausschuss trifft seine Entscheidung, die sich in der Stellungnahme widerspiegelt, mit einfacher Mehrheit aller Ausschussmitglieder (Art. 11 Abs. 2 Satz 1 EU-SchiedsÜ). Besteht der Beratende Ausschuss aus vier Vertretern der zuständigen Behörden, wie durch das EU-Schiedsübereinkommen grundsätzlich festgelegt, sowie aus der Minimalanzahl der unabhängigen Personen von zwei (als kleinste gerade Anzahl), so könnten sich die unabhängigen Personen (einschließlich dem Vorsitzenden) aufgrund der Mehrheitsverhältnisse nicht über die Auffassung der Vertreter der zuständigen Behörden hinwegsetzen. Die Vertreter der zuständigen Behörden könnten diese vielmehr gemeinsam überstimmen.[700] Etwas anderes würde dann gelten, wenn sich die Mitgliedstaaten einvernehmlich auf eine niedrigere Anzahl an Vertretern der zuständigen Behörden einigen, denn dann kommt dem Vorsitzenden eine Schlüsselstellung zu.[701] Mit diesem Instrumentarium besteht für die Mitgliedstaaten die Möglichkeit vorab festzulegen, ob die Entscheidung des Beratenden Ausschusses primär den Mitgliedern des Ausschusses überlassen wird, von denen sie am ehesten eine Entscheidung in ihrem Interesse erwarten. Dabei ist jedoch zu beachten, dass Voraussetzung für ein Überstimmen der unabhängigen Personen ist, dass sich die Vertreter der zuständigen Behörden einig sind, was im Hinblick auf die sich naturgemäß widerstreitenden Interessen hinsichtlich des jeweiligen Steuersubstrats fraglich erscheint. Daher dürfte die Gefahr eines Hinwegsetzens seitens der Vertreter der zuständigen Behörden über

---

697 Vgl. für weitere Einzelheiten zu den Kosten des Schlichtungsverfahrens: *Krabbe* in: Wassermeyer, DBA, Kommentar, Stand: Oktober 2007, Art. 11 EU-SchÜ Rn. 6 ff.

698 Überarbeiteter Verhaltenskodex, ABl. EU 2009 C 322/1, Tz. 7.3 Buchst. e).

699 Art. 11 Abs. 3 EU-SchiedsÜ; *Krabbe* in: Wassermeyer, DBA, Kommentar, Stand: Oktober 2007, Art. 11 EU-SchÜ Rn. 6.

700 *Menck* in: Gosch/Kroppen/Grotherr, DBA, Kommentar, Stand: Grundwerk 1997, Art. 25 MA Rn. 7 zu Art. 11 EU-SchÜ.

701 *Hinnekens*, EC Tax Review 2010, 109 (112).

die Auffassung der unabhängigen Personen unabhängig von der Zusammensetzung des Beratenden Ausschusses überschaubar sein.

cc) Beweislastentscheidung

Es stellt sich aufgrund der fehlenden bzw. möglicherweise eingeschränkten Durchsetzungsmöglichkeit einer Aufforderung zur Übermittlung von Unterlagen seitens des Beratenden Ausschusses sowohl gegenüber den verbundenen Unternehmen als auch gegenüber den zuständigen Behörden die Frage, ob dies Auswirkungen für die Entscheidung des Ausschusses haben kann. Insbesondere ist dabei fraglich, ob die Stellungnahme des Ausschusses aufgrund von Beweislastverteilungsregeln ergehen kann.[702] Weder das EU-Schiedsübereinkommen noch der dieses konkretisierende Überarbeitete Verhaltenskodex enthalten hierzu Regelungen.

In der Literatur wird eine Entscheidung aufgrund von Beweislastverteilungsregeln bejaht und dies aus Art. 10 Abs. 1 Satz 2 EU-SchiedsÜ sowie dem Schiedsverfahren selbst hergeleitet.[703]

Eine Bejahung der Möglichkeit zur Beweislastentscheidung erscheint überzeugend, wenn man bedenkt, dass dem Beratenden Ausschuss im Regelfall nach seiner Befassung lediglich ein begrenzter Zeitraum von sechs Monaten für die Sachverhaltsermittlung und die sich anschließende Entscheidungsfindung zusteht.[704] Nachteil einer solchen Beweislastentscheidung ist zwar, dass der Sachverhalt nicht vollständig aufgeklärt wird. Jedoch sind Entscheidungen nach der Beweislast auch im sonstigen Völkerrecht üblich und es müssen auch in diesen Verfahren Defizite in der Sachverhaltsaufklärung hingenommen werden.[705] In der Konsequenz muss derjenige, der die Beweislast trägt, dieser nachkommen und trägt im Falle der Unerweislichkeit einer Tatsache das Risiko einer für ihn ungünstigen Sachentscheidung.[706]

---

702 *Bödefeld/Kuntschik*, IStR 2009, 268 (272).

703 *Bödefeld/Kuntschik*, IStR 2009, 268 (272); *Hendricks* in: Baumhoff/Wassermeyer, Verrechnungspreise int. verbundener Unternehmen, Rn. 10.54; *Liebchen* in: Schönfeld/Ditz, DBA, Art. 25 Rn. 306; *Menck* in: Gosch/Kroppen/Grotherr, DBA, Kommentar, Stand: Grundwerk 1997, Art. 25 MA Rn. 9 zu Art. 10 und Rn. 1 und 3 zu Art. 11 EU-SchÜ; *Peters/Haverkamp*, BB 2011, 1303 (1310). a.A. wohl: *Adonnino*, ET 2003, 403 (407).

704 So auch: *Hendricks* in: Baumhoff/Wassermeyer, Verrechnungspreise int. verbundener Unternehmen, Rn. 10.54.

705 *Benzing*, Das Beweisrecht vor int. Gerichten und Schiedsgerichten, S. 670. Vgl. dort auch S. 585 ff. für eine ausführliche Rechtsprechungsuntersuchung zur Beweislast im internationalen Prozess vor internationalen (Schieds-)Gerichten.

706 *Benzing*, Das Beweisrecht vor int. Gerichten und Schiedsgerichten, S. 670.

Nach Bejahung der Kompetenz des Beratenden Ausschusses zur Entscheidung nach Beweislastverteilungsregelungen ist außerdem fraglich, wen diese Beweislast trifft. Die Steuerpflichtigen, also die verbundenen Unternehmen, kommen hierfür nicht in Frage, da sie nicht Parteien des Verfahrens sind.[707] Parteien des Schiedsverfahren sind vielmehr lediglich die beteiligten Mitgliedstaaten.[708] Es stellt sich daher die Frage, bei welchem dieser Staaten die Beweislast liegt.

Nationale Beweislastverteilungsregelungen können zur Beantwortung dieser Frage nicht herangezogen werden, da diese aufgrund historisch bedingter verschiedener Rechtstraditionen und Rechtssetzungen in den einzelnen EU-Mitgliedstaaten nicht einheitlich sind.[709] Auch das EU-Schiedsübereinkommen und der Überarbeitete Verhaltenskodex enthalten zur Beweislastverteilung keine Regelungen. Zwar sind keine diesbezüglichen Konkretisierungen in den Überarbeiteten Verhaltenskodex aufgenommen worden, jedoch hat sich das EU-JTPF bereits in seiner vierten Sitzung im Juni 2003 auch mit dem Thema der Beweislast befasst.[710] Nach Ansicht der überwiegenden Zahl der Mitgliedstaaten kommt demjenigen Staat die Beweislast zu, der die Berichtigung des Verrechnungspreises vorgenommen hat.[711] Dies entspricht auch den OECD Transfer Pricing Guidelines, nach denen die Steuerbehörde, die die Erstberichtigung vornimmt, darzulegen hat, dass diese Berichtigung dem Grunde und der Höhe nach dem Fremdvergleichsgrundsatz entspricht.[712] Im Ergebnis würde damit stets der Staat die Beweislast tragen, der als zeitlich Erster eine Erhöhung des Einkommens eines betroffenen verbundenen Unternehmens durch Korrektur vorgenommen hat.

Nach einer Auffassung in der Literatur kann für die Beweislastverteilung indes nicht allein auf die zeitliche Abfolge der Berichtigungen abgestellt werden.[713] So könne in Fällen, in denen die zuständige Behörde eines Staates im Einvernehmen

---

707 *Peters/Haverkamp*, BB 2011, 1303 (1310). Vgl. zur mangelnden Parteistellung bereits: 3. Teil, C. IV. 2. b) bb), S. 117 f.

708 Vgl. dazu ebenfalls: 3. Teil, C. IV. 2. b) bb), S. 117 f.

709 *Peters/Haverkamp*, BB 2011, 1303 (1310); *OECD*, OECD Transfer Pricing Guidelines for Multinational Enterprises and Tax Administrations, Tz. 4.11.

710 Europäische Kommission v. 20.08.2003, JTPF/012/2003/DE, Tz. 49, www.ec.europa.eu/taxation_customs/resources/documents/forum5/minutes_190603_final_de.pdf (Stand: 25.04.2014).

711 Europäische Kommission v. 20.08.2003, JTPF/012/2003/DE, Tz. 49, www.ec.europa.eu/taxation_customs/resources/documents/forum5/minutes_190603_final_de.pdf (Stand: 25.04.2014).

712 *OECD*, OECD Transfer Pricing Guidelines for Multinational Enterprises and Tax Administrations, Tz. 4.17.

713 *Bödefeld/Kuntschik*, IStR 2009, 268 (272).

mit den verbundenen Unternehmen eine neue rechtliche Beurteilung des Sachverhaltes vorgenommen und die Verrechnungspreiskorrektur Folge dieser neuen Bewertung sei, die Beweislast nicht bei diesem Staat liegen, da die zuständige Behörde lediglich die gemeinsam mit den verbundenen Unternehmen gefundene Lösung umsetze.[714] Vielmehr treffe den anderen Staat die Beweislast, wenn dieser den Sachverhalt davon abweichend beurteile und daher keine entsprechende Gegenberichtigung vornehme.[715] Als Argument wird angeführt, dass es andernfalls zu einer unangemessenen Benachteiligung desjenigen Staates käme, der einvernehmlich mit den steuerpflichtigen verbundenen Unternehmen handele.[716]

Diese Auffassung vermag nicht zu überzeugen. Zwar hat die zuständige Behörde ihre Berichtigung letztlich im Einvernehmen mit den verbundenen Unternehmen vorgenommen, jedoch musste es dazu bereits im Vorfeld (beispielsweise im Rahmen einer Betriebsprüfung) zu einer Diskussion über die von den verbundenen Unternehmen bislang angesetzten Verrechnungspreise gekommen sein. Auch muss diese Berichtigung von dem abweichen, was die verbundenen Unternehmen zuvor als angemessene Preise für ihre Geschäftsbeziehung zugrunde gelegt haben, denn sonst würde die im Einvernehmen erzielte Lösung nicht zu einer Erhöhung des Einkommens führen, die wegen einer ansonsten entstehenden Doppelbesteuerung das Bedürfnis nach einer Gegenberichtigung im anderen Staat zur Folge hat, welche dieser andere Staat ablehnt. Vor diesem Hintergrund erscheint es nicht als unangemessene Benachteiligung des Staates, der einvernehmlich mit den verbundenen Unternehmen eine Verrechnungspreisberichtigung durchführt, wenn diesem die Beweislast auferlegt wird. Folglich sollte es mit dem EU-JTPF und der Mehrheit der Mitgliedstaaten[717] bei dem Grundsatz bleiben, dass der Staat die Beweislast trägt, der als erster eine Korrektur der Verrechnungspreise vorgenommen hat.

dd) Abzugebende Stellungnahme

Im Überarbeiteten Verhaltenskodex ist festgelegt, welche Elemente in der vom Beratenden Ausschuss abzugebenden Stellungnahme enthalten sein sollten.[718] Dazu zählen neben der Auflistung der Namen der Mitglieder des Beratenden

714 *Bödefeld/Kuntschik*, IStR 2009, 268 (272).

715 *Bödefeld/Kuntschik*, IStR 2009, 268 (272).

716 *Bödefeld/Kuntschik*, IStR 2009, 268 (272).

717 Europäische Kommission v. 20.08.2003, JTPF/012/2003/DE, Tz. 49, www.ec.europa.eu/taxation_customs/resources/documents/forum5/minutes_190603_final_de.pdf (Stand: 25.04.2014).

718 Überarbeiteter Verhaltenskodex, ABl. EU 2009 C 322/1, Tz. 7.4.

Ausschusses insbesondere der Antrag nebst der in diesem enthaltenen Beschreibung des dem streitigen Fall zugrunde liegenden Sachverhalts, eine kurze Zusammenfassung des Verfahrens, eine Darstellung der Argumente und Methoden, auf die sich die Entscheidung in der Stellungnahme stützt sowie die Stellungnahme mit Entscheidung des Ausschusses an sich.[719]

3. Schlussverfahren[720] *(Art. 12 EU-SchiedsÜ)*

Hat der Beratende Ausschuss seine Stellungnahme abgegeben, so bildet diese die Grundlage für eine abschließende Beratung der zuständigen Behörden.[721] Damit hat die Stellungnahme zunächst den Charakter einer unverbindlichen Entscheidungshilfe.[722] Dies bedeutet, dass mit Abgabe der Stellungnahme des Beratenden Ausschusses das Verfahren noch nicht abgeschlossen ist. Vielmehr können die zuständigen Behörden sodann innerhalb von sechs Monaten[723] nach Abgabe der Stellungnahme des Beratenden Ausschusses im gegenseitigen Einvernehmen eine Entscheidung treffen, wie eine Beseitigung der Doppelbesteuerung im Sinne des Art. 14 EU-SchiedsÜ[724] erzielt werden kann (Art. 12 Abs. 1 Satz 1 EU-SchiedsÜ). Dabei haben sie den Fremdvergleichsgrundsatz des Art. 4 EU-SchiedsÜ zu beachten.[725] Die Frist, innerhalb derer den zuständigen Behörden die abschließende Möglichkeit gegeben wird, sich zu einigen, ist nicht verlängerbar.[726]

---

719 Überarbeiteter Verhaltenskodex, ABl. EU 2009 C 322/1, Tz. 7.4 Buchst. a) bis e).

720 *Krabbe* in: Wassermeyer, DBA, Kommentar, Stand: Oktober 2007, Art. 12 Rn. 1 EU-SchÜ. Demgegenüber sprechen *Hendricks* in: Baumhoff/Wassermeyer, Verrechnungspreise int. verbundener Unternehmen, Rn. 10.59 und *Keerl*, Int. Verrechnungspreise in der globalisierten Wirtschaft, S. 308 von „Einigungsverfahren". Von *Menck* in: Gosch/Kroppen/Grotherr, DBA, Kommentar, Stand: Grundwerk 1997, Art. 25 MA Rn. 9 zu Vorbemerkung EU-SchÜ wird dieses Verfahren „Abschlussverfahren" genannt.

721 *Krabbe* in: Wassermeyer, DBA, Kommentar, Stand: Oktober 2007, Art. 7 EU-SchÜ Rn. 7.

722 *Bellstedt*, IWB, F. 11, Gr. 2, 191 (198).

723 Eine Aussetzung des Verfahrens aufgrund von Art. 8 Abs. 2 EU-SchiedsÜ ist auch in diesem Verfahrensstadium noch möglich, vgl. dazu auch: *Krabbe* in: Wassermeyer, DBA, Kommentar, Stand: Oktober 2007, Art. 12 EU-SchÜ Rn. 3.

724 Vgl. zur Beseitigung der Doppelbesteuerung in diesem Sinne bereits: 3. Teil, C. III. 3. c), S. 104 ff.

725 *Hendricks* in: Baumhoff/Wassermeyer, Verrechnungspreise int. verbundener Unternehmen, Rn. 10.59.

726 *Menck* in: Gosch/Kroppen/Grotherr, DBA, Kommentar, Stand: Grundwerk 1997, Art. 25 MA Rn. 1 zu Art. 12 EU-SchÜ.

Hierbei steht es den zuständigen Behörden frei, eine Entscheidung zu treffen, die von der Stellungnahme des Beratenden Ausschusses abweicht (Art. 12 Abs. 1 Satz 2 EU-SchiedsÜ). Es besteht folglich die Möglichkeit einer nachgeschalteten Verständigung in deren Fall die Stellungnahme keine bindende Wirkung entfaltet.[727] Daher gilt das Schlussverfahren auch als Fortsetzung des Verständigungsverfahrens nach Art. 6 EU-SchiedsÜ.[728] Voraussetzung dafür ist jedoch, dass vor Ablauf der Frist eine völkerrechtlich verbindliche Verständigungsvereinbarung geschlossen wird, einer Umsetzung innerhalb der Frist beispielsweise durch Erlass entsprechender Steuerbescheide bedarf es indes nicht.[729]

In der Praxis dürfte das Zustandekommen einer solchen nachgeschalteten Verständigung fraglich sein, denn eine solche würde stets ein Nachgeben und damit einen Verzicht auf Steuereinnahmen desjenigen Vertragsstaats voraussetzen, für den die Stellungnahme des Beratenden Ausschusses günstiger ausgefallen ist.[730] Etwas anderes könnte sich allenfalls aus der Zusammenschau mit anderen, zwischen den Vertragsstaaten anhängigen, Fällen ergeben, wenn eine Kompromissbereitschaft in einem Fall zu einem Vorteil in einem anderen Fall führen kann.[731] Zu beachten ist jedoch, dass sich die beteiligten Vertragsstaaten bereits im vorgelagerten Verständigungsverfahren nach Art. 6 EU-SchiedsÜ hätten einigen können. Darüber hinaus sind auch im Beratenden Ausschuss Vertreter der zuständigen Behörden beteiligt, so dass deren Argumente und Lösungsmöglichkeiten schon in die Stellungnahme einfließen können, sofern sie für beide Staaten und die unabhängigen Vertreter sinnvoll erscheinen. Ferner sind sowohl der Beratende Ausschuss in seiner Stellungnahme als auch die zuständigen Behörden bei Abschluss der nachgeschalteten Verständigungsvereinbarung an den Fremdvergleichsgrundsatz des Art. 4 EU-SchiedsÜ gebunden, so dass sich die beiden Entscheidungen lediglich innerhalb der durch diesen Grundsatz vorgegebenen Bewertungsbandbreite voneinander unterscheiden können.[732] Ein Vorteil der nachgelagerten Einigung

---

727 *Hendricks* in: Baumhoff/Wassermeyer, Verrechnungspreise int. verbundener Unternehmen, Rn. 10.59; *Peters/Haverkamp*, BB 2011, 1303 (1310).

728 *Krabbe* in: Wassermeyer, DBA, Kommentar, Stand: Oktober 2007, Art. 12 EU-SchÜ Rn. 1; *Saß*, DB 1991, 984 (984).

729 *Hendricks* in: Baumhoff/Wassermeyer, Verrechnungspreise int. verbundener Unternehmen, Rn. 10.59; *Menck* in: Gosch/Kroppen/Grotherr, DBA, Kommentar, Stand: Grundwerk 1997, Art. 25 MA Rn. 1 zu Art. 12 EU-SchÜ.

730 *Keerl*, Int. Verrechnungspreise in der globalisierten Wirtschaft, S. 308; *Liebchen* in: Schönfeld/Ditz, DBA, Art. 25 Rn. 317.

731 *Liebchen* in: Schönfeld/Ditz, DBA, Art. 25 Rn. 317.

732 So auch: *Hendricks* in: Baumhoff/Wassermeyer, Verrechnungspreise int. verbundener Unternehmen, Rn. 10.59.

hingegen könnte sich allenfalls aus einer möglicherweise größeren Motivation der Vertragsstaaten bei der Umsetzung in nationales Recht ergeben. Betrachtet man indes die geringe Wahrscheinlichkeit einer solchen nachgeschalteten Verständigung und die sich aus der nachgeschalteten Verständigung ergebende Verlängerung des ohnehin zeitintensiven Verfahrens um bis zu weitere sechs Monate, so erscheint das Schlussverfahren für die beteiligten Unternehmen unzumutbar und der mögliche positive Aspekt im Hinblick auf die nationale Umsetzung dürfte zu vernachlässigen sein.

Können sich die zuständigen Behörden innerhalb der sechsmonatigen Frist nicht auf eine andere Lösung verständigen, durch die die Doppelbesteuerung beseitigt wird, so sind sie an die Stellungnahme des Beratenden Ausschusses gebunden (Art. 12 Abs. 1 Satz 3 EU-SchiedsÜ). Dies bedeutet verfahrensmäßig, dass die Stellungnahme als Verständigungseinigung gilt und durch diese das Verfahren abgeschlossen wird.[733] Im Ergebnis stellt die Stellungnahme folglich eine Schiedsentscheidung dar, da eine verbindliche Entscheidung herbeigeführt wird, auch wenn es sich bei dem Beratenden Ausschuss nicht um ein völlig unabhängiges Gremium handelt und die zuständigen Behörden die Möglichkeit haben, auch nach Abgabe der Stellungnahme noch eine einvernehmliche, abweichende Lösung zu finden.[734]

Auch das Schlussverfahren stellt ein behördeninternes Verfahren dar. Dies bedeutet, dass die verbundenen Unternehmen nicht die Rechtsstellung haben zu erklären, dass sie die Stellungnahme des Beratenden Ausschusses akzeptieren oder dass sie eine von dieser abweichende Klärung durch die zuständigen Behörden bevorzugen.[735]

Ist die Entscheidung der zuständigen Behörden getroffen, so übersendet nach dem Überarbeiteten Verhaltenskodex die Behörde, der der Fall unterbreitet wurde, jedem der Unternehmen sowohl eine Kopie dieser Entscheidung, die entweder der verbindlich gewordenen Stellungnahme entspricht oder von dieser losgelöst gefunden wurde, als auch eine Kopie der Stellungnahme des Beratenden Ausschusses.[736]

Stimmen die beteiligten verbundenen Unternehmen zu, so kann eine einvernehmliche Veröffentlichung der Entscheidung durch die zuständigen Behörden

---

733 *Menck* in: Gosch/Kroppen/Grotherr, DBA, Kommentar, Stand: Grundwerk 1997, Art. 25 MA Rn. 1 zu Art. 12 EU-SchÜ.

734 *Krabbe* in: Wassermeyer, DBA, Kommentar, Stand: Oktober 2007, Art. 7 EU-SchÜ Rn. 7 und Art. 12 EU-SchÜ Rn. 5.

735 *van Herksen/Fraser*, ITPJ 2009, 143 (154).

736 Überarbeiteter Verhaltenskodex, ABl. EU 2009 C 322/1, Tz. 7.4 Buchst. i).

erfolgen (Art. 12 Abs. 2 EU-SchiedsÜ). Dabei können die Entscheidung der zuständigen Behörden und die Stellungnahme des Beratenden Ausschusses sowohl vollständig als auch in anonymisierter Form veröffentlicht werden.[737] In der Praxis ist eine solche Veröffentlichung soweit ersichtlich noch nicht erfolgt.

V. Nationale Umsetzung

1. Grundsätzliches

Wurde eine Verständigungsvereinbarung nach Art. 6 EU-SchiedsÜ geschlossen, so ist diese für die Mitgliedstaaten verbindlich und die Unternehmen haben je nach innerstaatlichem Recht einen Anspruch auf deren Umsetzung, den sie, sofern notwendig, mit innerstaatlichen Rechtsmitteln durchsetzen können.[738] Dies gilt auch für die nachgelagerte Verständigung der Vertragsstaaten bzw. die verbindlich gewordene Stellungnahme des Beratenden Ausschusses nach Art. 12 EU-SchiedsÜ.[739]

Diese Umsetzung der Verständigungsvereinbarung, durch die eine Doppelbesteuerung vermieden wird, ist nach Art. 6 Abs. 2 Satz 2 EU-SchiedsÜ ungeachtet der Fristen des innerstaatlichen Rechts der beteiligten Mitgliedstaaten durchzuführen. Entsprechendes gilt auch für die Entscheidungen nach Art. 12 EU-SchiedsÜ, auch wenn dies nicht ausdrücklich im EU-Schiedsübereinkommen geregelt ist, denn das Schlussverfahren des Art. 12 EU-SchiedsÜ gilt als Verlängerung des Verständigungsverfahrens nach Art. 6 EU-SchiedsÜ.[740]

Nach Art. 13 EU-SchiedsÜ steht die Bestandskraft der Steuerfestsetzungen der Durchführung eines Verständigungs- und Schiedsverfahrens nicht entgegen. Dies bedeutet, dass das betroffene Unternehmen nicht zwangsläufig ein innerstaatliches Rechtsbehelfsverfahren verfolgen muss, um den Eintritt der Bestandskraft zu verhindern, damit es sodann die Verfahren nach Art. 6 bzw. Artt. 7 ff. EU-SchiedsÜ betreiben kann. Vielmehr hat der Eintritt der Bestandskraft keine Auswirkungen auf die Möglichkeit zur Initiierung eines Verständigungs- oder

---

737 Überarbeiteter Verhaltenskodex, ABl. EU 2009 C 322/1, Tz. 7.4 Buchst. ii).

738 *Flüchter* in: Schönfeld/Ditz, DBA, Art. 25 Rn. 166; *Krabbe* in: Wassermeyer, DBA, Kommentar, Stand: Oktober 2007, Art. 13 EU-SchÜ Rn. 3; *Liebchen* in: Schönfeld/Ditz, DBA, Art. 25 Rn. 295.

739 *Krabbe* in: Wassermeyer, DBA, Kommentar, Stand: Oktober 2007, Art. 13 EU-SchÜ Rn. 3.

740 *Krabbe* in: Wassermeyer, DBA, Kommentar, Stand: Oktober 2007, Art. 12 EU-SchÜ Rn. 1, Art. 12 EU-SchÜ Rn. 4 i.V.m. Art. 6 EU-SchÜ Rn. 20; *Liebchen* in: Schönfeld/Ditz, DBA, Art. 25 Rn. 314; *Saß*, DB 1991, 984 (984).

Schiedsverfahrens nach dem EU-Schiedsübereinkommen. Diese Regelung bedeutet nicht nur, dass solche Verfahren beantragt und durchgeführt werden können, sondern auch, dass bereits bestandskräftige Steuerfestsetzungen je nach Ausgang des Verständigungs- oder Schiedsverfahrens von den Vertragsstaaten zu ändern sind.[741]

Jedoch sind die Unternehmen nicht verpflichtet, die Bestandkraft eintreten zu lassen, sondern sie können Verständigungs- und Schiedsverfahren und innerstaatliche Rechtsmittel grundsätzlich parallel nebeneinander betreiben.[742] Dies gilt nach der deutschen Finanzverwaltung prinzipiell auch in Deutschland.[743]

Auswirkungen eines gleichzeitigen Betreibens von nationalen Rechtsmitteln und den Verfahren nach dem EU-Schiedsübereinkommen ergeben sich im Rahmen des Schiedsverfahrens hinsichtlich des Beginns der Frist, nach deren Ablauf die zuständigen Behörden zur Einleitung des Schiedsverfahrens verpflichtet sind, denn diese beginnt nach Art. 7 Abs. 1 Satz 2 EU-SchiedsÜ erst mit Rechtskraft der letztinstanzlichen Entscheidung zu laufen und nicht bereits mit Unterbreitung des Falles.[744]

Zwar ist grundsätzlich die Erklärung eines Rechtsbehelfsverzichts keine Voraussetzung für die Einleitung des Schiedsverfahrens[745], jedoch knüpft das EU-Schiedsübereinkommen die Folgen des abweichenden Fristbeginns an die erfolgte Einlegung eines innerstaatlichen Rechtsbehelfs. Dies gilt unabhängig davon, ob die Rechtshängigkeit des Falles zeitlich vor oder nach der Antragsstellung im Sinne des Art. 6 EU-SchiedsÜ eintritt.[746]

Zu Art. 13 EU-SchiedsÜ haben die Mitgliedstaaten eine gemeinsame Erklärung abgegeben. In dieser kommt zum Ausdruck, dass in den Fällen, in denen die Steuerfestsetzungen geändert werden, nachdem eine Verständigungsvereinbarung oder eine Entscheidung im Schiedsverfahren ergangen ist, und sich durch die Änderung erneut eine Doppelbesteuerung ergibt, bei Vorliegen der

---

741 *Krabbe* in: Wassermeyer, DBA, Kommentar, Stand: Oktober 2007, Art. 13 EU-SchÜ Rn. 2.

742 *Krabbe* in: Wassermeyer, DBA, Kommentar, Stand: Oktober 2007, Art. 6 EU-SchÜ Rn. 10; *Saß*, DB 1991, 984 (986); *Schaumburg*, Int. Steuerrecht, Rn. 16.102.

743 BMF-Schreiben v. 13.07.2006, BStBl. I 2006, 461, Tz. 11.1.4 und 2.1.5. Vgl. dazu auch die Ausführungen unter: 2. Teil, B. III. 3. b), S. 36 ff., die für das Verständigungs- und Schiedsverfahren nach dem EU-Schiedsübereinkommen entsprechend gelten.

744 Vgl. zum Fristbeginn bereits im Einzelnen: 3. Teil, C. IV. 1. a) aa) und bb), S. 106 ff.

745 Vgl. zu Ausnahmefällen unter: 3. Teil, C. IV. 1. b), S. 109 f.

746 *Krabbe* in: Wassermeyer, DBA, Kommentar, Stand: Oktober 2007, Art. 7 EU-SchÜ Rn. 6.

entsprechenden Voraussetzungen erneut das Verständigungsverfahren nach Art. 6 EU-SchiedsÜ sowie das Schiedsverfahren nach Artt. 7 ff. EU-SchiedsÜ offen stehen.[747] Dies ist beispielsweise denkbar, wenn ein Finanzgericht die Verständigungsvereinbarung nach Art. 6 EU-SchiedsÜ oder die nachgelagerte Verständigung der Vertragsstaaten bzw. die verbindlich gewordene Stellungnahme des Beratenden Ausschusses nach Art. 12 EU-SchiedsÜ nicht anerkennt und aus diesem Grund die Steuerfestsetzung geändert wird.[748]

2. *Verfahrensrechtliche Umsetzung in Deutschland*

Im Hinblick auf die verfahrensrechtliche Umsetzung von Verständigungsvereinbarungen nach Art. 6 EU-SchiedsÜ sowie nachgelagerten Verständigungen bzw. verbindlich gewordenen Stellungnahmen des Beratenden Ausschusses nach Art. 12 EU-SchiedsÜ gelten die Ausführungen zur verfahrensrechtlichen Umsetzung von Verständigungsvereinbarungen und Schiedssprüchen nach Art. 25 Abs. 1, 2 und 5 OECD-MA[749] entsprechend.

D. Überprüfbarkeit von Verfahrensverstößen im Rahmen eines Schiedsverfahrens nach dem EU-Schiedsübereinkommen

I. Auf europäischer Ebene

Da das EU-Schiedsübereinkommen nicht, wie ursprünglich geplant[750], als EU-Richtlinie sondern als multilaterales Abkommen verabschiedet wurde, fällt es als solches nicht in die Jurisdiktion des EuGH.[751] Etwas anderes hätte gelten können, wenn in das EU-Schiedsübereinkommen eine Prorogationsklausel aufgenommen

---

747 ABl. EG 1990 L 225/21.

748 *Krabbe* in: Wassermeyer, DBA, Kommentar, Stand: Oktober 2007, Art. 13 EU-SchÜ Rn. 6; *Saß*, DB 1991, 984 (987).

749 Vgl. dazu bereits unter: 2. Teil, B. III. 4. b), S. 42 ff.

750 Vgl. dazu bereits: 3. Teil, A. I., S. 61 ff.

751 *Adonnino*, ET 2003, 403 (404); *Bödefeld/Kuntschik*, IStR 2009, 268 (271); *Gangemi* in: FS Rödler, S. 255 (257); *Lehner* in: Vogel/Lehner, DBA, Kommentar, Art. 25 Rn. 301; *Liebchen* in: Schönfeld/Ditz, DBA, Art. 25 Rn. 315; *Saß*, DB 1991, 984 (984); *Schaumburg*, Int. Steuerrecht, Rn. 3.78; *van Herksen*, Intertax 2008, 332 (333); *Vögele/Forster*, IStR 2006, 537 (539). Nach *Menck* in: Gosch/Kroppen/Grotherr, DBA, Kommentar, Stand: Grundwerk 1997, Art. 25 MA Rn. 7 zu Art. 12 EU-SchÜ sollte ein Streit unter den Staaten hinsichtlich der Bindungswirkung der Stellungnahme des Beratenden Ausschusses kraft Schiedsabrede vor dem EuGH oder vom Internationalen Gerichtshof in Den Haag zu entscheiden sein.

worden wäre, nach der dem EuGH ausdrücklich eine solche Kompetenz zugewiesen wird, wie dies beispielsweise im Doppelbesteuerungsabkommen zwischen Deutschland und Österreich (Art. 25 Abs. 5 DBA-Österreich[752]) der Fall ist.[753] Dies war jedoch von den Mitgliedstaaten nicht gewünscht.[754]

Eine fehlende Zuweisung an den EuGH hat zur Konsequenz, dass es keine Instanz gibt, die bei einer direkten Klage eines Mitgliedstaats oder eines Unternehmens bzw. bei einer Vorlage eines nationalen Gerichtes die Einhaltung von Verfahrensregeln überprüfen und durchsetzen kann.[755] Dies bedeutet, dass auch schwerwiegende Fehler bei der Anwendung des EU-Schiedsübereinkommens, wie beispielsweise eine Überschreitung der Kompetenzen des Beratenden Ausschusses sowie dessen nicht ordnungsgemäße Besetzung, nicht von dem EuGH als übergeordneter Instanz überprüft werden können.[756]

Denkbar wäre ferner, dass ein (möglicher) Verfahrensverstoß der Europäischen Kommission mitgeteilt wird. Da das EU-Schiedsübereinkommen jedoch kein Gemeinschaftsrecht darstellt, ist auch die Europäische Kommission weder zur Kontrolle noch zur Ergreifung von Sanktionen ermächtigt.[757]

Demzufolge sollte eine Überprüfung von Verfahrensfehlern auf europäischer Ebene mangels Kompetenz der einzelnen Institutionen ausscheiden.

II. Auf nationaler Ebene

Auf nationaler Ebene könnte für die verbundenen Unternehmen die Möglichkeit bestehen, Verfahrensfehler vor nationalen Gerichten geltend zu machen. Da das EU-Schiedsübereinkommen durch die Ratifizierungen in den einzelnen Staaten Teil deren innerstaatlichen Rechts geworden ist, steht den verbundenen Unternehmen in ihren Staaten grundsätzlich der Rechtsschutz vor den nationalen Gerichten zu.[758] Erforderlich für die Erlangung gerichtlichen Rechtsschutzes ist

---

752 Vgl. dazu bereits: 2. Teil, B. IV. 1. d), S. 49 f.

753 *Bödefeld/Kuntschik*, IStR 2009, 268 (271); *Karpenstein* in: Grabitz/Hilf/Nettesheim, Das Recht der EU, Stand: Mai 2013, Art. 273 AEUV Rn. 1.

754 *Bödefeld/Kuntschik*, IStR 2009, 268 (271).

755 *Liebchen* in: Schönfeld/Ditz, DBA, Art. 25 Rn. 315; *Schaumburg*, Int. Steuerrecht, Rn. 3.78.

756 *Krabbe* in: Wassermeyer, DBA, Kommentar, Stand: Oktober 2007, Art. 12 EU-SchÜ Rn. 5; *Liebchen* in: Schönfeld/Ditz, DBA, Art. 25 Rn. 315.

757 *Albert*, Schiedsverfahren im Int. Steuerrecht, S. 27; *Bödefeld/Kuntschik*, IStR 2009, 268 (271); *Eicker/Stockburger*, IWB, F. 11, Gr. 2, 661 (668); *Hinnekens*, EC Tax Review 1992, 70 (82); *Vögele/Forster*, IStR 2006, 537 (537).

758 *Vögele/Forster*, IStR 2006, 537 (539).

indes, dass dem Steuerpflichtigen durch das EU-Schiedsübereinkommen subjektive Rechte eingeräumt werden und der Steuerpflichtige in diesen subjektiven Rechten verletzt ist.[759]

Für die Beantwortung der Frage, ob durch das EU-Schiedsübereinkommen subjektive Rechte der verbundenen Unternehmen begründet werden, ist insbesondere zu beachten, dass das EU-Schiedsübereinkommen Verfahren zwischen den beteiligten Staaten als Parteien vorsieht und den verbundenen Unternehmen lediglich eingeschränkte Mitwirkungsrechte und -pflichten auferlegt werden.[760]

Jedoch dürften die Mitwirkungsrechte des Art. 10 EU-SchiedsÜ subjektive Rechte der verbundenen Unternehmen für das Verfahren vor dem Beratenden Ausschuss begründen, obwohl die verbundenen Unternehmen keine Parteien des Schiedsverfahrens sind.[761] Damit wäre grundsätzlich die Möglichkeit gegeben, diese Rechte auch gerichtlich geltend zu machen. Problematisch ist hingegen, dass durch die nationalen Gerichte nur die jeweilige zuständige Behörde verpflichtet werden kann.[762] Der Beratende Ausschuss besteht zwar auch aus Vertretern der zuständigen Behörden, jedoch kann der Beratende Ausschuss als solcher von nationalen Gerichtsentscheidungen nicht gebunden werden.[763] Mithin besteht insoweit keine Rechtsschutzmöglichkeit für die verbundenen Unternehmen.

Ferner besteht nach überzeugender allgemeiner Auffassung in der Literatur seitens des antragsstellenden Unternehmens ein Anspruch auf Einleitung des Verständigungsverfahrens und nicht nur auf ermessensfehlerfreie Entscheidung, sofern der gestellte Antrag nicht offensichtlich unbegründet ist.[764] Dies begründet ein subjektives Recht des verbundenen Unternehmens auf Einleitung des Verständigungsverfahrens, welches es gegebenenfalls gerichtlich überprüfen lassen

---

759 *Baßler*, Steuerliche Gewinnabgrenzung im Europ. Binnenmarkt, S. 337; vgl. dort S. 337 ff. auch für eine ausführliche Auseinandersetzung mit dem Rechtschutz der Unternehmen; *Bödefeld/Kuntschik*, IStR 2009, 268 (271).

760 Vgl. dazu bereits: 3. Teil, C. IV. 2. b) bb), S. 117 ff.

761 *Baßler*, Steuerliche Gewinnabgrenzung im Europ. Binnenmarkt, S. 338; *Bödefeld/Kuntschik*, IStR 2009, 268 (271).

762 *Bödefeld/Kuntschik*, IStR 2009, 268 (271).

763 *Baßler*, Steuerliche Gewinnabgrenzung im Europ. Binnenmarkt, S. 338.

764 *Baßler*, Steuerliche Gewinnabgrenzung im Europ. Binnenmarkt, S. 319; *Käferbock* in: Verrechnungspreisgestaltung im Int. Steuerrecht, S. 365 (375); *Krabbe* in: Wassermeyer, DBA, Kommentar, Stand: Oktober 2007, Art. 6 EU-SchÜ Rn. 15; *Lehner* in: Vogel/Lehner, DBA, Kommentar, Art. 25 Rn. 303; *Liebchen* in: Schönfeld/Ditz, DBA, Art. 25 Rn. 291; *Schelpe*, EC Tax Review 1995, 68 (74). Wohl auch: BMF-Schreiben v. 13.07.2006, BStBl. I 2006, 461, Tz. 2.4.3. Vgl. dazu auch bereits: 3. Teil, C. III. 3. a) aa), S. 98 f.

kann.[765] Das gleiche muss für die Überleitung in das Schiedsverfahren nach Artt. 7 ff. EU-SchiedsÜ gelten, wobei dem nicht entgegensteht, dass die Verpflichtung zur Einsetzung des Beratenden Ausschusses beide beteiligten Staaten betrifft, denn in einem solchen Fall bedarf es notfalls einer gerichtlichen Überprüfung in beiden Staaten.[766] Zwar können in diesen Fällen die zuständigen Behörden des entsprechenden Staates durch die Gerichtsentscheidung gebunden werden, so dass insoweit grundsätzlich eine effektive Möglichkeit zur Überprüfung der Einhaltung des EU-Schieds-übereinkommens besteht, jedoch bringt die Geltendmachung in beiden Staaten die Risiken mit sich, dass die Gerichte in den beiden Staaten zu unterschiedlichen Ergebnissen kommen und solche Verfahren in der Regel lange dauern.[767]

Dies führt dazu, dass eine effektive Möglichkeit zur Überprüfung der Verfahrensvorschriften des EU-Schiedsübereinkommens als solche auch auf nationaler Ebene im Ergebnis nicht besteht.[768] Denkbar wäre allerdings, die Einhaltung von einem rechtstaatlichen Grundsätzen entsprechenden Verfahren gleichzeitig im Rahmen des nationalen Gerichtsverfahrens zu überprüfen, in dem das jeweilige verbundene Unternehmen gegen die Umsetzung in der (nachgelagerten) Verständigungsvereinbarung bzw. der verbindlich gewordenen Stellungnahme in nationales Recht vorgeht.[769] Dies könnte beispielsweise den Anspruch auf rechtliches Gehör nach Art. 10 Abs. 2 Satz 1 EU-SchiedsÜ betreffen.

---

765 *Baßler*, Steuerliche Gewinnabgrenzung im Europ. Binnenmarkt, S. 338.

766 *Baßler*, Steuerliche Gewinnabgrenzung im Europ. Binnenmarkt, S. 338.

767 *Bödefeld/Kuntschik*, IStR 2009, 268 (271).

768 *Bödefeld/Kuntschik*, IStR 2009, 268 (271); *Liebchen* in: Schönfeld/Ditz, DBA, Rn. 315.

769 So wohl auch: *Menck* in: Gosch/Kroppen/Grotherr, DBA, Kommentar, Stand: Grundwerk 1997, Art. 25 OECD-MA Rn. 6 zu Art. 12 EU-SchÜ.

4. Teil: Verhältnis der verfahrensrechtlichen Instrumente zueinander

A. Verhältnis von APA zu den Verständigungs- und Schiedsverfahren nach Art. 25 OECD-MA und nach Artt. 6 ff. EU-Schiedsübereinkommen

Bei einem APA[770] werden bereits im Vorfeld zu einer möglichen Konfliktentstehung bestimmte Kriterien für die Bestimmung angemessener innerkonzernlicher Verrechnungspreise und Gewinnaufteilungen zwischen Stammhaus und Betriebsstätte verbindlich festgelegt[771]. Im Gegensatz zu diesem präventiv wirkenden Mittel kommen die Mechanismen des Art. 25 OECD-MA (Verständigungs- und Schiedsverfahren) und die entsprechenden Klauseln in den einzelnen zwischenstaatlichen Doppelbesteuerungsabkommen sowie der Artt. 6 ff. EU-SchiedsÜ (Verständigungs- und Schiedsverfahren) erst zur Anwendung, wenn bereits ein Konflikt entstanden ist. Es kommt somit bereits rein zeitlich nicht zu einer Konkurrenzsituation zwischen diesen verfahrensrechtlichen Instrumenten. Dennoch stellt sich für den Steuerpflichtigen die Frage, ob er bereits im Vorfeld eines möglichen Konflikts Maßnahmen ergreifen soll, die zum Abschluss eines APA führen, oder ob er abwarten soll, um im Falle einer drohenden oder entstandenen Doppelbesteuerung aufgrund von Gewinnberichtigungen die reaktiven Instrumente zu nutzen.

Ist ein APA geschlossen, so führt dies für die beteiligten international agierenden Unternehmen zu Rechts- und Planungssicherheit im Hinblick auf die anzuwendende Verrechnungspreismethode und die Gewinnabgrenzung zwischen Stammhaus und Betriebsstätte sowie die relevanten preisbestimmenden Faktoren für die künftig zu beurteilenden Geschäftsvorfälle.[772] Darüber hinaus unterscheidet sich auch die Beteiligung des betroffenen Steuerpflichtigen bei den vorgenannten verschiedenen Verfahrenstypen maßgeblich, was für diesen von maßgeblicher Bedeutung sein dürfte. Während dem Steuerpflichtigen bei den Verständigungs- und Schiedsverfahren nach dem OECD-Musterabkommen und dem EU-Schiedsübereinkommen neben dem Recht auf Einleitung des Verfahrens

---

770 Die folgenden Ausführungen beziehen sich lediglich auf bi- oder multilaterale APAs.

771 Vgl. dazu bereits: 2. Teil, A., S. 12 ff.

772 Vgl. dazu bereits die Ausführungen unter: 2. Teil, A., S. 12 ff.

durch Antragstellung wenige Mitwirkungsrechte zustehen[773], kommen APA nur mit dessen intensivem Zusammenwirken und Einverständnis zustande.[774] Ferner besteht die Möglichkeit, multilateralen Fällen mit Hilfe eines multilateralen APA zu begegnen, wohingegen das OECD-Musterabkommen lediglich bilaterale Lösungsmöglichkeiten anbietet.[775] Bei dem EU-Schiedsübereinkommen hängt die Beantwortung der Frage hinsichtlich der Durchführung eines multilateralen Verfahrens davon ab, ob eine sog. EU-Dreieckskonstellation[776] gegeben ist, denn dann kommen auch multilaterale Verfahren in Betracht.

Jedoch dürfen neben allen Vorteilen auch die negativen Aspekte eines APA nicht außer Betracht gelassen werden.[777] So entstehen dem Steuerpflichtigen beispielsweise zusätzliche Kosten und er muss den Finanzbehörden Informationen zugänglich machen, die diese auch im Falle des Scheiterns des Vorabverständigungsverfahrens zu seinem Nachteil verwenden können.

Mithin bedarf es einer Abwägung seitens des Steuerpflichtigen, ob bereits im Vorfeld Rechts- und Planungssicherheit erlangt werden soll und er so erst gar nicht auf die bloß reaktiven Mechanismen zur Vermeidung bzw. Beseitigung der Doppelbesteuerung, wie die Verständigungs- und Schiedsverfahren, mit ihren Unwägbarkeiten angewiesen ist, oder ob die Hürden insbesondere im Hinblick auf die Erstellung der benötigten Dokumente sowie der Preisgabe von Informationen als so hoch erscheinen, dass den reaktiven Mechanismen der Vorzug gegeben werden soll. Dabei sollte insbesondere beachtet werden, ob die vorliegenden Fallkonstellationen vom Anwendungsbereich des EU-Schiedsübereinkommens oder eines Doppelbesteuerungsabkommens, das eine Art. 25 Abs. 5 OECD-MA vergleichbare Regelung aufweist, umfasst sind. Ist dies nicht der Fall und ist daher kein verbindliches Schiedsverfahren vorgesehen, so besteht keine Gewähr dafür, dass durch die reaktiven Instrumente eine Doppelbesteuerung beseitigt wird. Gerade in einem solchen Fall dürfte der Abschluss eines APA daher zu empfehlen sein.

---

773 Vgl. dazu bereits: 2. Teil, B. III. 1. c), S. 31 ff., 2. Teil, B. III. 3. b), S. 36 ff. und 3. Teil, C. IV. 2. b), S. 116 ff.

774 *Grotherr*, BB 2005, 855 (857 f.).

775 *Becker*, IStR 2007, 592 (594).

776 Vgl. dazu: 3. Teil, C. III, S. 93 ff.

777 Vgl. dazu bereits die Ausführungen unter: 2. Teil, A., S. 12 ff.

B. Verhältnis des Schiedsverfahrens des EU-Schiedsübereinkommens zu Art. 25 Abs. 5 OECD-MA bzw. zu den Schiedsklauseln in einzelnen deutschen Doppelbesteuerungsabkommen

I. Vergleich der unterschiedlichen reaktiven Instrumente

Der Anwendungsbereich des EU-Schiedsübereinkommens ist im Gegensatz zum OECD-Musterabkommen nur beschränkt und umfasst, wie bereits gezeigt[778], Gewinnberichtigungen bei Verrechnungspreisen verbundener Unternehmen sowie Gewinnabgrenzungen im Verhältnis Stammhaus und Betriebsstätte(n). Damit überschneidet sich dieser mit den Vorschriften des OECD-Musterabkommens (Artt. 7 und 9 OECD-MA[779]) und den daran orientieren Doppelbesteuerungsabkommen.[780] Der Abschluss und das Inkrafttreten des EU-Schiedsübereinkommens war jedoch erforderlich, um den Zweck der Vermeidung einer Doppelbesteuerung im Binnenmarkt zu erreichen, denn zum Zeitpunkt des Abschlusses des EU-Schiedsübereinkommens bestanden längst nicht im Verhältnis jedes der damaligen zwölf EG-Mitgliedstaaten zu jedem anderen EG-Mitgliedstaat Doppelbesteuerungsabkommen.[781] Und auch heute haben noch nicht alle EU-Mitgliedstaaten entsprechende zweiseitige Abkommen mit jedem anderen EU-Mitgliedstaat abgeschlossen.[782] Darüber hinaus weist die Mehrheit der Doppelbesteuerungsabkommen zwischen den EU-Mitgliedstaaten zum jetzigen Zeitpunkt noch keine Art. 25 Abs. 5 OECD-MA entsprechende Regelung auf, mit der Folge, dass die Beseitigung der Doppelbesteuerung selbst bei Einleitung eines Verständigungsverfahrens nicht sichergestellt ist.

Kommt es zu einer doppelten Regelung, weil sowohl der Anwendungsbereich des EU-Schiedsübereinkommens eröffnet ist als auch die betroffenen Staaten ein bilaterales Doppelbesteuerungsabkommen abgeschlossen haben, welches Anwendung findet, so findet sich im OECD-Musterkommentar lediglich der Hinweis darauf, dass die EU-Mitgliedstaaten den Anwendungsbereich des Art. 25 Abs. 5 OECD-MA mit ihren Verpflichtungen nach dem EU-Schiedsübereinkommen koordinieren müssen.[783] Ferner bestimmt Art. 15 EU-SchiedsÜ, dass

778 Vgl. dazu bereits: 3. Teil, B., S. 68 ff.

779 Vgl. dazu bereits: 2. Teil, B. I. und II., S. 17 ff.

780 *Krabbe*, IStR 1996, 5 (6).

781 *Krabbe*, IStR 1996, 5 (6).

782 Vgl. dazu bereits: 3. Teil, B. II. 1. a), S. 70 ff.

783 OECD-Musterkommentar 2010 zu Art. 25 OECD-MA, Ziff. 67 abgedruckt in: Schönfeld/Ditz, DBA, Art. 25 Vor Rn. 1.

weitergehende Verpflichtungen zur Beseitigung der Doppelbesteuerung durch das EU-Schiedsübereinkommen nicht berührt werden. In der Konsequenz ist daher davon auszugehen, dass durch das EU-Schiedsübereinkommen keine Schlechterstellung der Unternehmen erfolgen soll.[784] Vielmehr dürften beispielsweise die Verpflichtungen zur Gegenberichtigung nach Art. 9 Abs. 2 OECD-MA[785] und wohl auch nach dem an diesem angelehnten nunmehrigen Art. 7 Abs. 3 OECD-MA[786], sofern dieser schon in das jeweilige Abkommen aufgenommen wurde, bestehen bleiben.[787]

Nach ganz überwiegender und überzeugender Ansicht in der Literatur kommt bei einer solchen doppelten Anwendungsmöglichkeit keinem der Verfahren des EU-Schiedsübereinkommens oder des einschlägigen, sich an Art. 25 OECD-MA orientierenden, Doppelbesteuerungsabkommens Vorrang zu, sondern die Instrumente sind grundsätzlich nebeneinander anwendbar und dem Steuerpflichtigen steht bei Antragstellung ein Wahlrecht zu.[788] Dafür spricht insbesondere, dass sowohl das multilaterale EU-Schiedsübereinkommen als auch die bilateralen Doppelbesteuerungsabkommen als völkerrechtliche Verträge zu charakterisieren sind[789] und damit gemeinsam auf einer Stufe stehen.[790] Im Hinblick darauf, dass das Schiedsverfahren des EU-Schiedsübereinkommens im Gegensatz zum Schiedsverfahren nach Art. 25 Abs. 5 OECD-MA ohne weiteren Antrag bei Vorliegen der entsprechenden Voraussetzungen eingeleitet wird, ist die Wahl des Steuerpflichtigen bereits bei Beantragung des Verständigungsverfahrens nach

---

784 *Krabbe* in: Wassermeyer, DBA, Kommentar, Stand: Januar 2010, Art. 16 EU-SchÜ Rn. 1.

785 Vgl. dazu bereits: 2. Teil, B. II. 2., S. 26 ff.

786 Vgl. dazu bereits: 2. Teil, B. I. 3., S. 23.

787 *Krabbe* in: Wassermeyer, DBA, Kommentar, Stand: Januar 2010, Art. 16 EU-SchÜ Rn. 2.

788 *Bödefeld/Kuntschik*, IStR 2009, 449 (453); *Flüchter* in: Schönfeld/Ditz, DBA, Art. 25 Rn. 20; *Hendricks* in: Baumhoff/Wassermeyer, Verrechnungspreise int. verbundener Unternehmen, Rn. 10.69; Jacobs/Endres/Spengel, Int. Unternehmensbesteuerung, S. 902; *Kempf/Gelsdorf*, IStR 2012, 329 (335); *Krabbe* in: Wassermeyer, DBA, Kommentar, Stand: Oktober 2007, Vor Art. 1 EU-SchÜ Rn. 10; *Kramer* in: Wassermeyer, DBA, Kommentar, Stand: Oktober 2002, Art. 25a DBA-Frankreich Rn. 4; *Lehner* in: Vogel/Lehner, DBA, Kommentar, Art. 25 Rn. 306; *Merz/Sajogo*, PIStb 2010, 44 (45); *Peters/Haverkamp*, BB 2011, 1303 (1305). a.A. wohl: *Hinnekens*, EC Tax Review 1992, 70 (84); *van Herksen*, Intertax 2008, 332 (333 f.).

789 Vgl. zu den Charakterisierungen bereits: 2. Teil, B., S. 17 und 3. Teil, A. I., S. 61 ff.

790 Jacobs/Endres/Spengel, Int. Unternehmensbesteuerung, S. 902; *Kempf/Gelsdorf*, IStR 2012, 329 (334); *Liebchen* in: Schönfeld/Ditz, DBA, Art. 25 Rn. 240.

dem EU-Schiedsübereinkommen bzw. nach Art. 25 OECD-MA auszuüben.[791] Davon geht auch die deutsche Finanzverwaltung aus, indem sie in ihrem Merkblatt zum internationalen Verständigungs- und Schiedsverfahren zwar Regeln für beide Verfahren aufstellt, die sich zum Teil entsprechen bzw. aufeinander verweisen, jedoch dort auch bestimmt, dass der Steuerpflichtige bei Antragstellung deutlich zu machen hat, ob er sich auf das EU-Schiedsübereinkommen oder auf die Verständigungsklausel des entsprechenden Doppelbesteuerungsabkommens beruft.[792] Konsequenz daraus ist, dass den betroffenen Unternehmen ein gegebenenfalls für sie günstigeres Schiedsverfahren nach einem Doppelbesteuerungsabkommen offen steht, wie dies auch in Art. 15 EU-SchiedsÜ vorgesehen ist.

Da folglich nach Auffassung der deutschen Finanzverwaltung sowie der ganz herrschenden Meinung in der Literatur dem Steuerpflichtigen ein Wahlrecht zusteht, stellt sich die Frage, welches der beiden Verfahren das Günstigere für den Steuerpflichtigen darstellt. Dabei sind insbesondere die Unterschiede der beiden Instrumente und deren mögliche Auswirkungen für den Steuerpflichtigen zu betrachten. Für Zwecke der folgenden Gegenüberstellung der Verfahren wird davon ausgegangen, dass die in dem Überarbeiteten Verhaltenskodex und dem OECD-Musterkommentar nebst Musterverständigungsvereinbarung niederlegten Konkretisierungen in der Praxis angewendet werden.

Im EU-Schiedsübereinkommen ist eine eigenständige Regelung für ein Verständigungsverfahren (Art. 6 EU-SchiedsÜ) enthalten, die Art. 25 Abs. 1 und Abs. 2 OECD-MA entspricht.[793] Beide Verständigungsverfahren werden nur auf Antrag des Steuerpflichtigen bzw. des verbundenen Unternehmens durchgeführt. Sowohl dem Schiedsverfahren nach dem EU-Schiedsübereinkommen als auch dem Schiedsverfahren nach Art. 25 Abs. 5 OECD-MA geht ein Verständigungsverfahren voraus. Ist das jeweilige Verständigungsverfahren erfolglos durchgeführt worden, so schließt sich im Anwendungsbereich des EU-Schiedsübereinkommens automatisch das Schiedsverfahren an (Art. 7 Abs. 1 EU-SchiedsÜ). Bei einem Verständigungsverfahren nach dem OECD-Musterabkommen ist hingegen ein Antrag notwendig, um ins Schiedsverfahren zu gelangen (Art. 25 Abs. 5 OECD-MA).[794] Nach den deutschen Doppelbesteuerungsabkommen mit Liechtenstein[795],

791 *Flüchter* in: Schönfeld/Ditz, DBA, Art. 25 Rn. 20.

792 BMF-Schreiben v. 13.07.2006, BStBl. I 2006, 461, Tz. 2.1.1 und 11.1.1.

793 *Krabbe*, IStR 1996, 5 (6).

794 *Nientimp/Tomson*, IStR 2009, 615 (616).

795 Vgl. dazu: 2. Teil, B. IV. 2. b), S. 57 f.

den USA[796] und der Schweiz[797] ist jedoch, ebenso wie beim EU-Schiedsübereinkommen, kein erneuter Antrag für die Einleitung des Schiedsverfahrens erforderlich. Jedoch sollte allein die mögliche Notwendigkeit einer erneuten Antragstellung für die Entscheidung hinsichtlich des für den Steuerpflichtigen günstigeren Verfahrens keinen Ausschlag geben.

Bei den Schiedsverfahren sowohl nach dem EU-Schiedsübereinkommen als auch nach dem OECD-Musterabkommen handelt es sich um obligatorische Verfahren, bei denen dem Steuerpflichtigen ein Anspruch auf Einleitung des Verfahrens zusteht, den er notfalls mit Hilfe nationaler Rechtsbehelfe durchsetzen kann.[798] Folglich bestehen insoweit keine Unterschiede zwischen den Verfahren, so dass dies die Entscheidung des Steuerpflichtigen, welches Verfahren er beantragt, nicht beeinflussen dürfte. Etwas anderes gilt indes bei denjenigen Doppelbesteuerungsabkommen, die lediglich ein fakultatives Schiedsverfahren vorsehen, wie dies beispielsweise bei den deutschen Abkommen mit Frankreich, Kanada und Schweden der Fall ist. Bei diesen liegt es im Ermessen der zuständigen Behörden, ob sie ein Schiedsverfahren durchführen oder nicht.[799] Insoweit besteht für den Steuerpflichtigen Rechtsunsicherheit, ob die Doppelbesteuerung wirklich in letzter Konsequenz im Falle eines Scheiterns des Verständigungsverfahrens in einem Schiedsverfahren beseitigt werden wird, so dass insoweit im Falle des Vorliegens eines solchen Doppelbesteuerungsabkommens einem Verfahren nach dem EU-Schiedsübereinkommen der Vorzug zu geben sein dürfte.

Ein weiterer Aspekt, der bei der Entscheidung nach dem einzuschlagenden Verfahrensweg eine Rolle spielen dürfte, sind die Möglichkeit und das Ausmaß einer möglichen Mitwirkung des Steuerpflichtigen am Verfahren. Sowohl bei den Verfahren nach dem EU-Schiedsübereinkommen als auch nach Art. 25 OECD-MA kommt dem Steuerpflichtigen aufgrund der Ausgestaltung der Verfahren keine Parteistellung zu. Er ist bei beiden Verfahren nicht befugt, an den Sitzungen des Schiedsgerichts bzw. des Beratenden Ausschusses teilzunehmen. Jedoch steht ihm nach Art. 10 Abs. 1 Satz 1 EU-SchiedsÜ das Recht zu, dem Beratenden Ausschuss die Unterlagen zu übermitteln, die er für die Entscheidungsfindung als brauchbar erachtet. Darüber hinaus sieht das EU-Schiedsübereinkommen

---

796 Vgl. dazu: 2. Teil, B. IV. 1. f), S. 52 ff.

797 Vgl. dazu: 2. Teil, B. IV. 2. d), S. 59 ff.

798 *Peters/Haverkamp*, BB 2011, 1303 (1306).

799 Vgl. für die entsprechende Klausel im DBA-Frankreich: *Kramer* in: Wassermeyer, DBA, Kommentar, Stand: Oktober 2002. Art. 25a DBA-Frankreich Rn. 2 und 7; *Lüthi* in: Gosch/Kroppen/Grotherr, DBA, Kommentar, Stand: Grundwerk 1997, Art. 25a DBA-Frankreich Rn. 1.

mit Art. 10 Abs. 2 Satz 1 EU-SchiedsÜ für das Verfahren vor dem Beratenden Ausschuss einen Anspruch des Steuerpflichtigen auf rechtliches Gehör vor. So weitgehende Befugnisse werden dem Steuerpflichtigen bei einem Schiedsverfahren nach dem OECD-Musterabkommen nicht eingeräumt. Zwar können auch in diesem Verfahren schriftliche Stellungnahmen abgeben werden und bei Zustimmung seitens der Schiedsrichter ist ein mündlicher Vortrag möglich, jedoch hat der Steuerpflichtige hierauf keinen Anspruch. Geht der Steuerpflichtige davon aus, mit einer sorgfältigen Aufarbeitung der Sach- und Rechtslage und einer darauf aufbauenden guten Argumentation, die Schiedsrichter überzeugen zu können, so ist das Schiedsverfahren nach dem EU-Schiedsübereinkommen für den Steuerpflichtigen günstiger, denn bei diesem ist aufgrund des Anspruchs auf rechtliches Gehör sichergestellt, dass er seine Sichtweise auch vor dem Beratenden Ausschuss darlegen kann.

Wurde der Sachverhalt (aus Sicht des Steuerpflichtigen) im innerstaatlichen Besteuerungsverfahren noch nicht hinreichend aufgeklärt und ist eine solche Aufklärung auch im Verständigungsverfahren nicht zu erwarten, so ist das Schiedsverfahren nach dem EU-Schiedsübereinkommen auch aus einem weiteren Aspekt für den Steuerpflichtigen günstiger, da der Beratende Ausschuss nämlich berechtigt ist, selbstständig eine Sachverhaltsaufklärung zu bewirken und diese seiner Entscheidung zugrunde zu legen.[800] Dies steht im Gegensatz zu dem Schiedsverfahren nach Art. 25 Abs. 5 OECD-MA, bei dem dem Schiedsgericht keine Befugnis zur Klärung streitiger Sachverhaltsfragen zugebilligt wird. Vielmehr kann das Schiedsgericht Informationen, die den zuständigen Behörden vor Einleitung des Schiedsverfahrens nicht zur Verfügung standen, nur mit Einwilligung der beiden zuständigen Behörden bei der Entscheidung berücksichtigen.[801]

Während die am OECD-Musterabkommen orientierten Doppelbesteuerungsabkommen lediglich bilaterale Fälle erfassen[802], können nach dem Überarbeiteten Verhaltenskodex die Verständigungs- und Schiedsverfahren des EU-Schiedsübereinkommens auch multilateral geführt werden, indem alle zuständigen Behörden einbezogen werden. Einschränkend ist jedoch darauf hinzuweisen, dass dies nur dann möglich ist, wenn die betroffenen Steuerpflichtigen ihren Sitz im Anwendungsbereich des Übereinkommens haben.[803] Ein multilaterales Verfahren bietet

800 Vgl. dazu bereits: 3. Teil, C. IV. 2. b) aa), S. 116.

801 OECD-Musterkommentar 2010 zu Art. 25 OECD-MA, Anhang nach Rn. 101, Mustervereinbarung, Ziff 10 abgedruckt in: Schönfeld/Ditz, DBA, Art. 25 Vor Rn. 1.

802 *Flüchter* in: Schönfeld/Ditz, DBA, Art. 25 Rn. 189.

803 Überarbeiteter Verhaltenskodex, ABl. EU 2009 C 322/1, Tz. 1.1 Buchst. a); *Peters/Haverkamp*, BB 2011, 1303 (1307).

für den Steuerpflichtigen den Vorteil, dass eine einheitliche Lösung gefunden werden kann und die Gefahr widerstreitender Entscheidungen ausgeräumt wird. Für Verrechnungspreisfälle oder Fälle der Gewinnaufteilung bei Betriebsstätten, bei denen mehr als zwei EU-Staaten involviert sind, sind die Verständigungs- und Schiedsverfahren nach dem EU-Schiedsübereinkommen daher vorzugswürdig. Sind hingegen bei den Fallkonstellationen auch Nicht-EU-Staaten beteiligt, so kann auch nach dem EU-Schiedsübereinkommen kein multilaterales Verfahren zur Anwendung kommen und es besteht gegenüber den Verfahren nach dem OECD-Musterabkommen kein Vorteil für den bzw. die Steuerpflichtigen.

Fraglich ist, ob die Art und Weise der Bestellung der Schiedsrichter für den Steuerpflichtigen Auswirkungen haben kann. Nach dem EU-Schiedsübereinkommen besteht der Beratende Ausschuss aus einem Vorsitzenden, zwei oder vier Vertretern der beteiligten zuständigen Behörden sowie einer geraden Anzahl unabhängiger Personen.[804] Dies bedeutet, dass es den Vertretern der beteiligten zuständigen Behörden je nach Zusammensetzung des Ausschusses theoretisch möglich wäre, die unabhängigen Personen (einschließlich dem Vorsitzenden) zu überstimmen.[805] Das Bedürfnis des Steuerpflichtigen nach einer unabhängigen Entscheidung könnte daher je nach Besetzung des Ausschusses nicht erfüllt werden. Jedoch ist, wie bereits gezeigt, ein Zusammenwirken der involvierten zuständigen Behörden aufgrund der unterschiedlichen Interessenslagen hinsichtlich des jeweiligen Steuersubstrats eher unwahrscheinlich, so dass in der Konsequenz eine Lösung unter Einflussnahme der unabhängigen Personen zu finden sein dürfte. Legen die Mitgliedstaaten indes von vornherein die Anzahl an Vertretern der zuständigen Behörden auf zwei Personen fest, so besteht seitens der unabhängigen Personen eine Mehrheit, die eine unabhängige Lösung des Konflikts zum Ergebnis haben kann.

Die Schiedsrichterbestellung ist im OECD-Musterabkommen selbst nicht geregelt, so dass auf die Mustervereinbarung des OECD-Musterkommentars zurückzugreifen ist.[806] Nach dieser Mustervereinbarung obliegt die Berufung des Schiedsgerichts im Rahmen von Art. 25 Abs. 5 OECD-MA den beiden zuständigen Behörden, die zunächst jeweils einen Schiedsrichter berufen. Diese beiden Schiedsrichter berufen sodann einen dritten Schiedsrichter als Vorsitzenden. Im Hinblick auf die Unabhängigkeit dieser Personen wird lediglich gefordert,

---

804 Vgl. für die Zusammensetzung des Beratenden Ausschusses im Einzelnen: 3. Teil, C. IV. 1. d), S. 111 ff.

805 Vgl. dazu im Einzelnen bereits unter: 3. Teil, C. IV. 2. c) bb), S. 122 f.

806 Vgl. für die Zusammensetzung des Schiedsgerichts nach Art. 25 Abs. 5 OECD-MA im Einzelnen: 2. Teil, B. III. 3. b), S. 36 ff.

dass diese in einem früheren Verfahrensabschnitt nicht mit dem Fall befasst gewesen sein dürfen. Ob dies ausreicht, um eine Unabhängigkeit sicherzustellen, erscheint, auch unter dem Aspekt, dass die zu berufenden Schiedsrichter Beamte der betroffenen Vertragsstaaten sein dürfen, fraglich.[807]

In der deutschen Abkommenspraxis gibt es jedoch auch Doppelbesteuerungsabkommen, die dem Bedürfnis nach einer unabhängigen Schiedsstelle nachkommen. So ist nach dem deutschen Doppelbesteuerungsabkommen mit Österreich der Fall im Rahmen eines Schiedsverfahrens bei dem EuGH – und damit einer unabhängigen Instanz – anhängig zu machen.[808] Ferner setzt sich das Schiedsgericht nach dem Doppelbesteuerungsabkommen mit Schweden aus Berufsrichtern der Vertragsstaaten, dritter Staaten oder internationaler Organisationen zusammen.[809] Einen anderen Weg sind Deutschland und die USA bei ihrem Doppelbesteuerungsabkommen gegangen.[810] Dort dürfen keine Personen ernannt werden, die derzeit oder in den vergangenen zwei Jahren aktive Mitarbeiter des öffentlichen Dienstes sind bzw. waren. Ferner sollen die Mitglieder der Schiedsstelle im Hinblick auf die involvierten Vertragsstaaten und die betroffenen Steuerpflichtigen unparteiisch und unabhängig sein. Im Gegensatz dazu orientieren sich die Verständigungsvereinbarungen mit Großbritannien[811] und den Niederlanden[812] an der Mustervereinbarung des OECD-Musterkommentars und stellen keine weiteren Anforderungen an die Personen der Schiedsrichter. Es hängt folglich von der individuellen Ausgestaltung seitens der Vertragsstaaten im Rahmen der Vertragsverhandlungen ab, ob eine Unabhängigkeit der Schiedsrichter verlangt wird. Hat für den Steuerpflichtigen die Unabhängigkeit der Schiedsrichter entscheidende Bedeutung, so dürfte das EU-Schiedsübereinkommen dann vorzugswürdig sein, wenn die beteiligten Vertragsstaaten sich an der Mustervereinbarung des OECD-Musterkommentars orientiert haben. Ist eine solche Orientierung nicht gegeben, so sind die Regelungen zur Besetzung des Schiedsgerichts danach zu untersuchen, ob eine Unabhängigkeit der Schiedsrichter gewährleistet wird.

807 So wohl auch: *Liebchen* in: Schönfeld/Ditz, DBA, Art. 25 Rn. 258.

808 Vgl. dazu: 2. Teil, B. IV. 1. d), S. 49 f.

809 Vgl. dazu: 2. Teil, B. IV. 1. e), S. 50 ff.

810 Vgl. dazu: 2. Teil, B. IV. 1. f), S. 52 ff.

811 Vgl. zu Großbritannien: BMF-Schreiben v. 10.10.2011, BStBl. I 2011, 956, Tz. 5.

812 Vgl. zu den Niederlanden: www.bundesfinanzministerium.de/Content/DE/Standardartikel/Themen/Steuern/Internationales_Steuerrecht/Staatenbezogene_Informationen/Laender_A_Z/Niederlande/2012-04-13-abkommen-zwischen-der-bundesrepublik-deutschland-und-dem-koenigreich-der-niederlande-anlage2.pdf, Tz. 5 (Stand: 17.04.2014).

Nach dem EU-Schiedsübereinkommen trifft der Beratende Ausschuss seine eigenständige Entscheidung nach dem Fremdvergleichsgrundsatz. Dies entspricht dem sog. „independent opinion approach".[813] Diese Vorgehensweise ist auch von der OECD als die allgemein anzuwendende Verfahrensweise gewählt worden. Jedoch sieht die Mustervereinbarung zu Art. 25 Abs. 5 OECD-MA daneben auch ein vereinfachtes Schiedsverfahren vor, bei dem der „baseball arbitration approach" Anwendung findet.[814] Eine solche Kombination haben beispielsweise Deutschland und Großbritannien in ihrer Verständigungsvereinbarung vorgesehen.[815] Für ein Verfahren, das eine Entscheidung des Schiedsgerichts ausschließlich unter Anwendung des „baseball arbitration approachs" beinhaltet, haben sich beispielsweise Deutschland und die USA entschieden. Es stellt sich somit die Frage, welche Herangehensweise des Schiedsgerichts für den Steuerpflichtigen von Vorteil ist.

Während die Schiedsrichter beim „baseball arbitration approach" lediglich zwischen zwei Lösungsvorschlägen der zuständigen Behörden auswählen dürfen, steht den Schiedsrichtern nach dem „independent opinion approach" die Befugnis zu, eine eigene Lösung zu entwickeln, bei der sie auch ihre Sachkenntnisse einsetzen können.[816] Nachteilig ist jedoch, dass diese Entscheidungsfindung einen längeren Zeitraum in Anspruch nehmen wird, als wenn das Schiedsgericht lediglich zwischen zwei Lösungsvorschlägen zu entscheiden hat. Der „baseball arbitration approach" bietet hingegen den Vorteil, dass die zuständigen Behörden sich stets bemühen werden, je einen ausgeglichenen und angemessenen Vorschlag zu unterbreiten, da sonst die Gefahr besteht, dass ihr Vorschlag von dem Schiedsgericht als zu unausgewogen abgelehnt und dem Lösungsvorschlag der anderen zuständigen Behörde zugestimmt wird. Dabei wird das Schiedsgericht sich für den Vorschlag entscheiden, der nach seiner Beurteilung einer sachgerechten Lösung am nächsten kommt.[817] Somit werden die zuständigen Behörden bestrebt sein, bereits kompromissfähige Lösungsvorschläge zu machen.[818] Jedoch bedeutet dies nicht zwangsläufig, dass die Lösungsvorschläge den Aufteilungen des Steuerpflichtigen entsprechen und in seinem Interesse sind.[819] Vielmehr kann eine Entscheidung nach dem „baseball arbitration approach" auch zu einem „ungerechten" Ergebnis für den Steuerpflichtigen führen, da lediglich eine von zwei

813 *Peters/Haverkamp*, BB 2011, 1303 (1309).
814 Vgl. dazu bereits: 2. Teil, B. III. 3. b), S. 36 ff.
815 Vgl. dazu bereits: 2. Teil, B. IV. 2. a), S. 56 f.
816 So auch: *Peters/Haverkamp*, BB 2011, 1303 (1309).
817 So auch: *Puls/Nientimp*, RIW 2006, 673 (676).
818 So auch: *Loh/Peters*, RIW 2008, 294 (297).
819 *Peters/Haverkamp*, BB 2011, 1303 (1309).

Lösungsalternativen gewählt werden kann, ohne dass es dem Schiedsgericht zusteht, Änderungen oder Ergänzungen vorzunehmen.[820] Allerdings ist dabei auch zu beachten, dass beide Entscheidungsmöglichkeiten zu einer Beseitigung der Doppelbesteuerung führen sollten. Auch bei der eigenständigen Stellungnahme des Beratenden Ausschusses, die sich am Fremdvergleichsgrundsatz orientiert, ist ein Ergebnis möglich, das die Interessen des Steuerpflichtigen nicht widerspiegelt. Das gleiche gilt für eine Entscheidung des Schiedsgerichts nach Art. 25 Abs. 5 OECD-MA, wenn dort der „independent opinion approach" vorgesehen ist. Bei der Entscheidung, welches Verfahren der Steuerpflichtige initiieren möchte, ist folglich abzuwägen, ob ihm an einer zeitnahen Entscheidung gelegen ist oder ob er davon ausgeht, dass die Sachkenntnisse der Schiedsrichter für ihn einen günstigeren Ausgang des Verfahrens gewährleisten.

Haben die Schiedsrichter eine Entscheidung getroffen, so ist die Behandlung dieses Ergebnisses unterschiedlich. Während es den zuständigen Behörden nach dem EU-Schiedsübereinkommen frei steht, im Rahmen eines sog. Schlussverfahrens eine von der Stellungnahme des Beratenden Ausschusses abweichende Entscheidung zu treffen[821], ist nach Art. 25 Abs. 5 OECD-MA der Schiedsspruch für die beteiligten Staaten grundsätzlich bindend[822]. Es besteht folglich bei Wahl des Verständigungs- und Schiedsverfahrens nach dem EU-Schiedsübereinkommen das Risiko, dass die beteiligten Staaten weitere sechs Monate über eine abweichende Lösung verhandeln und es letztlich mangels Einigung doch bei der Stellungnahme des Beratenden Ausschusses verbleibt, die nach Ablauf dieser Frist bindend wird. Kommt es indes zu einer nachgelagerten Einigung der zuständigen Behörden, so erhalten die Steuerpflichtigen eine Entscheidung, bei der trotz Durchlaufens des Schiedsverfahrens keiner der unabhängigen Vertreter mitgewirkt hat und somit möglicherweise die Unparteilichkeit des Verfahrens ausgehebelt werden kann.[823] Jedoch muss es auch bei dieser nachgeschalteten Verständigung zu einer Beseitigung der Doppelbesteuerung unter Anwendung des Fremdvergleichsgrundsatzes kommen, so dass sich im Ergebnis keine signifikante Schlechterstellung der Steuerpflichtigen ergeben sollte. Zwar ist eine solche nachgeschaltete Verständigung im OECD-Musterabkommen nicht enthalten, jedoch sieht der Musterkommentar vor, dass die Staaten durch entsprechende Änderung des Art. 25 Abs. 5 Satz 3 OECD-MA eine vom Musterabkommen abweichende

---

820 So auch: *van Herksen/Fraser*, ITPJ 2009, 143 (160).
821 Vgl. dazu: 3. Teil, C. IV. 3., S. 126 ff.
822 Vgl. dazu: 2. Teil, B. III. 3. b), S. 36 ff.
823 So auch: *Peters/Haverkamp*, BB 2011, 1303 (1310).

Regelung vereinbaren können.[824] Von dieser Möglichkeit wurde beispielsweise in dem deutschen Doppelbesteuerungsabkommen mit Liechtenstein Gebrauch gemacht.[825] Folglich hängt es von den Verhandlungen der Staaten bei Abschluss oder Änderung des Doppelbesteuerungsabkommens ab, welche Regelung sie treffen. Im Ergebnis sollten sich jedoch auch aus einer nachgeschalteten Verständigung außer der weiteren Verzögerung des Verfahrens keine weiteren negativen Auswirkungen für die Steuerpflichtigen ergeben, sondern eine solche Regelung dürfte vielmehr dazu dienen, den Staaten das Gefühl zu geben, ihre Souveränität sowie ihre Verfahrensherrschaft nicht gänzlich aufzugeben.

Ausschlaggebend für die Entscheidung, welches Verfahren angestrebt werden soll, könnte neben den bereits genannten Aspekten auch die Dauer des jeweiligen Verfahrens sein. Jedoch unterscheiden sich die beiden Verfahren des EU-Schiedsübereinkommens und des OECD-Musterabkommens vom (theoretischen) zeitlichen Ablauf her nur noch geringfügig, so dass keines der Verfahren einen nennenswerten Vorteil bringt.[826] Als zusätzliches, für den Steuerpflichtigen negatives, Zeitelement könnte allenfalls die vorgenannte Möglichkeit der beteiligten Staaten zur Verhandlung über eine abweichende Lösung im Rahmen eines sog. Schlussverfahrens betrachtet werden. Dabei ist zu beachten, dass es in der Praxis bei beiden Verfahren zu zeitlichen Verzögerungen kommen kann bzw. in der Vergangenheit gekommen ist und es daher insbesondere auch auf die jeweils beteiligten Finanzverwaltungen sowie den Ablauf des einzelnen Verfahrens ankommt, welchen Zeitraum es bis zum Abschluss des Verfahrens in Anspruch nimmt. Mithin dürfte die Dauer des Verfahrens keinen Einfluss auf die Entscheidung des Steuerpflichtigen für das eine oder das andere Verfahren haben, da diese ohnehin im Vorfeld nicht konkret bestimmbar sein dürfte. Etwas anderes kann indes dann gelten, wenn einzelne Doppelbesteuerungsabkommen bereits längere Fristen vorsehen. So ist beispielsweise bei den deutschen Doppelbesteuerungsabkommen mit Liechtenstein und Österreich vorgesehen, dass ein Schiedsverfahren erst dann in Betracht kommt, wenn sich die zuständigen Behörden nicht innerhalb von drei Jahren – anstelle von zwei Jahren nach dem OECD-Musterabkommen und dem EU-Schiedsübereinkommen – nach Einleitung des Verständigungsverfahrens verständigen konnten.

---

824 OECD-Musterkommentar 2010 zu Art. 25 OECD-MA, Ziff. 84 abgedruckt in: Schönfeld/Ditz, DBA, Art. 25 Vor Rn. 1.

825 Vgl. dazu: 2. Teil, B. IV. 2. b), S. 57 f.

826 *Peters/Haverkamp*, BB 2011, 1303 (1308).

Im Hinblick auf die innerstaatliche Umsetzung sowie auf die Kostentragung dürfte keines der Verfahren besonders vorzugswürdig sein.[827] Die Ergebnisse sämtlicher Verfahren sind in innerstaatliches Recht umzusetzen und bei den Kosten haben die Steuerpflichtigen die ihnen aufgrund der Verfahren entstandenen Kosten, wie beispielsweise Rechtsanwalts- oder Steuerberatervergütungen, selbst zu tragen.[828]

II. Ergebnis

Die Entscheidung, welches der Instrumente zur Vermeidung oder Beseitigung von Doppelbesteuerung von internationalen Unternehmen bevorzugt zu wählen sein dürfte, hängt im Ergebnis insbesondere von den Umständen des Einzelfalls ab. Dabei sind besonders die einzelnen Regelungen des konkret anwendbaren Doppelbesteuerungsabkommens in die Erwägungen einzubeziehen, denn – wie bereits gezeigt – können sich diese erheblich unterscheiden.

Sieht ein Doppelbesteuerungsabkommen beispielsweise noch keine Schiedsklausel vor, so dürfte eindeutig das EU-Schiedsübereinkommen zu bevorzugen sein, denn nur dieses stellt sicher, dass am Ende des Verfahrens auch tatsächlich die Beseitigung der Doppelbesteuerung steht. Das vorgesehene verbindliche Schiedsverfahren trägt somit zu einer erheblichen Stärkung der Rechtsposition des Steuerpflichtigen bei.

Wurde hingegen in das zwischen den betroffenen Staaten bestehende Doppelbesteuerungsabkommen bereits eine Schiedsklausel aufgenommen, so stellt sich zunächst die Frage, ob diese ein fakultatives oder ein obligatorisches Schiedsverfahren vorsieht. Im Falle eines fakultativen Schiedsverfahrens liegt es allein an den befassten Staaten, ob sie sich nach Entstehung des Konflikts noch auf die Durchführung eines Schiedsverfahrens einigen. Für den Steuerpflichtigen besteht daher weiterhin keine Rechts- und Planungssicherheit, denn bei Scheitern des Verständigungsverfahrens geht das Verfahren weder automatisch noch auf seinen Antrag hin in ein Schiedsverfahren über. Sieht das Doppelbesteuerungsabkommen daher kein obligatorisches Schiedsverfahren vor, so dürfte die Wahl des Steuerpflichtigen ebenfalls auf das EU-Schiedsübereinkommen fallen. Aus Sicht eines deutschen Steuerpflichtigen ist dies derzeit beispielsweise bei den deutschen Doppelbesteuerungsabkommen mit Frankreich, Kanada und Schweden der Fall.

---

827 So auch: *Peters/Haverkamp*, BB 2011, 1303 (1310 f.).

828 Vgl. dazu bereits zum OECD-Musterabkommen: 2. Teil, B. III. 3. b), S. 36 ff. sowie zum EU-Schiedsübereinkommen: 3. Teil, C. IV. 2. c) aa), S. 121 f.

Enthält das anwendbare Doppelbesteuerungsabkommen allerdings Regelungen zu einem obligatorischen Schiedsverfahren, so sind die einschlägigen Regelungen dieses Abkommens und des EU-Schiedsübereinkommens konkret miteinander zu vergleichen und die sich daraus ergebenden Vor- und Nachteile gegeneinander abzuwägen. So finden sich insbesondere Unterschiede in dem Recht zur Mitwirkung des Steuerpflichtigen, bei der Befugnis des Schiedsgerichts bzw. des Beratenden Ausschusses den Sachverhalt selbst aufzuklären und in der (theoretischen) Dauer des Verfahrens. Ferner sind die Schiedsrichterbestellung sowie die Entscheidungskompetenz der Schiedsrichter, dies insbesondere hinsichtlich der Frage, ob die Schiedsrichter eine eigene Lösung des Falles entwickeln können oder ob sie lediglich zwischen zwei Lösungsvorschlägen zu entscheiden haben, verschieden ausgestaltet. Weiter bestehen Unterschiede im Hinblick auf die Bindungswirkung des Schiedsspruches. Dabei sollten von den dargestellten Unterschieden der Mechanismen bei der Entscheidung über das zu wählende Instrument insbesondere die Mitwirkungsmöglichkeiten des Steuerpflichtigen, die Aufklärungsbefugnis der Schiedsrichter sowie deren Entscheidungskompetenz Schwerpunkte in der Abwägung darstellen.

5. Teil: Zusammenfassung

Nachdem im 1. Teil dieser Arbeit herausgearbeitet wurde, wie es zu einer wirtschaftlichen bzw. juristischen Doppelbesteuerung bei international agierenden Unternehmen in Fällen von Gewinnberichtigungen kommen kann, wurden im 2. Teil verschiedene Instrumente zur Vermeidung oder Beseitigung einer solchen Doppelbesteuerung untersucht. Dabei wurde bei der Untersuchung der unterschiedlichen Instrumente im sich daran anschließenden 3. Teil besonderes Augenmerk auf das EU-Schiedsübereinkommen zur Beseitigung der Doppelbesteuerung im Falle von Gewinnberichtigungen zwischen verbundenen Unternehmen und Gewinnabgrenzungen zwischen Stammhaus und Betriebsstätte gelegt. Im folgenden 4. Teil der Arbeit wurden die verschiedenen Instrumente zur Vermeidung oder Beseitigung einer Doppelbesteuerung miteinander verglichen, um Auswirkungen für die betroffenen Steuerpflichtigen, also die international tätigen Unternehmen, aufzuzeigen. Die Ergebnisse der Arbeit lassen sich wie folgt zusammenfassen:

Zum Zwecke der Herausarbeitung möglicher Ursachen einer Doppelbesteuerung im Falle von Gewinnberichtigungen bei international agierenden Unternehmen lassen sich zwei Unternehmenstypen unterscheiden, nämlich Einheitsunternehmen und verbundene Unternehmen.

Bei *Einheitsunternehmen*, deren klassisches Beispiel das Stammhaus und seine Betriebsstätte als rechtlich unselbstständige Organisationseinheit sind, kann eine juristische Doppelbesteuerung entstehen, wenn der Gesamtgewinn des Einheitsunternehmens zwischen dem Ansässigkeitsstaat des Stammhausbetreibers und dem Betriebsstättenstaat nicht übereinstimmend abgegrenzt wird, das heißt Gewinnberichtigungen bei den einzelnen Unternehmensteilen nicht korrespondierend erfolgen.

Vergleichbar stellt sich die Situation bei international *verbundenen Unternehmen* dar, bei denen es sich um rechtlich selbstständige Unternehmen und damit jeweils eigenständige Steuersubjekte handelt. Bei diesen kann es im Falle einer Berichtigung ihrer konzerninternen Verrechnungspreise zu einer wirtschaftlichen Doppelbesteuerung kommen. Werden in einem Staat die Preise für Lieferungen und Leistungen zwischen den verbundenen Unternehmen nicht akzeptiert und in einen aus Sicht des betroffenen Staates angemessenen, dem Fremdvergleichsgrundsatz entsprechenden, Preis erhöht, während im anderen Staat keine entsprechende gewinnmindernde Gegenberichtigung vorgenommen wird, so ist eine wirtschaftliche Doppelbesteuerung die Folge.

Damit derartige Doppelbesteuerungen erst gar nicht entstehen bzw. um diese im Falle einer dennoch eintretenden Entstehung zu beseitigen, bieten sich verschiedene bi-, multi- oder auch supralaterale Maßnahmen an. Als präventive Instrumente sind dabei die Vorabverständigungsverfahren (APAs) und die Doppelbesteuerungsabkommen zu nennen. Als reaktive Maßnahmen kommen die Verständigungs- und Schiedsverfahren der Doppelbesteuerungsabkommen sowie das EU-Schiedsübereinkommen in Betracht.

Der Abschluss eines *APA* bietet den Vorteil, dass sich die Steuerbehörde(n) und der bzw. die Steuerpflichtige(n) bereits vor Entstehung des Konflikts insbesondere über die Gewinnabgrenzung im Einheitsunternehmen, die Verrechnungspreismethode sowie über die relevanten preisbestimmenden Faktoren für künftige Geschäftsvorfälle bei verbundenen Unternehmen in einem bestimmten Zeitraum einigen. Damit kann für die beteiligten Unternehmen Rechts- und Planungssicherheit erreicht werden. Unter bestimmten Voraussetzungen besteht sogar die Möglichkeit die Ergebnisse eines APA auf noch offene Vorjahre zu erstrecken. Nachteilig sind für den bzw. die Steuerpflichtigen insbesondere das Entstehen zusätzlicher Kosten und die Preisgabe von Informationen, die von den Steuerbehörden zu seinem Nachteil verwendet werden können.

Besteht zwischen den betroffenen Staaten ein *Doppelbesteuerungsabkommen*, so dienen insbesondere die den Artt. 7 und 9 OECD-MA nachgebildeten Regelungen der Vermeidung einer Doppelbesteuerung bei international agierenden Unternehmen. Dabei bezweckt Art. 7 Abs. 1 und 2 i.V.m. Art. 23 A/B OECD-MA die Vermeidung einer Doppelbesteuerung bei Einheitsunternehmen durch verursachungsgerechte Aufteilung des Gewinns zwischen Stammhaus und deren Betriebsstätte und regelt damit die Besteuerung durch Ansässigkeits- und Betriebsstättenstaat. Kommt es in einem Staat zu einer gewinnerhöhenden Korrektur für einen Unternehmensteil, so sieht Art. 7 Abs. 3 OECD-MA eine Pflicht zur gewinnmindernden Gegenberichtigung des anderen Vertragsstaates vor, wenn dieser die Korrektur sowohl dem Grunde als auch der Höhe nach anerkennt. Da die Zurechnungen nach dem Fremdvergleichsgrundsatz erfolgen und es damit eine gewisse Bandbreite von Werten gibt, die den Anforderungen dieses Grundsatzes entsprechen, kann es insoweit divergierende Auffassungen zwischen den Staaten über eine angemessene Vergütung interner Leistungsbeziehungen geben und eine juristische Doppelbesteuerung ist die Konsequenz einer nicht vorgenommenen Gegenberichtigung; die Staaten haben erforderlichenfalls Konsultationen durchzuführen (Art. 7 Abs. 3 Satz 2 OECD-MA).

Art. 9 OECD-MA enthält demgegenüber eine Sonderregelung für die Abgrenzung von Gewinnen verbundener Unternehmen. Dabei kann ein Vertragsstaat nach Art. 9 Abs. 1 OECD-MA bei unangemessenen gewinnmindernden

Konzernbeziehungen Gewinnerhöhungen unter bestimmten Voraussetzungen insoweit vornehmen als sie dem Fremdvergleichsgrundsatz entsprechen. Damit es durch die Gewinnerhöhung in dem einen Staat nicht zu einer wirtschaftlichen Doppelbesteuerung kommt, sieht Art. 9 Abs. 2 OECD-MA eine abkommensrechtliche Verpflichtung zur korrespondierenden gewinnmindernden Berichtigung nach eigenständiger Prüfung seitens des anderen Vertragsstaats vor. Kommt der andere Vertragsstaat jedoch zu dem Ergebnis, dass die Erstberichtigung der Höhe und/oder dem Grunde nach unberechtigt erfolgt ist, so findet zunächst eine Konsultation der Vertragsstaaten miteinander statt (Art. 9 Abs. 2 Satz 2 OECD-MA).

Führen die jeweiligen Konsultationen nicht zu einer Einigung zwischen den Vertragsstaaten, so ist ein Verständigungsverfahren im engeren Sinn gemäß Art. 25 Abs. 1 und 2 OECD-MA auf Antrag des Steuerpflichtigen durchzuführen. Kommt es nicht zu einer Abhilfe seitens des Staates, bei dem das Verständigungsverfahren beantragt wurde, so bemühen sich die zuständigen Behörden der beiden Staaten um eine Verständigung. Da die Vertragsstaaten indes nicht verpflichtet sind, das Verfahren mit einer Verständigungsvereinbarung abzuschließen, ist auch ein Scheitern des Verfahrens möglich. Ein solches Scheitern hingegen ist Voraussetzung für die Einleitung des Schiedsverfahrens nach Art. 25 Abs. 5 OECD-MA.

In Art. 25 Abs. 5 OECD-MA ist ein obligatorisches Schiedsverfahren vorgesehen, welches wiederum auf Antrag des Steuerpflichtigen nach Ablauf einer bestimmten Frist eingeleitet werden kann. Sofern die Vertragsstaaten nichts anderes vereinbaren, endet dieses Verfahren mit einer die Vertragsstaaten bindenden Schiedsentscheidung, deren Umsetzung durch eine Verständigungsvereinbarung erfolgt, welche der Zustimmung des Steuerpflichtigen bedarf. Da es den Staaten frei steht, vom Musterabkommen abweichende Vereinbarungen zu treffen, existieren in der Abkommenspraxis unterschiedliche Ausgestaltungen von Schiedsklauseln, die sich beispielsweise darin unterscheiden, ob das Schiedsgericht eine eigenständige Lösung entwickeln kann oder ob es lediglich zwischen zwei durch die zuständigen Behörden der Vertragsstaaten unterbreiteten Lösungsvorschlägen auswählen darf. Die Verständigungsvereinbarung bedarf der Umsetzung in nationales Recht. Eine solche wird in Deutschland insbesondere durch die Regelung des § 175a AO sichergestellt.

Ein weiteres reaktives Streitbeilegungsinstrument stellt das *EU-Schiedsübereinkommen* dar. Dieses hat jedoch im Gegensatz zu Art. 25 OECD-MA einen beschränkten Geltungsbereich, da es lediglich auf Fälle der Gewinnberichtigung bei verbundenen Unternehmen sowie auf Fälle der Gewinnabgrenzung zwischen Stammhaus und Betriebsstätte mit EU-Bezug anwendbar ist. Das

EU-Schiedsübereinkommen sieht zunächst ein Vorverfahren vor, in dem frühzeitige Unterrichtungen stattfinden sollen mit dem Ziel, eine Gegenberichtigung möglichst in einem frühen Stadium des Verfahrens zu erreichen. Wurde ein solches Vorverfahren nicht oder nicht erfolgreich durchgeführt, so kann das steuerpflichtige Unternehmen die Durchführung eines Verständigungsverfahrens beantragen. Führt die daraufhin stattfindende Prüfung der Behörde, bei der der Antrag seitens des Unternehmens gestellt wurde, nicht zu einer Abhilfe, so ist sie zur Einleitung des Verständigungsverfahrens durch Unterrichtung der zuständigen Behörde des anderen beteiligten Staates verpflichtet. Sodann werden sich die zuständigen Behörden der Staaten bemühen, zu einer Verständigung zu kommen, deren Ergebnis die Vermeidung der Doppelbesteuerung ist. Jedoch besteht auch insoweit keine Verpflichtung zur einvernehmlichen Regelung, so dass das Verfahren im Falle des Nichtzustandekommens einer Verständigungsvereinbarung innerhalb einer gewissen Frist ohne weiteren Antrag automatisch ins Schiedsverfahren nach Artt. 7 ff. EU-SchiedsÜ übergeht.

Das EU-Schiedsübereinkommen sieht in Artt. 7 ff. EU-SchiedsÜ ein obligatorisches Schiedsverfahren vor, bei dem das Verfahren vor dem Beratenden Ausschuss mit der Abgabe seiner Stellungnahme, wie die Doppelbesteuerung durch Anwendung des Fremdvergleichsgrundsatzes beseitigt werden kann, abgeschlossen ist. Nach Abgabe dieser Stellungnahme haben die zuständigen Behörden die Möglichkeit im Rahmen des sog. Schlussverfahrens zu einer, auch von der Stellungnahme abweichenden, nachgeschalteten Verständigung zu kommen. Erfolgt eine solche Einigung der zuständigen Behörden innerhalb der sechsmonatigen Frist nicht, so gilt die Stellungnahme des Beratenden Ausschusses als Verständigungsvereinbarung und entfaltet Bindungswirkung. Die Verständigungsvereinbarung bzw. die nachgelagerte Verständigung oder die verbindlich gewordene Stellungnahme sind für die Vertragsstaaten verbindlich und in nationales Recht umzusetzen. Die Möglichkeit einer solchen Umsetzung in innerstaatliches Recht wird in Deutschland insbesondere durch die Vorschrift des § 175a AO gewährleistet.

Aufgrund der Mannigfaltigkeit der Instrumente, die einem Steuerpflichtigen zur Verfügung stehen, um entweder bereits im Vorfeld einer Konfliktentstehung diesen beispielsweise durch ein APA zu verhindern oder einen bereits entstandenen Gewinnabgrenzungs- oder Verrechnungspreiskonflikt unter zur Hilfenahme der Mechanismen des Art. 25 OECD-MA (Verständigungs- und Schiedsverfahren) bzw. der entsprechenden Klauseln in den einzelnen zwischenstaatlichen Doppelbesteuerungsabkommen oder der Artt. 6 ff. EU-SchiedsÜ (Verständigungs- und Schiedsverfahren) zu vermeiden, stellt sich die Frage, welches Mittel am besten geeignet ist. Die Ergebnisse der Untersuchung des Verhältnisses der Instrumente zueinander lassen sich wie folgt zusammenfassen:

In solchen Fallkonstellationen, in denen weder ein Doppelbesteuerungsabkommen besteht, das eine Art. 25 Abs. 5 OECD-MA vergleichbare Regelung aufweist, noch der Anwendungsbereich des EU-Schiedsübereinkommens eröffnet ist, dürfte im Vorfeld der Konfliktentstehung der Abschluss eines präventiv wirkenden APA naheliegen, denn der Steuerpflichtige hat keine Garantie dafür, dass die Doppelbesteuerung durch reaktive Instrumente beseitigt wird.

Sollte hingegen eine Art. 25 Abs. 5 OECD-MA vergleichbare Regelung in dem einschlägigen Doppelbesteuerungsabkommen gegeben sein und/oder der Fall in den Anwendungsbereich des EU-Schiedsübereinkommens fallen, so hängt die Entscheidung, ob der Abschluss eines APA angestrebt werden soll davon ab, ob die Vorteile der Planungs- und Rechtssicherheit die Nachteile, wie beispielsweise die Entstehung zusätzlicher Kosten sowie die Preisgabe von Informationen, aus Sicht des Steuerpflichtigen überwiegen.

Ist bereits ein Konflikt entstanden, so dürfte die Wahl des reaktiven Instruments davon abhängen, ob ein anwendbares Doppelbesteuerungsabkommen bereits eine Schiedsklausel beinhaltet. Ist dies nicht der Fall, so dürfte das EU-Schiedsübereinkommen vorzugswürdig sein, um auch eine Gewähr dafür zu haben, dass am Ende des Verfahrens die Beseitigung der Doppelbesteuerung steht. Wurde in das einschlägige Doppelbesteuerungsabkommen bereits eine Schiedsklausel aufgenommen, so hängt die Entscheidung davon ab, ob ein fakultatives oder ein obligatorisches Schiedsverfahren vorgesehen ist, da nur ein obligatorisches Verfahren dem Steuerpflichtigen im Hinblick auf die Beseitigung der Doppelbesteuerung Rechts- und Planungssicherheit bieten kann. Im Falle des Vorliegens einer fakultativen Schiedsklausel wäre das Verfahren nach dem EU-Schiedsübereinkommen daher besser geeignet. Weist das Doppelbesteuerungsabkommen jedoch eine obligatorische Schiedsklausel auf, so hängt die Entscheidung von den konkreten Umständen ab und es sind die Vor- und Nachteile der einschlägigen Regelungen des Abkommens mit denen des EU-Schiedsübereinkommens im konkreten Einzelfall gegeneinander abzuwägen. Dabei finden sich beispielsweise Unterschiede in der Ausgestaltung von Mitwirkungsrechten des Steuerpflichtigen, in der Befugnis des Schiedsgerichts zu eigenständigen Sachverhaltsaufklärung und in der Verfahrensdauer. Weiter sind die Bestellung der Schiedsrichter und die Entscheidungskompetenz der Schiedsrichter unterschiedlich ausgestaltet. Die Entscheidungskompetenzen von Schiedsrichtern können dabei insoweit voneinander abweichen als sie entweder einen Fall eigenständig lösen können oder ihnen lediglich die Möglichkeit gegeben wird, zwischen zwei Lösungsvorschlägen auszuwählen.

Im Ergebnis hängt die Beantwortung der Frage, welches der zur Verfügung stehenden präventiven oder reaktiven Instrumente, wie das APA, die

Mechanismen des Art. 25 OECD-MA bzw. der entsprechenden Klauseln in den einzelnen zwischenstaatlichen Doppelbesteuerungsabkommen oder der Artt. 6 ff. EU-SchiedsÜ für den Steuerpflichtigen am besten geeignet ist, die Doppelbesteuerung zu verhindern oder zu beseitigen, von den tatsächlichen Umständen in dem konkreten Einzelfall ab.

Literaturverzeichnis

Adonnino, Pietro, Some Thoughts on the EC Arbitration Convention, ET 2003, 403–408.

Albert, Markus, Schiedsverfahren im Internationalen Steuerrecht, IFSt-Schrift Nr. 462, Bonn 2010.

Albert, Markus, DBA-Verständigungsverfahren – Probleme und Verbesserungsvorschläge –, IFSt-Schrift Nr. 457, Bonn 2009.

Bahns, Jochen / Schönfeld, Jens, The New Mutual Agreement and Arbitration Procedure under Art. 25 of the Germany-US Tax Treaty, ET 2009, 343–347.

Bär, Ulrike, Verständigungen über Verrechnungspreise verbundener Unternehmen im deutschen Steuerrecht, Berlin 2009 (zit.: *Bär*, Verständigungen über Verrechnungspreise verbundener Unternehmen).

Baßler, Johannes, Steuerliche Gewinnabgrenzung im Europäischen Binnenmarkt, Baden-Baden 2011 (zit.: *Baßler*, Steuerliche Gewinnabgrenzung im Europ. Binnenmarkt).

Baumhoff, Hubertus / Wassermeyer, Franz (Hrsg.), Verrechnungspreise international verbundener Unternehmen, Köln (in Erscheinung) 2014 (zit.: Baumhoff/Wassermeyer, Verrechnungspreise int. verbundener Unternehmen).

Becker, Helmut, Funktionsnutzen oder Erwirtschaftungsgrundsatz – Wege zur Ermittlung des zutreffenden Betriebsstättenergebnisses –, DB 1990, 392–395.

Becker, Katharina, Seminar J: Verfahren zur Lösung von DBA-Konflikten, IStR 2007, 592–595.

Beermann, Albert (Begr.) / *Gosch, Dietmar* (Hrsg.), Abgabenordnung/Finanzgerichtsordnung mit Nebengesetzen, EuGH-Verfahrensrecht, Kommentar, Loseblattsammlung, Stand: Januar 2014, Bonn (zit.: Beermann/Gosch, AO/FGO, Kommentar).

Bellstedt, Christoph, EG-Übereinkommen über die Beseitigung der Doppelbesteuerung bei Gewinnberichtigungen zwischen verbundenen Unternehmen – Kritische Darstellung und Folgerungen für die Praxis, IWB, Fach 11, Gruppe 2, 191–202 (zit.: *Bellstedt*, IWB, F. 11, Gr. 2).

Benzing, Markus, Das Beweisrecht vor internationalen Gerichten und Schiedsgerichten in zwischenstaatlichen Streitigkeiten, Heidelberg u. a. 2010 (zit.: *Benzing*, Das Beweisrecht vor int. Gerichten und Schiedsgerichten).

Bödefeld, Axel / Kuntschik, Nina, Schiedsverfahren nach DBA, IStR 2009, 449–454.

Bödefeld, Axel / Kuntschik, Nina, Verständigungs- und Schiedsverfahren nach dem EU-Schiedsabkommen – Theorie und Praxis, IStR 2009, 268–273.

Böing, Christian / Prang, Ingo, Das neue DBA-Niederlande 2012, BB 2012, 2211–2219.

Brähler, Gernot, Internationales Steuerrecht – Grundlagen für Studium und Steuerberaterprüfung, 7. Aufl., Wiesbaden 2012 (zit.: *Brähler*, Int. Steuerrecht).

Burmester, Gabriele, Zur Systematik internationaler Minderbesteuerung und ihrer Vermeidung, in: *Burmester, Gabriele / Endres, Dieter* (Hrsg.), Aussensteuerrecht, Doppelbesteuerungsabkommen und EU-Recht im Spannungsverhältnis – Festschrift für Helmut Debatin zum 70. Geburtstag, München 1997, S. 55–79 (zit.: *Burmester* in: FS Debatin).

Dawid, Roman, Das OECD White Paper on Transfer Pricing Documentation, IWB 2013, 671–678.

Eicker, Klaus / Stockburger, Lars, Internationale Verfahren zur Beseitigung der Doppelbesteuerung – Überblick und Folgerungen für die Praxis anlässlich des rückwirkenden Wiedereintritts der EU-Schiedskonvention zum 1.11.2004, IWB, Fach 11, Gruppe 2, 661–672 (zit.: *Eicker/Stockburger*, IWB, F. 11, Gr. 2).

Eilers, Stephan, Advance Pricing Agreements, in: *Kley, Max Dietrich / Sünner, Eckart / Willemsen, Arnold* (Hrsg.), Festschrift für Wolfgang Ritter zum 70. Geburtstag, Köln 1997, S. 73–81 (zit.: *Eilers* in: FS Ritter).

Flüchter, Karsten, Seminar C: Verständigungsverfahren und die Beilegung grenzüberschreitender Streitigkeiten, IStR 2012, 694–703.

Förster, Hartmut / Naumann, Manfred / Rosenberg, Oliver, Generalthema II des IFA-Kongresses in Amsterdam: Gewinnabgrenzung bei Betriebsstätten, IStR 2005, 617–624.

Gangemi, Bruno, How to revitalise the EU Arbitration Convention – The recommendations of the Joint Transfer Pricing Forum, in: *Lang, Michael / Weinzierl, Christine* (Hrsg.), Europäisches Steuerrecht – Festschrift für Friedrich Rödler zum 60. Geburtstag, Wien 2010, S. 255–270 (zit.: *Gangemi* in: FS Rödler).

Gillett, Philip, Transfer pricing disputes in the European Union – A Global Analysis, in: *Baistrocchi, Eduardo / Roxan, Ian* (Hrsg.), Resolving transfer pricing disputes, Cambridge 2012, S. 165–187 (zit.: *Gillett* in: Resolving transfer pricing disputes).

Gloria, Christian, Das steuerliche Verständigungsverfahren und das Recht auf diplomatischen Schutz – Zugleich ein Betrag zur Lehre von der Auslegung der

Doppelbesteuerungsabkommen, Berlin 1988 (zit.: *Gloria*, Verständigungsverfahren).

von Goldacker, Marcus, Gewinnverlagerung zwischen Schwesterbetriebsstätten – eine Analyse des AOA, BB 2013, 87–91.

Gosch, Dietmar / Kroppen, Heinz-Klaus / Grotherr, Siegfried (Hrsg.), DBA-Kommentar, Loseblattsammlung, Stand: November 2013, Herne/Berlin (zit.: Gosch/Kroppen/Grotherr, DBA, Kommentar).

Grabitz, Eberhard (Begr.) / *Hilf, Meinhard / Nettesheim, Martin* (Hrsg.), Das Recht der Europäischen Union, Loseblattsammlung, Stand: September 2013, München (zit.: Grabitz/Hilf/Nettesheim, Das Recht der EU).

Grotherr, Siegfried (Hrsg.), Handbuch der internationalen Steuerplanung, 3. Aufl., Herne 2011 (zit.: Grotherr, Handbuch int. Steuerplanung).

Grotherr, Siegfried, Advance Pricing Agreements - Verfahren zur Vermeidung von Verrechnungspreiskonflikten – Ein Plädoyer für die Schaffung spezieller Verfahrensvorschriften, BB 2005, 855–867.

Grotherr, Siegfried, Überlegungen zur Ausgestaltung von speziellen Verfahrensregelungen für Advance Pricing Agreements, IStR 2005, 350–360.

Haase, Florian, Internationales und Europäisches Steuerrecht, 4. Aufl., Heidelberg u. a. 2014 (zit.: *Haase*, Int. und Europ. Steuerrecht).

Haase, Florian (Hrsg.), Außensteuergesetz, Doppelbesteuerungsabkommen, 2. Aufl., Heidelberg u. a. 2012 (zit.: Haase, AStG/DBA).

Häck, Nils / Spierts, Etienne, Fallbeispiele zum DBA Deutschland - Niederlande 2012, IStR 2014, 58–65.

Hemmelrath, Alexander / Kepper, Philipp, Die Bedeutung des „Authorized OECD Approach" (AOA) für die deutsche Abkommenspraxis, IStR 2013, 37–42.

van Herksen, Monique, How the Arbitration Convention Lost its Lustre: the Threat of Triangular Cases, Intertax 2008, 332–345.

van Herksen, Monique / Fraser, David, Comparative Analysis: Arbitration Procedures for Handling Tax Controversy, ITPJ 2009, 143–160.

Herlinghaus, Andreas, Gedanken zum abkommensrechtlichen Schiedsverfahren nach Art. 25 Abs. 5 OECD-MA, IStR 2010, 125–130.

Herzig, Norbert, Advance Pricing Agreements: ein Instrument zur Vermeidung von Doppelbesteuerung?, in: *Burmester, Gabriele / Endres, Dieter* (Hrsg.), Aussensteuerrecht, Doppelbesteuerungsabkommen und EU-Recht im Spannungsverhältnis – Festschrift für Helmut Debatin zum 70. Geburtstag, München 1997, S. 107–120 (zit.: *Herzig* in: FS Debatin).

Hinnekens, Luc, The Tax Arbitration Convention. Its Significance for the EC Based Enterprise, the EC itself, and for Belgian and International Tax Law, EC Tax Review 1992, 70–105.

Hinnekens, Luc, European Arbitration Convention: Thoughts on Its Principles, Procedures and First Experience, EC Tax Review 2010, 109–116.

Hübschmann, Walter / Hepp, Ernst / Spitaler, Armin (Begr.), Abgabenordnung, Finanzgerichtsordnung, Kommentar, Loseblattsammlung, Stand: März 2014, Köln (zit.: Hübschmann/Hepp/Spitaler, AO/FGO, Kommentar).

Huibregtse, S.B. / Offermanns, R.H.M.J., What Is the Future of the EU Arbitration Convention?, ITPJ 2004, 76–83.

Jacobs, Otto H. / Endres, Dieter / Spengel, Christoph (Hrsg.), Internationale Unternehmensbesteuerung – Deutsche Investitionen im Ausland – Ausländische Investitionen im Inland, 7. Aufl., München 2011 (zit.: Jacobs/Endres/Spengel, Int. Unternehmensbesteuerung).

Jann, Anna-Katharina / Totzek, Alexander, Erweiterte Dokumentationsverpflichtungen in Frankreich, IWB 2013, 751–752.

Käferbock, Helmut, Das EU-Schiedsübereinkommen für Verrechnungspreisfälle, in: *Schuch, Josef / Zehetner, Ulf* (Hrsg.), Verrechnungspreisgestaltung im Internationalen Steuerrecht, Band 17, Wien, S. 365–383 (zit.: *Käferbock* in: Verrechnungspreisgestaltung im Int. Steuerrecht).

Kahle, Holger / Mödinger, Jörg, Die Neufassung des Art. 7 OECD-MA im Rahmen der Aktualisierung des OECD-MA 2010, IStR 2010, 757–763.

Keerl, Markus, Internationale Verrechnungspreise in der globalisierten Wirtschaft – Die Bestimmung von Transferpreisen und das Verständigungsverfahren, Göttingen 2008 (zit.: *Keerl,* Int. Verrechnungspreise in der globalisierten Wirtschaft).

Kempf, Andreas / Gelsdorf, Frederik, Die EU-Schiedsverfahrenskonvention im Konkurrenzverhältnis zu Doppelbesteuerungsabkommen, IStR 2012, 329–335.

Killius, Jürgen, The EC Arbitration Convention, Intertax 1990, 437–447.

Klein, Franz (Begr.), Abgabenordnung – einschließlich Steuerstrafrecht – Kommentar, 11. Aufl., München 2012 (zit.: Klein, AO, Kommentar).

Krabbe, Helmut, Seminar C: Verständigungsverfahren, IStR 2002, 548–551.

Krabbe, Helmut, DBA-Verständigungs- und Schiedsverfahren und innerstaatliches Verfahrensrecht, DStZ 1995, 627–628.

Krabbe, Helmut, EG-Schiedsverfahren bei Berichtigung von Verrechnungspreisen im Konzern, RIW 1982, 269–272.

Krabbe, Helmut, Das Schiedsübereinkommen zwischen den Mitgliedstaaten der Europäischen Union, IStR 1996, 5–11.

Krabbe, Helmut, Beurteilung der EU-Schiedsverfahrenskonvention als Instrument zur Vermeidung der Doppelbesteuerung, in: *Fischer, Lutz* (Hrsg.), Grenzüberschreitende Aktivitäten deutscher Unternehmen und EU-Recht, Köln 1997, S. 77–93 (zit.: *Krabbe* in: Fischer, Grenzüberschreitende Aktivitäten).

Kramer, Jörg-Dietrich, APA – Vorabverständigungsverfahren und Vorabzusagen über Verrechnungspreise, IStR 2007, 174–177.

Kroppen, Heinz-Klaus (Hrsg.), Handbuch Internationale Verrechnungspreise, Loseblattsammlung, Stand: Dezember 2013, Köln (zit.: Kroppen, Handbuch int. Verrechnungspreise).

Kroppen, Heinz-Klaus, EU – Gemeinsames Verrechnungspreisforum – Harmonisierungsbestrebungen für Verrechnungspreisvorschriften in der EU, in: *Ballwieser, Wolfgang / Grewe, Wolfgang* (Hrsg.), Wirtschaftsprüfung im Wandel – Herausforderungen an Wirtschaftsprüfung, Steuerberatung, Consulting und Corporate Finance – Festgabe 100 Jahre Südtreu/Deloitte 1907 bis 2007, München 2008, S. 515–544 (zit.: *Kroppen* in: FS Südtreu/Deloitte).

Kroppen, Heinz-Klaus, Der „Authorized OECD Approach" zur Gewinnaufteilung zwischen Stammhaus und Betriebsstätte, in: *Kessler, Wolfgang / Förster, Guido / Watrin, Christoph* (Hrsg.), Festschrift für Norbert Herzig zum 65. Geburtstag, München 2010, S. 1071–1094 (zit.: *Kroppen* in: FS Herzig).

Kroppen, Heinz-Klaus, Betriebsstättengewinnermittlung, IStR 2005, 74–75.

Kroppen, Heinz-Klaus / Rasch, Stephan, Zehn Jahre Aufzeichnungspflichten für Verrechnungspreise – Eine Bestandsaufnahme, IWB 2013, 830–845.

Kuntschik, Nina / Bödefeld, Axel, Schiedsverfahren nach den DBA mit Großbritanien, der Schweiz und Liechtenstein, IStR 2012, 137–140.

Kußmaul, Heinz / Ruiner, Christoph, Zur Umsetzung des OECD functionally separate entity approach in nationales Recht – Anmerkungen zu Art. 5 des Regierungsentwurfes eines Jahressteuergesetzes (JStG) 2013 –, BB 2012, 2025–2029.

Kußmaul, Heinz / Ruiner, Christoph / Delarber, Christian, Leistungsbeziehungen in internationalen Einheitsunternehmen mit Blick auf die Änderung des Art. 7 OECD-MA und die geplante Änderung des § 1 AStG, Ubg 2011, 837–845.

Lahodny-Karner, Andrea, Verrechnungspreise, Verständigungsverfahren und EU-Schiedsverfahren, in: *Gassner, Wolfgang / Lang, Michael / Lechner, Eduard* (Hrsg.), Doppelbesteuerungsabkommen und EU-Recht, Wien 1996, S. 201–225 (zit.: *Lahodny-Karner* in: DBA und EU-Recht).

Lehner, Moris, Streitbeiligung im Internationalen Steuerrecht, in: *Kirchhof, Paul / Nieskens, Hans* (Hrsg.), Festschrift für Wolfram Reiss zum 65. Geburtstag, Köln 2008, S. 665–678 (zit.: *Lehner* in: FS Reiss).

Loh, Alexander / Peters, Holger M., Das neue Schiedsverfahren im DBA-USA, RIW 2008, 294–298.

Loh, Alexander / Steinert, Ronald, Scheitern internationale Lösungen von Verrechnungspreisfragen an § 175a AO?, BB 2008, 2383–2386.

Lühn, Tim, Scheitern internationale Lösungen von Verrechnungspreisfragen an § 175a AO?, BB 2009, 412–415.

Lühn, Tim / Siemers, Imke, Internationale Verständigungsverfahren – Vorsicht bei Steuervergehen, PIStb 2009, 161–164.

Meeus, Luc, Settlement of Disputes in Belgian Tax Treaty Law, in: *Lang, Michael / Züger, Mario* (Hrsg.), Settlement of Disputes in Tax Treaty Law, Wien 2002, S. 87–122 (zit.: *Meeus* in: Settlement of Disputes in Tax Treaty Law).

Menck, Thomas, Die Prüfung der internationalen Gewinnabgrenzung nach der „Schiedsstellenkonvention" der EU, StBp 1995, 169–176.

Merz, Siegfried / Sajogo, Dirk, Das Verständigungs- und Schiedsverfahren nach Art. 25 OECD-MA als „letzter Ausweg", PIStb 2010, 185–191.

Merz, Siegfried / Sajogo, Dirk, Das Verfahren nach Art. 6 EU-Schiedskonvention, PIStb 2010, 239–243.

Merz, Siegfried / Sajogo, Dirk, Aktuelle Entwicklungen bei internationalen Verständigungs- und Schiedsverfahren, PIStb 2010, 44–50.

Mössner, Jörg Manfred / Baumhoff, Hubertus / Dyckmans, Jan / Engel, Benjamin / Henkel, Udo / Hummel, David / Kubicki, Jan Christoph / Kuhn, Jürgen / Liebchen, Daniel / Menck, Thomas / Mick, Marcus / Schänzle, Thomas / Strunk, Günther (Hrsg.), Steuerrecht international tätiger Unternehmen – Handbuch der Besteuerung von Auslandsaktivitäten inländischer Unternehmen und von Inlandsaktivitäten ausländischer Unternehmen, 4. Aufl., Köln 2012 (zit.: Mössner u. a., Steuerrecht int. tätiger Unternehmen).

Nientimp, Axel / Tomson, Susanne, Das verbindliche Schiedsverfahren nach dem neuen OECD-MA, IStR 2009, 615–619.

Niess, Bernd, Internationale Verrechnungspreise – Überlegungen zur Reduzierung der steuerlichen Risiken, in: *Baumhoff, Hubertus / Dücker, Reinhard / Köhler, Stefan* (Hrsg.), Besteuerung, Rechnungslegung und Prüfung der Unternehmen – Festschrift für Professor Dr. Norbert Krawitz, Wiesbaden 2010, S. 297–326 (zit.: *Niess* in: FS Krawitz).

OECD, OECD Transfer Pricing Guidelines for Multinational Enterprises and Tax Administrations v. 22.07.2010, Paris 2010.

OECD, Model Tax Convention on Income and on Capital 2010 – Full Version (as it read on 22 July 2010) 2012. OECD, Model Tax Convention on Income and on Capital 2010 – Full Version (as it read on 22 July 2010), für die deutsche Version siehe: Beck'sche Textausgaben, Doppelbesteuerungsabkommen, Loseblattsammlung, Stand: Februar 2014, München (zit.: OECD-MA).

OECD-Musterkommentar 2010 abgedruckt in: *Schönfeld, Jens / Ditz, Xaver* (Hrsg.), DBA, Köln 2013 (zit.: OECD-Musterkommentar abgedruckt in: Schönfeld/Ditz, DBA).

Owens, Jeffrey, Die Vorschläge der OECD zur Verbesserung des Verfahrens zur Beilegung von Streitigkeiten im Zusammenhang mit DBA, IStR 2007, 472–474.

Pahlke, Armin / Koenig, Ulrich (Hrsg.), Abgabenordnung, 2. Aufl., München 2009 (zit.: Pahlke/Koenig, AO, Kommentar).

Peters, Holger M. / Haverkamp, Lars H., Verbesserte Möglichkeiten zur Beseitigung von Doppelbesteuerungen – Vergleich des Schiedsverfahrens nach Art. 15 Abs. 5 OECD-MA und des EU-Schiedsverfahrens, BB 2011, 1303–1312.

Plansky, Patrick, Die Gewinnzurechnung zu Betriebsstätten im Recht der Doppelbesteuerungsabkommen, Wien 2010 (zit.: *Plansky*, Gewinnzurechnung zu Betriebsstätten).

Portner, Rosemarie, Advance Pricing Agreements (APAs) im deutschen Steuerrecht – innerstaatliche Aspekte und Abkommensrecht, in: *Herzig, Norbert* (Hrsg.), Advance Pricing Agreements (APAs) – Ein neues Instrument zur Vermeidung von Verrechnungspreiskonflikten?, Köln 1996, S. 13–36 (zit.: *Portner* in: APAs).

Puls, Michael / Nientimp, Axel, Das neue Schiedsverfahren nach dem DBA-USA, RIW 2006, 673–678.

Rousselle, Olivier, The EC Arbitration Convention – An Overview of the Current Position, ET 2005, 14–18.

Rütters, Stefan, Die neue Schiedsklausel in Art. 25 Abs. 5 OECD-MA, Steuer und Studium 2010, 23–26.

Saß, Gert, Zum EG-Abkommen über die Beseitigung der Doppelbesteuerung (Schlichtungsverfahren) im Falle einer Gewinnberichtigung bei Geschäftsbeziehungen zwischen verbundenen Unternehmen, DB 1991, 984–987.

Schaumburg, Harald, Internationales Steuerrecht – Außensteuerrecht, Doppelbesteuerungsrecht, 3. Aufl., Köln 2011 (zit.: *Schaumburg*, Int. Steuerrecht).

Schelpe, Dirk, The Arbitration Convention: Its Origin, Its Opportunities and Its Weaknesses, EC Tax Review 1995, 68–77.

Schmidt, Tobias, Die gesetzlichen Grundlagen von Verständigungsverfahren und Schiedssprüchen sowie deren Umsetzung nach § 175a AO, Steuer und Studium 2010, 60–64.

Schönfeld, Jens, Das neue Verständigungs- und Schiedsverfahren nach Art. 25 DBA-USA, Ubg 2008, 544–548.

Schönfeld, Jens / Ditz, Xaver (Hrsg.), DBA, Köln 2013 (zit.: Schönfeld/Ditz, DBA).

Sieker, Klaus, Betriebsstättengewinn und Fremdvergleichsgrundsatz, DB 1996, 110–113.

Stiewe, Susanne, Die verfahrensrechtliche Umsetzung internationaler Verständigungsvereinbarungen (§ 175a AO), Frankfurt am Main 2011 (zit.: *Stiewe*, Verfahrensrechtliche Umsetzung int. Verständigungsvereinbarungen (§ 175a AO)).

Strunk, Günther / Kaminski, Bert / Köhler, Stefan (Hrsg.), Außensteuergesetz, Doppelbesteuerungsabkommen – Kommentar, Loseblattsammlung, Stand: März 2014, Bonn (zit.: Strunk/Kaminski/Köhler, AStG/DBA, Kommentar).

Terra, Ben J.M. / Wattel, Peter J., European Tax Law, 6. Aufl., Alphen aan den Rijn 2012 (zit.: *Terra/Wattel*, European Tax Law).

Tipke, Klaus / Kruse, Heinrich Wilhelm (Hrsg.), Abgabenordnung, Finanzgerichtsordnung, Kommentar, Loseblattsammlung, Stand: März 2014, Köln (zit.: Tipke/Kruse, AO/FGO, Kommentar).

Tipke, Klaus (Begr.) / *Lang, Joachim* (Hrsg.), Steuerrecht, 21. Aufl., Köln 2013 (zit.: Tipke/Lang, Steuerrecht).

Tumpel, Michael, Harmonisierung der direkten Unternehmensbesteuerung in der EU, Wien 1994 (zit.: *Tumpel*, Harmonisierung der direkten Unternehmensbesteuerung).

Überarbeiteter Verhaltenskodex zur wirksamen Durchführung des Übereinkommens über die Beseitigung der Doppelbesteuerung im Falle von Gewinnberichtigungen zwischen ver-bundenen Unternehmen, ABl. EU 2009 C 322/1 (zit.: Überarbeiteter Verhaltenskodex).

Übereinkommen über die Beseitigung der Doppelbesteuerung im Falle von Gewinnberichtigungen zwischen verbundenen Unternehmen (90/436/EWG), ABl. EG 1990 L 225/10, geändert durch das Protokoll v. 25.05.1999, ABl. EG 1999 C 202/1, durch das Übereinkommen v. 21.12.1995, ABl. EG 1996 C 26/1, durch das Übereinkommen v. 08.12.2004, ABl. EU 2005 C 160/1 und durch den Beschluss des Rates v. 23.06.2008, ABl. EU 2008 L 174/1 (zit.: EU-Schiedsübereinkommen bzw. EU-SchiedsÜ).

Verhaltenskodex zur wirksamen Durchführung des Übereinkommens über die Beseitigung der Doppelbesteuerung im Falle von Gewinnberichtigungen zwischen verbundenen Unter-nehmen, ABl. EU 2006 C 176/8 (zit.: Verhaltenskodex).

Vogel, Klaus (Begr.) / *Lehner, Moris* (Hrsg.), Doppelbesteuerungsabkommen, Kommentar, 5. Aufl., München 2008 (zit.: Vogel/Lehner, DBA, Kommentar).

Vögele, Alexander / Borstell, Thomas / Engler, Gerhard (Hrsg.), Verrechnungspreise – Betriebswirtschaft, Steuerrecht, 3. Aufl., München 2011 (zit.: Vögele/Borstell/Engler, Verrechnungspreise).

Vögele, Alexander / Forster, Florence, Das EU-Schiedsübereinkommen, IStR 2006, 537–540.

Vögele, Alexander / Vögele, Florence, Advance Pricing Agreements bzw. Verbindliche Auskünfte – Die künftigen deutschen Verwaltungsgrundsätze und die Studie der Europäischen Kommission, IStR 2002, 641–644.

Wassermeyer, Franz / Kaeser, Christian / Schwenke, Michael (Hrsg.), Doppelbesteuerung, Kommentar zu allen deutschen Doppelbesteuerungsabkommen, Loseblattsammlung, Stand: Oktober 2013, München (zit.: Wassermeyer, DBA, Kommentar).

Wilke, Kay-Michael, Lehrbuch Internationales Steuerrecht, 11. Aufl., Herne 2012 (zit.: *Wilke*, Int. Steuerrecht).

Zitzelsberger, Heribert, APAs in der Praxis eines deutschen Großunternehmens, in: *Herzig, Norbert* (Hrsg.), Advance Pricing Agreements (APAs) – Ein neues Instrument zur Vermeidung von Verrechnungspreiskonflikten?, Köln 1996, S. 51–54 (zit.: *Zitzelsberger* in: APAs).

Züger, Mario, Schiedsverfahren für Doppelbesteuerungsabkommen – Möglichkeiten zur Verbesserung des Rechtsschutzes im internationalen Steuerrecht, Wien 2001 (zit.: *Züger*, Schiedsverfahren für DBA).

Züger, Mario, The ECJ as Arbitration Court for the New Austria-Germany Tax Treaty, ET 2000, 101–105.

Anhang

ÜBEREINKOMMEN

über die Beseitigung der Doppelbesteuerung im Falle von Gewinnberichtigungen zwischen verbundenen Unternehmen

(90/436/EWG)

DIE HOHEN VERTRAGSPARTEIEN DES VERTRAGS ZUR GRÜNDUNG DER EUROPÄISCHEN WIRTSCHAFTSGEMEINSCHAFT,

IN DEM WUNSCH, Artikel 220 des Vertrages anzuwenden, in welchem sie sich verpflichtet haben, Verhandlungen einzuleiten, um zugunsten ihrer Staatsangehörigen die Beseitigung der Doppelbesteuerung sicherzustellen,

IN DER ERWÄGUNG, daß die Beseitigung der Doppelbesteuerung im Falle von Gewinnberichtigungen zwischen verbundenen Unternehmen von großer Wichtigkeit ist,

HABEN BESCHLOSSEN, dieses Übereinkommen zu schließen, und haben zu diesem Zweck als Bevollmächtigte bestellt:

SEINE MAJESTÄT DER KÖNIG DER BELGIER:

Philippe de SCHOUTHEETE de TERVARENT,

Außerordentlicher und bevollmächtigter Botschafter,

IHRE MAJESTÄT DIE KÖNIGIN VON DÄNEMARK:

Niels HELVEG PETERSEN,

Minister für Wirtschaft,

DER PRÄSIDENT DER BUNDESREPUBLIK DEUTSCHLAND:

Theo WAIGEL,

Bundesminister der Finanzen,

Jürgen TRUMPF,

Außerordentlicher und bevollmächtigter Botschafter,

DER PRÄSIDENT DER GRIECHISCHEN REPUBLIK:

Ioannis PALAIOKRASSAS,

Minister der Finanzen,

SEINE MAJESTÄT DER KÖNIG VON SPANIEN:

Carlos SOLCHAGA CATALÁN,

Minister für Wirtschaft und Finanzen,

DER PRÄSIDENT DER FRANZÖSISCHEN REPUBLIK:

Jean VIDAL,

Außerordentlicher und bevollmächtigter Botschafter,

DER PRÄSIDENT IRLANDS:

Albert REYNOLDS,

Minister der Finanzen,

DER PRÄSIDENT DER ITALIENISCHEN REPUBLIK:

Stefano DE LUCA,

Staatssekretär im Ministerium der Finanzen,

SEINE KÖNIGLICHE HOHEIT DER GROSSHERZOG VON LUXEMBURG:

Jean-Claude JUNCKER,

Minister für den Staatshaushalt, Minister der Finanzen, Minister für Arbeit,

IHRE MAJESTÄT DIE KÖNIGIN DER NIEDERLANDE:

P. C. NIEMAN,

Außerordentlicher und bevollmächtigter Botschafter,

DER PRÄSIDENT DER PORTUGIESISCHEN REPUBLIK:

Miguel BELEZA,

Minister der Finanzen,

IHRE MAJESTÄT DIE KÖNIGIN DES VEREINIGTEN KÖNIGREICHS GROSSBRITANNIEN UND NORDIRLAND:

David H. A. HANNAY KCMG,

Außerordentlicher und bevollmächtigter Botschafter,

diese im Rat vereinigten Bevollmächtigten HABEN nach Austausch ihrer als gut und gehörig befundenen Vollmachten FOLGENDES VEREINBART:

KAPITEL I

ANWENDUNGSBEREICH DES ÜBEREINKOMMENS

Artikel 1

(1) Dieses Übereinkommen findet Anwendung, wenn zur Besteuerung Gewinne, die in die Gewinne eines Unternehmens eines Vertragsstaats einbezogen sind, ebenfalls in die Gewinne eines Unternehmens eines anderen Vertragsstaats mit der Begründung einbezogen oder voraussichtlich einbezogen werden, daß die in Artikel 4 niedergelegten Grundsätze, die entweder unmittelbar oder in entsprechenden Rechtsvorschriften des betreffenden Staates angewendet werden, nicht eingehalten worden sind.

(2) Für die Anwendung dieses Übereinkommens gilt eine Betriebsstätte eines Unternehmens eines Vertragsstaats, die in einem anderen Vertragsstaat gelegen ist, als Unternehmen des Staates, in dem sie gelegen ist.

(3) Absatz 1 findet auch Anwendung, wenn eines der betreffenden Unternehmen keine Gewinne erzielt, sondern Verluste erlitten hat.

Artikel 2

(1) Dieses Übereinkommen gilt für die Steuern von Einkommen.

(2) Zu den zur Zeit bestehenden Steuern, für die dieses Übereinkommen gilt, gehören insbesondere:

a) in Belgien:
- — personenbelasting/impôt des personnes physiques,
- — vennootschapsbelasting/impôt des sociétés,
- — rechtspersonenbelasting/impôt des personnes morales,
- — belasting der niet-verblijfhouders/impôt des nonrésidents,
- — aanvullende gemeentebelasting en agglomeratiebelasting op de personenbelasting/taxe communale et taxe d'agglomération additionnelles à l'impôt des personnes physiques;

b) in Dänemark:
- — selskabsskat,
- — indkomstskat til staten,
- — kommunal indkomstskat,
- — amtskommunal indkomstskat,
- — særlig indkomstskat,
- — kirkeskat,
- — udbytteskat,
- — renteskat,
- — royaltyskat,
- — frigørelsesafgift;

c) in Deutschland:
- — Einkommensteuer,
- — Körperschaftsteuer,
- — Gewerbesteuer, soweit diese nach dem Gewerbeertrag ermittelt wird;

d) in Griechenland:
- — φόρος εισοδήματος φυσικών προσώπων,
- — φόρος εισοδήματος νομικών προσώπων,
- — εισφορά υπέρ των επιχειρήσεων ύδρευσης και αποχέτευσης;

e) in Spanien:
- — impuesto sobre la renta de las personas fisicas,
- — impuesto sobre sociedades;

f) in Frankreich:
- — impôt sur le revenu,
- — impôt sur les sociétés;

g) in Irland:
- — income tax,
- — corporation tax;

h) in Italien:
— imposta sul reddito delle persone fisiche,
— imposta sul reddito delle persone giuridiche,
— imposta locale sui redditi;

i) in Luxemburg:
— impôt sur le revenu des personnes physiques,
— impôt sur le revenu des collectivités,
— impôt commercial, soweit diese Steuer nach dem Gewerbeertrag ermittelt wird;

j) in den Niederlanden:
— inkomstenbelasting,
— vennootschapsbelasting;

k) in Portugal:
— imposto sobre o rendimento das pessoas singulares,
— imposto sobre o rendimento das pessoas colectivas,
— derrama para os municipios sobre o imposto sobre o rendimento das pessoas colectivas;

l) im Vereinigten Königreich:
— income tax,
— corporation tax.

(3) Dieses Übereinkommen gilt auch für Steuern gleicher oder im wesentlichen gleicher Art, die nach Unterzeichnung des Übereinkommens neben den bestehenden Steuern oder an deren Stelle erhoben werden. Die zuständigen Behörden der Vertragsstaaten teilen einander die in ihren Vorschriften eingetretenen Änderungen mit.

KAPITEL II

ALLGEMEINE VORSCHRIFTEN

Abschnitt 1

Begriffsbestimmungen

Artikel 3

(1) Im Sinne dieses Übereinkommens bedeutet der Ausdruck „zuständige Behörde"

— in Belgien:
De Minister van Financiën oder ein bevollmächtigter Vertreter
Le Ministre des Finances oder ein bevollmächtigter Vertreter

— in Dänemark:
Skatteministeren oder ein bevollmächtigter Vertreter

— in Deutschland:
Der Bundesminister der Finanzen oder ein bevollmächtigter Vertreter

— in Griechenland:
Ο Υπουργός των Οικονομικών oder ein bevollmächtigter Vertreter

— in Spanien:
El Ministro de Economía y Hacienda oder ein bevollmächtigter Vertreter

— in Frankreich:
Le Ministre chargé du Budget oder ein bevollmächtigter Vertreter

— in Irland:
The Revenue Commissioners oder ein bevollmächtigter Vertreter

— in Italien:
Il Ministro delle Finanze oder ein bevollmächtigter Vertreter

— in Luxemburg:
Le Ministre des Finances oder ein bevollmächtigter Vertreter

— in den Niederlanden:
De Minister von Financiën oder ein bevollmächtigter Vertreter

— in Portugal:
O Ministro das Finanças oder ein bevollmächtigter Vertreter

— im Vereinigten Königreich:
The Commissioners of Inland Revenue oder ein bevollmächtigter Vertreter.

(2) Jeder in diesem Übereinkommen nicht definierte Begriff hat, wenn der Zusammenhang nichts anderes erfordert, die Bedeutung, die ihm nach dem Doppelbesteuerungsabkommen zwischen den beteiligten Staaten zukommt.

Abschnitt 2

Grundsätze für die Gewinnberichtigung zwischen verbundenen Unternehmen und für die einer Betriebsstätte zuzurechnenden Gewinne

Artikel 4

Bei der Anwendung dieses Übereinkommens gelten folgende Grundsätze:

1. Wenn
   a) ein Unternehmen eines Vertragsstaats unmittelbar oder mittelbar an der Geschäftsleitung, der Kontrolle oder dem Kapital eines Unternehmens eines anderen Vertragsstaats beteiligt ist oder

b) dieselben Personen unmittelbar oder mittelbar an der Geschäftsleitung, der Kontrolle oder dem Kapital eines Unternehmens eines Vertragsstaats und eines Unternehmens eines anderen Vertragsstaats beteiligt sind

und in diesen Fällen die beiden Unternehmen in ihren kaufmännischen oder finanziellen Beziehungen an vereinbarte oder auferlegte Bedingungen gebunden sind, die von denen abweichen, die unabhängige Unternehmen miteinander vereinbaren würden, so dürfen die Gewinne, die eines der Unternehmen ohne diese Bedingungen erzielt hätte, wegen dieser Bedingungen aber nicht erzielt hat, den Gewinnen dieses Unternehmens zugerechnet und entsprechend besteuert werden.

2. Übt ein Unternehmen eines Vertragsstaats seine Tätigkeit in einem anderen Vertragsstaat durch eine dort gelegene Betriebsstätte aus, so werden dieser Betriebsstätte die Gewinne zugerechnet, die sie hätte erzielen können, wenn sie eine gleiche oder ähnliche Tätigkeit unter gleichen oder ähnlichen Bedingungen als selbständiges Unternehmen ausgeübt hätte und im Verkehr mit dem Unternehmen, dessen Betriebsstätte sie ist, völlig unabhängig gewesen wäre.

Artikel 5

Beabsichtigt ein Vertragsstaat, die Gewinne eines Unternehmens gemäß den Grundsätzen des Artikels 4 zu berichtigen, so unterrichtet er das Unternehmen rechtzeitig von der beabsichtigten Maßnahme und gibt ihm Gelegenheit, das andere Unternehmen davon in Kenntnis zu setzen, damit dieses Gelegenheit hat, seinerseits den anderen Vertragsstaat zu unterrichten.

Der Vertragsstaat, der diese Unterrichtung vornimmt, darf jedoch nicht daran gehindert werden, die beabsichtigte Berichtigung durchzuführen.

Stimmen die beiden Unternehmen und der andere Vertragsstaat nach einer solchen Unterrichtung der Berichtigung zu, so sind die Artikel 6 und 7 nicht anzuwenden.

Abschnitt 3

Verständigungsverfahren und Schlichtungsverfahren

Artikel 6

(1) Ist ein Unternehmen in einem Fall, auf den dieses Übereinkommen Anwendung findet, der Auffassung, daß die in Artikel 4 festgelegten Grundsätze nicht beachtet worden sind, so kann es unbeschadet der im innerstaatlichen Recht der beteiligten Vertragsstaaten vorgesehenen Rechtsbehelfe seinen Fall der zuständigen Behörde des Vertragsstaats unterbreiten, dem es angehört oder in dem seine Betriebsstätte gelegen ist. Der Fall muß innerhalb von drei Jahren nach der ersten Mitteilung der Maßnahme unterbreitet werden, die eine Doppelbesteuerung im Sinne des Artikels 1 herbeiführt oder herbeiführen könnte.

Das Unternehmen teilt der zuständigen Behörde gleichzeitig mit, welche anderen Vertragsstaaten gegebenenfalls beteiligt sind. Die zuständige Behörde unterrichtet dann umgehend die zuständigen Behörden dieser anderen Vertragsstaaten.

(2) Hält die zuständige Behörde die Einwendung für begründet und ist sie selbst nicht in der Lage, eine befriedigende Lösung herbeizuführen, so wird sie sich bemühen, den Fall durch Verständigung mit der zuständigen Behörde eines jeden anderen beteiligten Vertragsstaats so zu regeln, daß nach den in Artikel 4 festgelegten Grundsätzen eine Doppelbesteuerung vermieden wird. Die Verständigungsregelung ist ungeachtet der Fristen des innerstaatlichen Rechts der beteiligten Vertragsstaaten durchzuführen.

Artikel 7

(1) Gelangen die zuständigen Behörden innerhalb einer Frist von zwei Jahren seit dem Zeitpunkt, zu dem der Fall nach Artikel 6 Absatz 1 erstmals einer der zuständigen Behörden unterbreitet worden ist, nicht zu einem Einvernehmen über die Beseitigung der Doppelbesteuerung, so setzen sie einen Beratenden Ausschuß mit dem Auftrag ein, eine Stellungnahme abzugeben, wie diese Doppelbesteuerung beseitigt werden soll.

Die Unternehmen können von den im innerstaatlichen Recht der beteiligten Vertragsstaaten vorgesehenen Rechtsbehelfen Gebrauch machen; wird der Fall einem Gericht vorgelegt, so beginnt die in Unterabsatz 1 genannte Zweijahresfrist jedoch mit dem Zeitpunkt, zu dem die in letzter Instanz im Rahmen der innerstaatlichen Rechtsbehelfe ergangene Entscheidung rechtskräftig geworden ist.

(2) Die Befassung des Beratenden Ausschusses mit dem Fall hindert einen Vertragsstaat nicht daran, für den gleichen Fall Gerichts- oder Verwaltungsverfahren zur Verfolgung von Zuwiderhandlungen gegen die Steuergesetze einzuleiten.

(3) Können nach dem innerstaatlichen Recht eines Vertragsstaats die zuständigen Behörden nicht von den Entscheidungen ihrer Gerichte abweichen, so ist Absatz 1 nur anzuwenden, wenn das verbundene Unternehmen dieses Staates die Frist für die Einlegung eines Rechtsbehelfs hat verstreichen lassen oder einen Rechtsbehelf noch vor Ergehen einer Entscheidung zurückgenommen hat. Dies gilt nicht, soweit sich der Rechtsbehelf auf andere als die in Artikel 6 genannten Sachverhalte bezieht.

(4) Die zuständigen Behörden können vereinbaren, im Einvernehmen mit den beteiligten verbundenen Unternehmen von den Fristen des Absatzes 1 abzuweichen.

(5) Soweit die Bestimmungen der Absätze 1 bis 4 nicht anwendbar sind, bleiben die in Artikel 6 vorgesehenen Rechte jedes der verbundenen Unternehmen unberührt.

Artikel 8

(1) Die zuständige Behörde eines Vertragsstaats ist zur Einleitung des Verständigungsverfahrens oder zur Einset-

zung des Beratenden Ausschusses nach Artikel 7 nicht verpflichtet, wenn durch ein Gerichts- oder Verwaltungsverfahren endgültig festgestellt ist, daß eines der beteiligten Unternehmen durch Handlungen, die eine Gewinnberichtigung gemäß Artikel 4 zur Folge haben, einen empfindlich zu bestrafenden Verstoß gegen steuerliche Vorschriften begangen hat.

(2) Ist ein Gerichts- oder Verwaltungsverfahren, durch das festgestellt werden soll, daß eines der beteiligten Unternehmen durch Handlungen, die eine Gewinnberichtigung nach Artikel 4 zur Folge haben, einen empfindlich zu bestrafenden Verstoß gegen steuerliche Vorschriften begangen hat, zur gleichen Zeit wie eines der Verfahren nach Artikel 6 oder 7 anhängig, so können die zuständigen Behörden die letztgenannten Verfahren bis zum Abschluß des Gerichts- oder Verwaltungsverfahrens aussetzen.

Artikel 9

(1) Der in Artikel 7 Absatz 1 genannte Beratende Ausschuß besteht außer dem Vorsitzenden aus

— zwei Vertretern jeder beteiligten zuständigen Behörde; die zuständigen Behörden können einvernehmlich festlegen, daß nur ein Vertreter vorgesehen wird;

— einer geraden Anzahl unabhängiger Personen, die von den beteiligten zuständigen Behörden aus der in Absatz 4 genannten Liste im gegenseitigen Einvernehmen oder mangels eines solchen durch das Los bestimmt werden.

(2) Für jede unabhängige Person wird nach den für ihre Bestimmung geltenden Vorschriften gleichzeitig ein Stellvertreter für den Fall bestimmt, daß die unabhängige Person an der Wahrnehmung ihrer Aufgaben gehindert ist.

(3) Bei Losentscheid kann jede zuständige Behörde jede unabhängige Person in den von den zuständigen Behörden im voraus vereinbarten Fällen sowie in folgenden Fällen ablehnen:

— Die betreffende Person gehört einer der beteiligten Steuerverwaltungen an oder übt Funktionen für Rechnung dieser Verwaltung aus;

— sie ist oder war an einem oder jedem der verbundenen Unternehmen maßgeblich beteiligt oder ist oder war Angestellter oder Berater eines oder jedes dieser Unternehmen;

— sie bietet keine hinreichende Gewähr für Unbefangenheit in dem zu schlichtenden Fall oder den zu schlichtenden Fällen.

(4) Es wird eine Liste der unabhängigen Personen erstellt, die alle von den Vertragsstaaten benannten unabhängigen Personen enthält. Zu diesem Zweck benennt jeder Vertragsstaat fünf Personen und unterrichtet hiervon den Generalsekretär des Rates der Europäischen Gemeinschaften.

Diese Personen müssen Staatsangehörige eines Vertragsstaats sein und ihren Wohnsitz im räumlichen Geltungsbereich dieses Übereinkommens haben. Sie müssen sachlich kompetent und unabhängig sein.

Die Vertragsstaaten können die in Unterabsatz 1 genannte Liste ändern; sie teilen Änderungen unverzüglich dem Generalsekretär des Rates der Europäischen Gemeinschaften mit.

(5) Die nach Absatz 1 benannten Vertreter und unabhängigen Personen wählen aus der in Absatz 4 bezeichneten Liste einen Vorsitzenden, unbeschadet des Rechts jeder beteiligten zuständigen Behörde, die so gewählte Person in einem der Fälle des Absatzes 3 abzulehnen.

Der Vorsitzende des Beratenden Ausschusses muß die Voraussetzungen für die Ausübung höchstrichterlicher Aufgaben in seinem Land erfüllen oder Jurist von allgemein bekannter Kompetenz sein.

(6) Die Mitglieder des Beratenden Ausschusses sind verpflichtet, alle Angelegenheiten, von denen sie im Rahmen des Verfahrens Kenntnis erlangen, geheimzuhalten. Die Vertragsstaaten treffen Maßnahmen, damit jede Verletzung der Geheimhaltungspflicht verfolgt wird. Sie teilen diese Maßnahmen unverzüglich der Kommission der Europäischen Gemeinschaften mit; diese unterrichtet die anderen Vertragsstaaten.

(7) Die Vertragsstaaten treffen die erforderlichen Maßnahmen, damit der Beratende Ausschuß unverzüglich zusammentreten kann, wenn er angerufen wird.

Artikel 10

(1) Für das in Artikel 7 vorgesehene Verfahren können die beteiligten verbundenen Unternehmen dem Beratenden Ausschuß alle Angaben, Beweismittel und Schriftstücke übermitteln, die nach ihrer Ansicht für die Entscheidungsfindung nützlich sein können. Die Unternehmen und die zuständigen Behörden der beteiligten Vertragsstaaten haben jeder Aufforderung des Beratenden Ausschusses, Angaben, Beweismittel oder Schriftstücke zu übermitteln, nachzukommen. Dies verpflichtet die zuständigen Behörden eines solchen Vertragsstaats jedoch nicht,

a) Verwaltungsmaßnahmen durchzuführen, die von den Gesetzen oder der normalen Verwaltungspraxis dieses Vertragsstaats abweichen;

b) Informationen zu erteilen, die nach den Gesetzen oder im üblichen Verwaltungsverfahren dieses Vertragsstaats nicht beschafft werden können;

c) Informationen zu erteilen, die ein Handels-, Industrie-, Gewerbe- oder Berufsgeheimnis oder ein Geschäftsverfahren preisgeben würden oder deren Erteilung der öffentlichen Ordnung widerspräche.

(2) Jedes der verbundenen Unternehmen hat das Recht, auf Antrag vom Beratenden Ausschuß angehört zu werden oder sich dort vertreten zu lassen. Jedes der verbundenen

Unternehmen ist verpflichtet, auf Aufforderung des Beratenden Ausschusses vor diesem zu erscheinen oder sich dort vertreten zu lassen.

Artikel 11

(1) Der in Artikel 7 genannte Beratende Ausschuß gibt seine Stellungnahme binnen sechs Monaten ab, nachdem er befaßt worden ist.

Der Beratende Ausschuß muß seiner Stellungnahme die Bestimmungen des Artikels 4 zugrunde legen.

(2) Der Beratende Ausschuß gibt seine Stellungnahme mit der einfachen Mehrheit seiner Mitglieder ab. Die zuständigen Behörden können weitere Verfahrensregeln vereinbaren.

(3) Die Kosten des Verfahrens des Beratenden Ausschusses, mit Ausnahme der den verbundenen Unternehmen entstehenden Kosten, werden zu gleichen Teilen von den beteiligten Vertragsstaaten getragen.

Artikel 12

(1) Die an dem Verfahren des Artikels 7 beteiligten zuständigen Behörden treffen im gegenseitigen Einvernehmen auf der Grundlage des Artikels 4 eine Entscheidung, mit der die Doppelbesteuerung binnen sechs Monaten nach der Abgabe der Stellungnahme des genannten Beratenden Ausschusses beseitigt wird.

Die zuständigen Behörden können eine Entscheidung treffen, die von der Stellungnahme des Beratenden Ausschusses abweicht. Gelangen sie zu keinem Einvernehmen hierüber, so sind sie verpflichtet, sich an die Stellungnahme zu halten.

(2) Die zuständigen Behörden können mit Zustimmung der beteiligten Unternehmen die Veröffentlichung der in Absatz 1 genannten Entscheidung vereinbaren.

Artikel 13

Die Endgültigkeit der Entscheidungen der beteiligten Vertragsstaaten über die Besteuerung von Gewinnen aus einem Geschäft zwischen verbundenen Unternehmen steht der Inanspruchnahme der in den Artikeln 6 und 7 genannten Verfahren nicht entgegen.

Artikel 14

Im Sinne dieses Übereinkommens wird die Doppelbesteuerung von Gewinnen als beseitigt betrachtet, wenn

a) die Gewinne nur in einem Staat zur Besteuerung herangezogen werden oder

b) die in einem Staat auf diese Gewinne zu erhebende Steuer um den Betrag verringert wird, der dem Betrag der Steuer entspricht, die in dem anderen Staat auf sie zu erheben ist.

KAPITEL III

SCHLUSSBESTIMMUNGEN

Artikel 15

Dieses Übereinkommen berührt nicht weitergehende Verpflichtungen auf dem Gebiet der Beseitigung der Doppelbesteuerung im Falle von Gewinnberichtigungen zwischen verbundenen Unternehmen, die sich gegebenenfalls aus anderen Übereinkünften, denen die Vertragsstaaten jetzt oder künftig angehören, oder dem innerstaatlichen Recht dieser Staaten ergeben.

Artikel 16

(1) Unbeschadet des Absatzes 2 entspricht der räumliche Geltungsbereich dieses Übereinkommens dem in Artikel 227 Absatz 1 des Vertrages zur Gründung der Europäischen Wirtschaftsgemeinschaft bestimmten Bereich.

(2) Dieses Übereinkommen gilt nicht für

— die in Anhang IV des Vertrages zur Gründung der Europäischen Wirtschaftsgemeinschaft genannten französischen Gebiete;

— die Färöer und Grönland.

Artikel 17

Dieses Übereinkommen bedarf der Ratifizierung durch die Vertragsstaaten. Die Ratifikationsurkunden werden beim Generalsekretär des Rates der Europäischen Gemeinschaften hinterlegt.

Artikel 18

Dieses Übereinkommen tritt am ersten Tag des dritten Monats nach Hinterlegung der Ratifikationsurkunde durch denjenigen Unterzeichnerstaat in Kraft, der diese Förmlichkeit als letzter vornimmt. Es gilt für nach seinem Inkrafttreten eingeleitete Verfahren im Sinne des Artikels 6 Absatz 1.

Artikel 19

Der Generalsekretär des Rates der Europäischen Gemeinschaften notifiziert den Unterzeichnerstaaten

a) die Hinterlegung jeder Ratifikationsurkunde;

b) den Tag, an dem dieses Übereinkommen in Kraft tritt;

c) die in Artikel 9 Absatz 4 vorgesehene Liste der von den Vertragsstaaten benannten unabhängigen Personen sowie Änderungen dieser Liste.

Artikel 20

Dieses Übereinkommen wird für eine Dauer von fünf Jahren geschlossen. Sechs Monate vor deren Ablauf treten die Vertragsstaaten zusammen, um über eine Verlängerung der

Geltungsdauer des Übereinkommens und über sonstige das Übereinkommen betreffende Maßnahmen zu beschließen.

Artikel 21

Jeder Vertragsstaat kann jederzeit eine Revision dieses Übereinkommens beantragen. In diesem Fall beruft der Präsident des Rates der Europäischen Gemeinschaften eine Revisionskonferenz ein.

Artikel 22

Dieses Übereinkommen ist in einer Urschrift in deutscher, englischer, dänischer, französischer, griechischer, irischer, italienischer, niederländischer, portugiesischer und spanischer Sprache abgefaßt, wobei die zehn Fassungen gleichermaßen verbindlich sind; es wird im Archiv des Generalsekretariats des Rates der Europäischen Gemeinschaften hinterlegt. Der Generalsekretär übermittelt der Regierung jedes Unterzeichnerstaats eine beglaubigte Abschrift.

SCHLUSSAKTE

DIE BEVOLLMÄCHTIGTEN DER HOHEN VERTRAGSPARTEIEN,

die am dreiundzwanzigsten Juni neunzehnhundertneunzig in Brüssel zur Unterzeichnung des Übereinkommens über die Beseitigung der Doppelbesteuerung im Falle von Gewinnberichtigungen zwischen verbundenen Unternehmen zusammengetreten sind,

haben bei der Unterzeichnung des Übereinkommens

a) die folgenden, dieser Schlußakte beigefügten gemeinsamen Erklärungen angenommen:

— Erklärung zu Artikel 4 Nummer 1,

— Erklärung zu Artikel 9 Absatz 6,

— Erklärung zu Artikel 13;

b) die folgenden, dieser Schlußakte beigefügten einseitigen Erklärungen zur Kenntnis genommen:

— Erklärung Frankreichs und des Vereinigten Königreichs zu Artikel 7,

— Erklärungen der einzelnen Vertragsstaaten zu Artikel 8,

— Erklärung der Bundesrepublik Deutschland zu Artikel 16.

En fe de lo cual, los abajo firmantes suscriben la presente Acta Final.

Til bekræftelse heraf har undertegnede underskrevet denne slutakt.

Zu Urkund dessen haben die Unterzeichneten ihre Unterschrift unter diese Schlußakte gesetzt.

Σε πίστωση των ανωτέρω, οι υπογράφοντες πληρεξούσιοι έθεσαν την υπογραφή τους κάτω από την παρούσα τελική πράξη.

In witness whereof, the undersigned have signed this Final Act.

En foi de quoi, les soussignés ont apposé leurs signatures au bas du présent acte final.

Dá fhianú sin, chuir na daoine thíos-sínithe a lámh leis an Ionstraim Chríochnaitheach seo.

In fede di che, i sottoscritti hanno apposto le loro firme in calce al presente atto finale.

Ten blijke waarvan de ondergetekenden hun handtekening onder deze Slotakte hebben gesteld.

Em fé do que os abaixo assinados apuseram as suas assinaturas no final do presente Acto Final.

Hecho en Bruselas, el veintitrés de julio de mil novecientos noventa.

Udfærdiget i Bruxelles, den treogtyvende juli nitten hundrede og halvfems.

Geschehen zu Brüssel am dreiundzwanzigsten Juli neunzehnhundertneunzig.

Έγινε στις Βρυξέλλες, στις είκοσι τρεις Ιουλίου χίλια εννιακόσια ενενήντα.

Done at Brussels on the twenty-third day of July in the year one thousand nine hundred and ninety.

Fait à Bruxelles, le vingt-trois juillet mil neuf cent quatre-vingt-dix.

Arna dhéanamh sa Bhruiséil, an tríú lá fichead de Iúil, míle naoi gcéad nócha.

Fatto a Bruxelles, addì ventitré luglio millenovecentonovanta.

Gedaan te Brussel, de drieëntwintigste juli negentienhonderd negentig.

Feito em Bruxelas, em vinte e três de Julho de mil novecentos e noventa.

Pour Sa Majesté le Roi des Belges
Voor Zijne Majesteit de Koning der Belgen

For Hendes Majestæt Danmarks Dronning

Für den Präsidenten der Bundesrepublik Deutschland

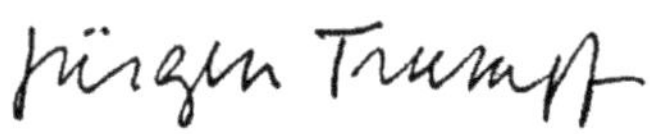

Για τον Πρόεδρο της Ελληνικής Δημοκρατίας

Por Su Majestad el Rey de España

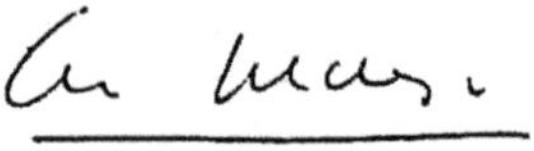

Pour le président de la République française

For the President of Ireland
Thar ceann Uachtarán na hÉireann

Per il presidente della Repubblica italiana

Pour Son Altesse Royale le Grand-Duc de Luxembourg

Voor Hare Majesteit de Koningin der Nederlanden

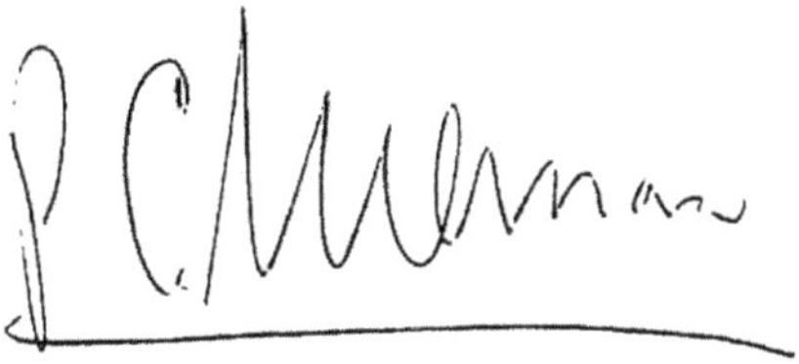

Pelo Presidente da República Portuguesa

For Her Majesty the Queen of the United Kingdom of Great Britain and Northern Ireland

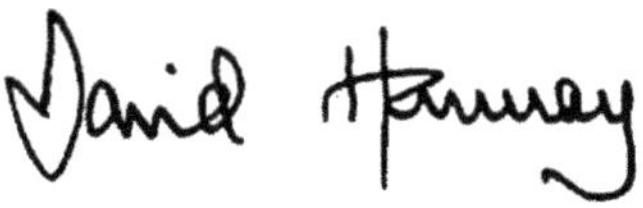

GEMEINSAME ERKLÄRUNGEN

Erklärung zu Artikel 4 Nummer 1

Artikel 4 Nummer 1 erfaßt sowohl den Fall, in dem ein Geschäft unmittelbar zwischen zwei rechtlich selbständigen Unternehmen abgewickelt wird, als auch den Fall, in dem ein Geschäft zwischen einem der Unternehmen und der in einem dritten Vertragsstaat gelegenen Betriebsstätte des anderen Unternehmens abgewickelt wird.

Erklärung zu Artikel 9 Absatz 6

Es bleibt den Mitgliedstaaten belassen, Art und Umfang der geeigneten Vorkehrungen zur Verfolgung jeglicher Verletzung der Geheimhaltungspflicht zu bestimmen.

Erklärung zu Artikel 13

Werden in einem oder mehreren der beteiligten Vertragsstaaten die Entscheidungen über die Besteuerungen, die Gegenstand der in den Artikeln 6 und 7 genannten Verfahren sind, nach Abschluß des in Artikel 6 genannten Verfahrens oder nach Erlaß der in Artikel 12 genannten Entscheidung geändert und führt dies angesichts der Anwendung des Ergebnisses dieses Verfahrens oder dieser Entscheidung zu einer Doppelbesteuerung im Sinne des Artikels 1, so sind die Artikel 6 und 7 anwendbar.

EINSEITIGE ERKLÄRUNGEN

Erklärung zu Artikel 7

Frankreich und das Vereinigte Königreich erklären, daß sie von Artikel 7 Absatz 3 Gebrauch machen werden.

Erklärungen der einzelnen Vertragsstaaten zu Artikel 8

Belgien

Ein empfindlich zu bestrafender Verstoß ist

— eine unter das allgemeine Strafrecht fallende, in Steuerverkürzungsabsicht begangene Zuwiderhandlung oder

— eine in Betrugs- oder Schädigungsabsicht begangene Zuwiderhandlung gegen Vorschriften des Einkommensteuergesetzes oder Durchführungsbestimmungen dazu,

die strafrechtlich oder im Verwaltungsweg geahndet wird.

Dänemark

Ein empfindlich zu bestrafender Verstoß liegt bei vorsätzlichen Zuwiderhandlungen gegen Strafbestimmungen des Strafgesetzbuchs oder von Spezialgesetzen vor, wenn die Strafe nicht im Verwaltungsweg verhängt werden kann.

Zuwiderhandlungen gegen Strafbestimmungen des Steuerrechts können in der Regel im Verwaltungsweg verfolgt werden, wenn mit keiner schwereren Maßnahme als Bußgeld zu rechnen ist.

Bundesrepublik Deutschland

Ein empfindlich zu bestrafender Verstoß gegen steuerliche Vorschriften ist jeder Verstoß gegen die Steuergesetze, der mit Freiheitsstrafe, Geldstrafe oder Bußgeld geahndet wird.

Griechenland

Ein Unternehmen begeht in folgenden Fällen einen empfindlich zu bestrafenden Verstoß gegen steuerliche Vorschriften:

1. Das Unternehmen gibt keine Steuererklärung ab oder aber eine Steuererklärung mit unrichtigen Angaben für Steuern oder sonstige Abgaben, die es nach den geltenden Vorschriften einzubehalten und an das Finanzamt zu zahlen hat, sei es für die Mehrwertsteuer oder die Umsatzsteuer oder die besondere Abgabe auf Luxusgüter, wobei der Gesamtbetrag der vorerwähnten Steuern und sonstigen Abgaben, die anzugeben und an das Finanzamt abzuführen sind, bei Geschäften oder sonstigen Transaktionen während eines Kalenderjahres sechshunderttausend (600 000) Drachmen bzw. während eines Kalenderjahres eine Million (1 000 000) Drachmen übersteigt.

2. Das Unternehmen gibt keine Einkommensteuererklärung ab, wobei die geschuldete Hauptsteuer für Einkünfte, die nicht angegeben wurden, 300 000 Drachmen übersteigt.

3. Das Unternehmen legt die Steuerbelege nicht vor, die im Steuergesetzbuch vorgesehen sind.

4. Das Unternehmen legt hinsichtlich der Menge, des Preises je Einheit oder des Werts unrichtige Steuerbelege im Sinne der Nummer 3 vor, wobei der sich daraus ergebende Unterschied zehn v. H. (10 %) der Gesamtmenge oder des Gesamtwerts der Güter bzw. der Dienstleistungen oder generell der Transaktion übersteigt.

5. Die vom Unternehmen geführten Bücher und aufbewahrten Belege im Sinne des Steuergesetzbuchs sind unrichtig, sofern diese Unrichtigkeit bei einer regulären Betriebsprüfung festgestellt und das Ergebnis dieser Feststellung entweder durch Beilegung der Streitigkeit auf dem Verwaltungswege oder wegen Verstreichung der Frist zur Klageerhebung oder aufgrund einer Entscheidung des Verwaltungsgerichts rechtskräftig geworden ist und der Unterschied, der in dem geprüften Geschäftszeitraum in bezug auf die Bruttoeinkünfte festgestellt wird, im Verhältnis zu den in der Steuererklärung angegebenen Einkünften zwanzig v. H. (20 %) übersteigt und auf jeden Fall mindestens eine Million (1 000 000) Drachmen beträgt.

6. Das Unternehmen kommt der Verpflichtung zur Aufbewahrung der Bücher und Belege nicht nach, die in den entsprechenden Vorschriften des Steuergesetzbuches vorgesehen ist.

7. Das Unternehmen legt eine gefälschte oder fiktive Preisliste der verkauften Güter oder erbrachten Dienstleistungen vor oder verfälscht andere unter Nummer 3 genannte Steuerbelege.

   Als gefälscht gilt auch ein Steuerbeleg, der auf irgendeine Weise gelocht oder abgestempelt worden ist, ohne daß ein entsprechender Prüfvermerk in die Bücher der zuständigen Steuerbehörde eingetragen wurde, wenn dem Steuerpflichtigen, der die Steuerbelege zur Prüfung vorlegen muß, diese Nichteintragung bekannt ist. Als gefälscht gilt ebenfalls ein Steuerbeleg, wenn Inhalt und Einzelheiten des Originals oder der Kopie Unterschiede gegenüber der beim Steuerpflichtigen verbleibenden Unterlage, die den gleichen Steuertatbestand betrifft, aufweisen.

   Als fiktiv gilt auch ein Steuerbeleg, der für ein Geschäft, einen Umsatz oder eine andere Transaktion, die insgesamt oder zum Teil gar nicht erfolgt ist, oder für ein Geschäft, das von anderen als den im Steuerbeleg angegebenen Personen getätigt wurde, vorgelegt worden ist.

8. Das Unternehmen beteiligt sich in irgendeiner Weise an der Herstellung gefälschter Steuerbelege, oder dem Unternehmen ist bekannt, daß die Belege gefälscht bzw. fiktiv sind, es ist jedoch an der Vorlage dieser Belege beteiligt, oder es akzeptiert die gefälschten bzw. fiktiven Steuerbelege mit dem Ziel, Steuertatbestände zu verheimlichen.

Spanien

Ein empfindlich zu bestrafender Verstoß ist eine schwerwiegende Zuwiderhandlung gegen steuerliche Vorschriften, die im Verwaltungsweg geahndet wird, oder eine Straftat gegenüber den Steuerbehörden, die strafrechtlich geahndet wird.

Frankreich

Ein empfindlich zu bestrafender Verstoß ist gegeben, wenn er strafrechtlich geahndet wird oder wenn steuerrechtliche Sanktionen verhängt werden wie in folgenden Fällen: Nichtabgabe der Steuererklärung nach Mahnung, Unredlichkeit oder betrügerische Handlungen, Widerstand gegen eine Steuerprüfung, verschleierte Vergütungen oder Zuwendungen, Rechtsmißbrauch.

Irland

Ein empfindlich zu bestrafender Verstoß liegt in folgenden Fällen vor:

a) Nichtabgabe der Steuererklärung,

b) betrügerisch oder fahrlässig unrichtige Steuererklärung,

c) Fehlen ordnungsmäßiger Buchführung,

d) Nichtvorlage von Aufzeichnungen und Büchern zu Prüfungszwecken,

e) Behinderung von Personen bei der Ausübung gesetzlicher Aufgaben,

f) Nichtanzeige von Steuertatbeständen,

g) falsche Erklärung zwecks Gewährung eines Steuerabzugs.

Diese Verstöße sind nach dem Stand vom 3. Juli 1990 durch folgende Rechtsvorschriften geregelt:

— Teil XXXV des Income Tax Act von 1967,

— Abschnitt 6 des Finance Act von 1968,

— Teil XIV des Corporation Tax Act von 1976,

— Abschnitt 94 des Finance Act von 1983.

Spätere Änderungen des Strafen- oder Maßnahmenkatalogs sind zu berücksichtigen.

Italien

Ein empfindlich zu bestrafender Verstoß ist eine Zuwiderhandlung, die im Sinne der innerstaatlichen Rechtsvorschriften ein Steuervergehen darstellt.

Luxemburg

Das Großherzogtum Luxemburg betrachtet als empfindlich zu bestrafenden Verstoß Zuwiderhandlungen, die nach der Erklärung des anderen Vertragsstaats solche Verstöße im Sinne des Artikels 8 darstellen.

Niederlande

Ein empfindlich zu bestrafender Verstoß ist jede vorsätzliche Handlung im Sinne von Artikel 68 Absatz 1 des Allgemeinen Steuergesetzes, die gerichtlich geahndet wird.

Portugal

Ein schwer zu bestrafender Verstoß ist eine strafrechtlich oder steuerstrafrechtlich zu ahnende Zuwiderhandlung, die in Betrugsabsicht begangen wird oder mit einer Geldstrafe von mehr als 1 Million (1 000 000) Escudos bedroht ist.

Vereinigtes Königreich

Ein schwer zu bestrafender Verstoß liegt vor, wenn zu Steuerzwecken unrichtige Bücher vorgelegt, unzutreffende Ansprüche auf Steuererstattung, -vergütung, -ermäßigung oder -erlaß gestellt oder unrichtige Steuererklärungen abgegeben werden und dies strafrechtlich oder im Verwaltungsweg geahndet wird.

Erklärung der Bundesrepublik Deutschland zu Artikel 16

Die Regierung der Bundesrepublik Deutschland behält sich vor, bei der Hinterlegung ihrer Ratifikationsurkunde zu erklären, daß das Übereinkommen auch für das Land Berlin gilt.

II

(Mitteilungen)

MITTEILUNGEN DER ORGANE UND EINRICHTUNGEN DER EUROPÄISCHEN UNION

RAT

Überarbeiteter Verhaltenskodex zur wirksamen Durchführung des Übereinkommens über die Beseitigung der Doppelbesteuerung im Falle von Gewinnberichtigungen zwischen verbundenen Unternehmen

(2009/C 322/01)

DER RAT DER EUROPÄISCHEN UNION UND DIE IM RAT VEREINIGTEN VERTRETER DER REGIERUNGEN DER MITGLIEDSTAATEN —

GESTÜTZT AUF das Übereinkommen vom 23. Juli 1990 über die Beseitigung der Doppelbesteuerung im Falle von Gewinnberichtigungen zwischen verbundenen Unternehmen (das sogenannte „Schiedsübereinkommen"),

IN ANERKENNUNG der Tatsache, dass die Mitgliedstaaten als Vertragsstaaten des Schiedsübereinkommens und Steuerpflichtige genauere Regeln brauchen, um das genannte Schiedsübereinkommen wirksam durchzuführen,

IN KENNTNIS der Mitteilung der Kommission vom 14. September 2009 über die Tätigkeit des Gemeinsamen EU-Verrechnungspreisforums (JTPF) von März 2007 bis März 2009, die sich auf die Berichte des JTPF über Strafzuschläge und Verrechnungspreise sowie über die Auslegung einiger Bestimmungen des Schiedsübereinkommens stützt,

UNTER HINWEIS DARAUF, dass dieser Verhaltenskodex eine politische Verpflichtung darstellt und somit die Rechte und Pflichten der Mitgliedstaaten sowie die jeweiligen Zuständigkeiten der Mitgliedstaaten und der Europäischen Union, wie sie sich aus dem Vertrag über die Europäische Union und dem Vertrag über die Arbeitsweise der Europäischen Union ergeben, nicht berührt,

IN ANERKENNUNG der Tatsache, dass die Anwendung dieses Verhaltenskodexes globalere Lösungen nicht behindern sollte,

IN ANBETRACHT der Schlussfolgerungen des JTPF-Berichts zu Strafzuschlägen —

NEHMEN FOLGENDEN ÜBERARBEITETEN VERHALTENSKODEX AN:

Unbeschadet der jeweiligen Zuständigkeiten der Mitgliedstaaten und der Europäischen Union betrifft dieser überarbeitete Verhaltenskodex die Durchführung des Schiedsübereinkommens und bestimmte damit verbundene Aspekte der Verständigungsverfahren nach den Doppelbesteuerungsabkommen zwischen den Mitgliedstaaten.

1. Anwendungsbereich des Schiedsübereinkommens

1.1 *EU-Dreieckskonstellationen bei Verrechnungspreisfällen*

a) Für die Zwecke dieses Verhaltenskodexes liegt eine EU-Dreieckskonstellation vor, wenn zwei zuständige Behörden in der EU die Doppelbesteuerung in einem Verrechnungspreisfall in der ersten Phase des im Schiedsüberkommen vorgesehenen Verfahrens unter Anwendung des Fremdvergleichsgrundsatzes nicht gänzlich vermeiden können, weil ein verbundenes Unternehmen in (einem) anderen Mitgliedstaat(en), das von beiden zuständigen Behörden in der EU ermittelt wurde (wobei eine Vergleichbarkeitsanalyse einschließlich einer Funktionsanalyse sowie sonstige mit dem Fall verbundene Sachverhaltselemente der Beweisführung zugrunde lagen), bei einer Kette von betroffenen Geschäftsvorfällen oder kaufmännischen/finanziellen Beziehungen in einem erheblichen Umfang zu einem dem Fremdvergleichsgrundsatz nicht entsprechenden Ergebnis beigetragen hat, und wenn dies vom Steuerpflichtigen, der die Doppelbesteuerung erleidet und die Anwendung der Bestimmungen des Schiedsübereinkommens beantragt hat, als solches anerkannt wird.

b) Der Anwendungsbereich des Schiedsübereinkommens erstreckt sich auf sämtliche EU-Geschäftsvorfälle im Rahmen von Dreieckskonstellationen zwischen Mitgliedstaaten.

1.2 *Unterkapitalisierung* [1]

Das Schiedsübereinkommen verweist eindeutig auf die Gewinne aus kaufmännischen und finanziellen Beziehungen, differenziert jedoch nicht zwischen diesen verschiedenen Arten von Gewinnen. Gewinnberichtigungen, die sich aus finanziellen Beziehungen, einschließlich Darlehen und Darlehenskonditionen, ergeben und nach dem Fremdvergleichsgrundsatz erfolgen, sind daher als unter das Schiedsübereinkommen fallend anzusehen.

---

(1) Hierzu bestehen folgende Vorbehalte: Bulgarien vertritt die Auffassung, dass Gewinnberichtigungen, die sich aus der Berichtigung des Preises eines Darlehens (d. h. des Zinssatzes) ergeben, in den Geltungsbereich des Schiedsübereinkommens fallen. Andererseits vertritt Bulgarien die Auffassung, dass Fälle von Gewinnberichtigungen, die auf Berichtigungen des Finanzierungsbetrags beruhen, nicht unter das Schiedsübereinkommen fallen. Grundsätzlich liegen die Gründe für solche Berichtigungen in den innerstaatlichen Rechtsvorschriften der Mitgliedstaaten. Aufgrund der Anwendung von unterschiedlichen nationalen Vorschriften und des Fehlens von international anerkannten Fremdvergleichs-Leitlinien, die auf die Kapitalstruktur eines Unternehmens anzuwenden wären, ist in hohem Maße in Frage zu stellen, dass die auf Korrekturen des Darlehensbetrags beruhenden Gewinnberichtigungen nach dem Fremdvergleichsgrundsatz erfolgen.
Die Tschechische Republik wird das Verständigungsverfahren nach dem Schiedsübereinkommen in Fällen, die nach innerstaatlichem Recht unter die Missbrauchsbekämpfungsvorschriften fallen, nicht anwenden.
Die Niederlande teilen die Ansicht, dass eine Berichtigung des Zinssatzes (Darlehenspreis) nach auf dem Fremdvergleichsgrundsatz beruhenden nationalen Rechtsvorschriften in den Anwendungsbereich des Schiedsübereinkommens fällt. Berichtigungen des Darlehensbetrags sowie Berichtigungen der Abzugsfähigkeit der Zinsen auf der Grundlage eines Unterkapitalisierungsansatzes gemäß dem Fremdvergleichsgrundsatz oder Berichtigungen auf der Grundlage von Missbrauchsbekämpfungsvorschriften, die auf dem Fremdvergleichsgrundsatz beruhen, werden als nicht in den Anwendungsbereich des Schiedsübereinkommens fallend betrachtet. Die Niederlande werden so lange an ihrem Vorbehalt festhalten, bis die OECD Leitlinien zu der Frage erstellt, wie der Fremdvergleichsgrundsatz auf die Unterkapitalisierung von verbundenen Unternehmen angewendet werden soll.
Nach Ansicht Griechenlands fallen die Berichtigungen des Zinssatzes in den Anwendungsbereich des Schiedsübereinkommens. Berichtigungen, die den Darlehensbetrag und die Abzugsfähigkeit der aufgelaufenen Darlehenszinsen betreffen, sollten wegen geltender Beschränkungen im innerstaatlichen Recht nicht unter das Schiedsübereinkommen fallen.
Nach Auffassung von Ungarn fallen nur diejenigen Fälle in den Anwendungsbereich des Schiedsübereinkommens, in denen die Doppelbesteuerung auf die Berichtigung des Darlehenszinssatzes zurückzuführen ist und die Berichtigung auf dem Fremdvergleichsgrundsatz beruht.
Italien vertritt die Auffassung, dass das Schiedsübereinkommen in Fällen der Doppelbesteuerung wegen einer nicht dem Fremdvergleichsgrundsatz entsprechenden Preisberichtigung bei einem Finanzgeschäft herangezogen werden kann. Hingegen darf das Übereinkommen nicht herangezogen werden, um Fälle der Doppelbesteuerung infolge von Berichtigungen des Darlehensbetrags oder Fälle der Doppelbesteuerung infolge von unterschiedlichen innerstaatlichen Vorschriften über den zulässigen Finanzierungsbetrag oder über die Abzugsfähigkeit von Zinsen zu regeln.
Nach dem Verständnis Lettlands kann das Schiedsübereinkommen im Falle einer Doppelbesteuerung infolge der Anwendung allgemeiner nationaler Rechtsvorschriften über Berichtigungen des Darlehensbetrags oder über die Abzugsfähigkeit von Zinszahlungen, die nicht auf dem Fremdvergleichsgrundsatz gemäß Artikel 4 des Schiedsübereinkommens beruhen, nicht herangezogen werden.
Daher ist Lettland der Auffassung, dass nur Berichtigungen der gemäß nationalen Rechtsvorschriften erfolgten Abzüge von Zinsen, die auf dem Fremdvergleichsgrundsatz beruhen, in den Anwendungsbereich des Schiedsübereinkommens fallen.
Polen ist der Auffassung, dass das im Schiedsübereinkommen vorgesehene Verfahren nur im Falle von Zinsberichtigungen anwendbar sein kann. Hingegen sollten Berichtigungen des Darlehensbetrags nicht unter das Übereinkommen fallen. Nach Ansicht Polens lässt sich eigentlich nicht festlegen, wie die Kapitalstruktur in der Praxis gestaltet sein sollte, damit sie mit dem Fremdvergleichsgrundsatz in Einklang steht.
Nach Auffassung Portugals kann das Schiedsübereinkommen nicht zur Regelung von Fällen der Doppelbesteuerung infolge von Gewinnberichtigungen herangezogen werden, die sich entweder aus Berichtigungen des Betrags eines Darlehens zwischen verbundenen Unternehmen oder aus Berichtigungen von Zinszahlungen auf der Grundlage von innerstaatlichen Missbrauchsbekämpfungsvorschriften ergeben. Indes gesteht Portugal zu, seine Position zu überprüfen, sobald Einigung auf internationaler Ebene erzielt ist, insbesondere mittels Leitlinien der OECD, bezüglich der Anwendung des Fremdvergleichsgrundsatzes auf den Betrag der Schulden (unter Einbeziehung von Fällen der Unterkapitalisierung) zwischen verbundenen Unternehmen.
Nach Ansicht der Slowakei sollte eine Berichtigung des Zinssatzes auf der Grundlage von nationalen Rechtsvorschriften, die auf dem Fremdvergleichsgrundsatz beruhen, in den Anwendungsbereich des Schiedsübereinkommens fallen, die Gewinnberichtigungen infolge der Anwendung von Missbrauchsbekämpfungsvorschriften nach innerstaatlichem Recht hingegen nicht in den Anwendungsbereich dieses Übereinkommens fallen.

2. Zulässigkeit

Auf der Grundlage von Artikel 18 des Schiedsübereinkommens wird den Mitgliedstaaten empfohlen, einen Fall als unter das Schiedsübereinkommen fallend zu betrachten, wenn der Antrag fristgerecht nach dem Wirksamwerden des Beitritts neuer Mitgliedstaaten zum Schiedsübereinkommen eingereicht wird, selbst wenn sich die Berichtigung auf frühere Steuerjahre bezieht.

3. Empfindlich zu bestrafende Verstöße

Da Artikel 8 Absatz 1 vorsieht, dass die Inanspruchnahme des Schiedsübereinkommens bei der Feststellung eines empfindlich zu bestrafenden Verstoßes gegen steuerliche Vorschriften abgelehnt werden kann, wird den Mitgliedstaaten in Anbetracht der seit 1995 gewonnenen praktischen Erfahrungen empfohlen, ihre einseitigen Erklärungen im Anhang zum Schiedsübereinkommen zu präzisieren oder zu überarbeiten, um besser zum Ausdruck zu bringen, dass ein empfindlich zu bestrafender Verstoß nur in Ausnahmefällen, etwa bei Betrug, vorliegt.

4. Beginn der Dreijahresfrist (Frist für die Antragstellung nach Artikel 6 Absatz 1 Schiedsübereinkommen)

Die Dreijahresfrist beginnt mit dem Datum der „ersten Mitteilung der Maßnahme, die zu einer Doppelbesteuerung im Sinne von Artikel 1 des Schiedsübereinkommens, z.B. infolge einer Verrechnungspreiskorrektur (1), führt oder führen könnte".

Den Mitgliedstaaten wird empfohlen, in Verrechnungspreisfällen diese Definition auch für die Dreijahresfrist anzuwenden, die die Doppelbesteuerungsabkommen zwischen den Mitgliedstaaten auf der Grundlage von Artikel 25 Absatz 1 des OECD-Musterabkommens zur Vermeidung der Doppelbesteuerung auf dem Gebiet der Steuern vom Einkommen und Vermögen vorsehen.

5. Beginn der Zweijahresfrist (Artikel 7 Absatz 1 des Schiedsübereinkommens)

a) Für die Zwecke von Artikel 7 Absatz 1 des Schiedsübereinkommens gilt ein Fall dann als gemäß Artikel 6 Absatz 1 unterbreitet, wenn der Steuerpflichtige Folgendes übermittelt:

i) Angaben zur Identifizierung (wie Name, Anschrift, Steuernummer) des antragstellenden Unternehmens des Mitgliedsstaats sowie der anderen Beteiligten an den betreffenden Geschäftsvorfällen;

ii) detaillierte Angaben zu den für den Fall relevanten Tatsachen und Umständen (einschließlich Einzelheiten über die Beziehungen zwischen dem Unternehmen und den anderen Beteiligten an den betreffenden Geschäftsvorfällen);

iii) Angaben zu den betreffenden Besteuerungszeiträumen;

iv) Kopien der Steuerbescheide, des Betriebsprüfungsberichts oder vergleichbarer Dokumente, die zu der behaupteten Doppelbesteuerung geführt haben;

v) detaillierte Angaben zu etwaigen außergerichtlichen oder gerichtlichen Rechtsbehelfsverfahren, die das Unternehmen oder die anderen Beteiligten an den betreffenden Geschäftsvorfällen eingeleitet haben, sowie zu etwaigen den Fall betreffenden Gerichtsurteilen;

vi) eine Darlegung seitens des Unternehmens, inwiefern seiner Ansicht nach die in Artikel 4 Schiedsübereinkommen festgelegten Grundsätze nicht beachtet wurden;

vii) eine Zusage des Unternehmens, dass es so vollständig und rasch wie möglich alle vernünftigen und angemessenen Nachfragen einer zuständigen Behörde beantworten und den zuständigen Behörden Unterlagen zur Verfügung stellen wird; und

(1) Hierzu besteht folgender Vorbehalt: Nach Ansicht des Mitglieds aus der italienischen Steuerverwaltung beginnt die Dreijahresfrist „mit dem Datum des ersten Steuerbescheides oder einer gleichwertigen Maßnahme, die die Verrechnungspreiskorrektur, die eine Doppelbesteuerung im Sinne des Artikels 1 herbeiführt oder herbeiführen könnte, widerspiegelt", da das geltende Schiedsübereinkommen nur in den Fällen Anwendung finden sollte, in denen eine Verrechungspreiskorrektur vorgenommen wurde.

viii) jede spezifische Zusatzinformation, die die zuständige Behörde innerhalb von zwei Monaten nach Eingang des Antrags des Steuerpflichtigen anfordert.

b) Der Zweijahreszeitraum beginnt an dem späteren der beiden folgenden Zeitpunkte:

i) Datum des Steuerbescheids, d.h. der endgültigen Entscheidung der Steuerverwaltung über die Einkommenserhöhung, oder einer gleichbedeutenden Maßnahme;

ii) Datum des Eingangs des Antrags sowie der Mindestinformationen gemäß Buchstabe a bei der zuständigen Behörde.

6. Verständigungsverfahren nach dem Schiedsübereinkommen

6.1 *Allgemeine Bestimmungen*

a) Der Fremdvergleichsgrundsatz wird, wie von der OECD festgelegt, angewandt, und zwar ungeachtet der unmittelbaren steuerlichen Folgen für jeden einzelnen Mitgliedsstaat.

b) Die Fälle werden so rasch gelöst wie angesichts der Komplexität des jeweiligen Falles möglich.

c) Jedes Mittel, das geeignet ist, so rasch wie möglich ein Einvernehmen herbeizuführen, z. B. auch persönlicher Treffen, wird erwogen. Gegebenenfalls wird das Unternehmen aufgefordert, seiner zuständigen Behörde seinen Standpunkt darzulegen.

d) Gemäß diesem Verhaltenskodex sollte innerhalb von zwei Jahren ab dem Datum, an dem der Fall einer der zuständigen Behörden zum ersten Mal gemäß Nummer 5 Buchstabe b dieses Verhaltenskodexes unterbreitet wurde, Einvernehmen erzielt werden. Allerdings wird anerkannt, dass es unter bestimmten Umständen (z.B. bei unmittelbar bevorstehender Lösung eines Falles, besonders komplexen Geschäftsvorfällen oder Dreieckskonstellationen) angebracht sein kann, Artikel 7 Absatz 4 des Schiedsübereinkommens (Möglichkeit von Fristverlängerungen) anzuwenden und eine kurze Fristverlängerung zu vereinbaren.

e) Das Verständigungsverfahren sollte weder dem Antragsteller noch anderen an dem Fall beteiligten Personen unangemessene oder übermäßige Befolgungskosten verursachen.

6.2 *EU-Dreieckskonstellationen bei Verrechnungspreisfällen*

a) Sobald die zuständigen Behörden der Mitgliedsstaaten übereingekommen sind, dass in einem Fall eine EU-Dreieckskonstellation vorliegt, sollten sie die andere(n) zuständige(n) Behörde(n) in der EU unverzüglich auffordern, als Beobachter oder aktiv Beteiligte an den Verfahren und Verhandlungen teilzunehmen und gemeinsam zu entscheiden, wie vorgegangen werden soll. Dementsprechend sollten sämtliche Informationen beispielsweise im Wege des Informationsaustauschs an die andere(n) zuständige(n) Behörde(n) in der EU weitergegeben werden. Die andere(n) zuständige(n) Behörde(n) sollte(n) aufgefordert werden zu bestätigen, dass „ihr" Steuerpflichtiger bzw. „ihre" Steuerpflichtigen tatsächlich oder möglicherweise beteiligt ist bzw. sind.

b) Die zuständigen Behörden, die bei EU-Dreieckskonstellationen an der Vermeidung der Doppelbesteuerung im Rahmen des Schiedsübereinkommens beteiligt sind, können auf folgende Weise vorgehen:

i) Die zuständigen Behörden können sich für einen multilateralen Ansatz entscheiden (sofortige und uneingeschränkte Beteiligung aller betroffenen zuständigen Behörden); oder

ii) die zuständigen Behörden können sich für die Einleitung eines bilateralen Verfahrens entscheiden, an dem die beiden zuständigen Behörden beteiligt sind, die (mittels Vergleichbarkeitsanalyse einschließlich Funktionsanalyse und sonstiger mit dem Fall zusammenhängender Sachverhaltselemente) das in einem anderen Mitgliedstaat belegene verbundene Unternehmen ermittelt haben, das bei einer Kette von betroffenen Geschäftsvorfällen oder kaufmännischen/finanziellen Beziehungen in einem erheblichen Umfang zu einem dem Fremdvergleichsgrundsatz nicht entsprechenden Ergebnis beigetragen hat, und sollten die andere(n) zuständige(n) Behörde(n) in der EU auffordern, als Beobachter an den Verhandlungen im Rahmen des Verständigungsverfahrens teilzunehmen; oder

iii) die zuständigen Behörden können sich für die Einleitung mehrerer parallel laufender bilateraler Verfahren entscheiden und sollten die andere(n) zuständige(n) EU-Behörde(n) auffordern, als Beobachter an den Verhandlungen im Rahmen des jeweiligen Verständigungsverfahrens teilzunehmen.

Den Mitgliedstaaten wird empfohlen, derartige Doppelbesteuerungsfälle im multilateralen Verfahren zu lösen. Allerdings sollte dies stets von allen zuständigen Behörden einvernehmlich je nach Tatsachen und Umständen im Einzelfall beschlossen werden. Ist ein multilateraler Ansatz unmöglich und werden zwei oder mehr parallel laufende bilaterale Verfahren eingeleitet, sollten alle betroffenen zuständigen Behörden an der ersten Phase des im Schiedsübereinkommen vorgesehenen Verfahrens entweder als Vertragsstaaten im Rahmen des ursprünglichen Antrags unter dem Schiedsübereinkommen oder als Beobachter beteiligt werden.

c) Je nach Fortgang der Verhandlungen und den vorgelegten Beweisen kann ein Beobachter den Status eines aktiven Teilnehmers erhalten. Will/wollen die andere(n) zuständige(n) Behörde(n) an der zweiten Phase (Schiedsverfahren) teilnehmen, muss/müssen sie aktive(r) Teilnehmer werden.

Der Umstand, dass die andere(n) zuständige(n) Behörde(n) in der EU während der gesamten Verhandlungen lediglich Beobachterstatus behält/behalten, hat keinerlei Auswirkungen auf die Anwendung der Bestimmungen des Schiedsübereinkommens (z. B. Termin- und Verfahrensfragen).

Die Teilnahme als Beobachter bindet die andere(n) zuständige(n) Behörde(n) nicht an das abschließende Ergebnis des Verfahrens nach dem Schiedsübereinkommen.

Jeder Informationsaustausch im Rahmen des Verfahrens muss den üblichen rechtlichen und administrativen Anforderungen und Verfahren entsprechen.

d) Der/die Steuerpflichtige(n) sollte(n) der/den betroffenen Steuerverwaltung(en) so früh wie möglich mitteilen, dass (eine) andere Partei(en) in (einem) anderen Mitgliedstaat(en) an dem Fall beteiligt sein könnte(n). Auf diese Mitteilung sollte die Übermittlung aller einschlägigen Tatsachen und Belege zeitnah folgen. Ein derartiges Vorgehen wird die Lösung von Doppelbesteuerungsfällen nicht nur beschleunigen, sondern auch dafür sorgen, dass sie nicht an unterschiedlichen Verfahrensfristen in den Mitgliedstaaten scheitert.

6.3 *Praktische Durchführung des Verfahrens und Transparenz*

a) Um übersetzungsbedingte Kosten und Verzögerungen zu reduzieren, sollte das Verständigungsverfahren und insbesondere der Austausch von Positionspapieren in einer gemeinsamen Arbeitssprache oder aber in einer Weise durchgeführt werden, die die gleiche Wirkung hat, sofern die zuständigen Behörden sich diesbezüglich bilateral (oder multilateral) einigen können.

b) Das Unternehmen, das das Verständigungsverfahren beantragt, wird von der zuständigen Behörde, bei der es den Antrag eingereicht hat, während des Verfahrens über alle das Unternehmen betreffenden wesentlichen Entwicklungen unterrichtet.

c) Die Vertraulichkeit von Angaben zu einer Person, die nach einem bilateralen Doppelbesteuerungsabkommen oder dem Recht eines Vertragsstaats geschützt ist, wird gewahrt.

d) Die zuständige Behörde bestätigt den Eingang des Antrags eines Steuerpflichtigen auf Einleitung eines Verständigungsverfahrens innerhalb eines Monats nach Eingang des Antrags und unterrichtet gleichzeitig die zuständige(n) Behörde(n) des (der) anderen an dem Fall beteiligten Mitgliedsstaates (Mitgliedstaaten) durch Übermittlung einer Kopie des Antrags des Steuerpflichtigen.

e) Ist die zuständige Behörde der Ansicht, dass das Unternehmen nicht die zur Einleitung eines Verständigungsverfahrens notwendigen Mindestinformationen gemäß Nummer 5 Buchstabe a übermittelt hat, fordert sie das Unternehmen innerhalb von zwei Monaten nach Eingang des Antrags zur Übermittlung der benötigten spezifischen Zusatzinformationen auf.

f) Die Mitgliedstaaten sagen zu, dass die zuständige Behörde dem antragstellenden Unternehmen in folgender Weise antworten wird:

i) Bezweifelt die zuständige Behörde, dass Gewinne des Unternehmens den Gewinnen eines Unternehmens eines anderen Mitgliedstaates zugerechnet werden oder wahrscheinlich zugerechnet werden, setzt sie das Unternehmen von ihren Zweifeln in Kenntnis und fordert es zur Übermittlung etwaiger weiterer Erläuterungen auf;

ii) hält die zuständige Behörde den Antrag für begründet und kann sie selbst eine zufriedenstellende Lösung herbeiführen, unterrichtet sie das Unternehmen entsprechend und nimmt so rasch wie möglich selbst die gerechtfertigten Korrekturen bzw. Abzüge vor;

iii) hält die zuständige Behörde den Antrag für begründet, ist jedoch selbst nicht in der Lage, eine zufriedenstellende Lösung herbeizuführen, teilt sie dem Unternehmen mit, dass sie sich bemühen wird, den Fall im Wege der Verständigung mit der zuständigen Behörde jedes anderen betroffenen Mitgliedstaats zu lösen.

g) Erachtet eine zuständige Behörde einen Fall als begründet, so sollte sie ein Verständigungsverfahren einleiten, indem sie die zuständige(n) Behörde(n) des/der anderen Mitgliedstaates/Mitgliedstaaten über ihre Entscheidung unterrichtet und die Informationen gemäß Nummer 5 Buchstabe a dieses Verhaltenskodexes in Kopie beifügt. Gleichzeitig setzt sie die Person, die ein Verfahren nach dem Schiedsübereinkommen beantragt hat, davon in Kenntnis, dass sie ein Verständigungsverfahren eingeleitet hat. Die das Verständigungsverfahren einleitende zuständige Behörde teilt außerdem der zuständigen Behörde des/der anderen Vertragsstaates/Vertragsstaaten und dem Antragsteller auf der Grundlage der ihr vorliegenden Informationen mit, ob ihr der Fall innerhalb der Frist gemäß Artikel 6 Absatz 1 des Schiedsübereinkommens unterbreitet wurde und wann die Zweijahresfrist gemäß Artikel 7 Absatz 1 des Schiedsübereinkommens beginnt.

6.4 *Austausch von Positionspapieren*

a) Die Mitgliedstaaten sagen zu, dass nach Einleitung eines Verständigungsverfahrens die zuständige Behörde des Staates, in dem die Steuerfestsetzung, d. h. eine endgültige Entscheidung der Steuerverwaltung über die Höhe des Einkommens oder eine gleich bedeutende Maßnahme mitgeteilt wurde oder werden soll, die eine Korrektur enthält, die zu einer Doppelbesteuerung im Sinne von Artikel 1 des Schiedsübereinkommens führt oder führen könnte, der (den) zuständigen Behörde(n) des (der) anderen an dem Fall beteiligten Mitgliedstaates (Mitgliedstaaten) ein Positionspapier übermittelt, das Folgendes enthält:

i) Darlegung des Falles durch den Antragsteller;

ii) Beurteilung des Sachverhaltes durch die Behörde, z.B. warum ihrer Ansicht nach eine Doppelbesteuerung vorliegt oder wahrscheinlich eintreten könnte;

iii) Vorschlag, wie der Fall im Hinblick auf die Beseitigung der Doppelbesteuerung gelöst werden könnte, samt umfassender Erläuterung des Lösungsvorschlags.

b) Das Positionspapier umfasst eine vollständige Begründung der Steuerfestsetzung bzw. der Korrekturen sowie Unterlagen von grundsätzlicher Bedeutung zur Darlegung des Standpunktes der zuständigen Behörde und eine Liste aller weiteren Unterlagen, die bei der Korrektur verwendet werden.

c) Das Positionspapier wird der (den) zuständigen Behörde(n) des (der) anderen an dem Fall beteiligten Mitgliedstaates (Mitgliedstaaten) so rasch wie angesichts der Komplexität des jeweiligen Falles möglich, spätestens jedoch vier Monate nach dem späteren der folgenden Zeitpunkte, übermittelt:

i) Datum des Steuerbescheids, d.h. einer endgültigen Entscheidung der Steuerverwaltung über die Einkommenserhöhung, oder einer gleich bedeutenden Maßnahme;

ii) Datum des Eingangs des Antrags sowie der Mindestinformationen gemäß Nummer 5 Buchstabe a bei der zuständigen Behörde.

d) Die Mitgliedstaaten sagen zu, dass die zuständige Behörde eines Landes, in dem keine Steuerfestsetzung oder gleich bedeutende Maßnahme erfolgt oder geplant ist, die, z.B. infolge einer Verrechnungspreiskorrektur zu einer Doppelbesteuerung im Sinne des Artikels 1 des Schiedsübereinkommens führt oder führen könnte, nach Eingang eines Positionspapiers von einer anderen zuständigen Behörde so rasch wie angesichts der Komplexität des jeweiligen Falles möglich, spätestens jedoch sechs Monate nach Eingang des Positionspapiers, diese beantwortet.

e) Die Antwort sollte in folgender Weise erfolgen:

i) Ist die zuständige Behörde der Auffassung, dass eine Doppelbesteuerung vorliegt oder droht, und stimmt sie mit der in dem Positionspapier vorgeschlagenen Lösung überein, so teilt sie dies der/den anderen zuständigen Behörde(n) mit und nimmt die entsprechenden Korrekturen oder Abzüge so rasch wie möglich vor;

ii) ist die zuständige Behörde nicht der Auffassung, dass eine Doppelbesteuerung vorliegt oder droht, oder stimmt sie nicht mit der in dem Positionspapier vorgeschlagenen Lösung überein, übermittelt sie der/den anderen zuständigen Behörde(n) ihrerseits ein Positionspapier, in dem sie ihre Gründe darlegt und unter Berücksichtigung der Komplexität des Falles einen unverbindlichen Zeitplan vorschlägt, wie mit dem Fall zu verfahren ist. Gegebenenfalls schlägt sie zugleich einen Termin für ein persönliches Treffen vor, das spätestens 18 Monate nach dem späteren der folgenden Zeitpunkte stattfinden sollte:

aa) Datum des Steuerbescheids, d.h. der endgültigen Entscheidung der Steuerverwaltung über die Einkommenserhöhung, oder eine gleich bedeutende Maßnahme;

bb) Datum des Eingangs des Antrags sowie der Mindestinformationen gemäß Nummer 5 Buchstabe a bei der zuständigen Behörde.

f) Die Mitgliedstaaten treffen überdies alle geeigneten Maßnahmen, um alle Verfahren wo immer möglich zu beschleunigen. In diesem Zusammenhang sollten die Mitgliedstaaten regelmäßig, mindestens aber ein Mal pro Jahr, persönliche Treffen ihrer zuständigen Behörden organisieren, wo sie die anhängigen Verständigungsverfahren erörtern können (vorausgesetzt, die Anzahl der Fälle rechtfertigt solche regelmäßigen Treffen).

6.5 *Doppelbesteuerungsabkommen zwischen den Mitgliedstaaten*

Den Mitgliedstaaten wird empfohlen, in Verrechnungspreisfällen die Bestimmungen der Nummern 1, 2 und 3 auch für die Verständigungsverfahren gemäß Artikel 25 Absatz 1 des OECD-Musterabkommens zur Vermeidung der Doppelbesteuerung auf dem Gebiet der Steuern vom Einkommen und Vermögen anzuwenden, der in den Doppelbesteuerungsabkommen zwischen den Mitgliedstaaten umgesetzt ist.

7. Verfahren während der zweiten Phase nach dem Schiedsübereinkommen

7.1 *Liste der unabhängigen Personen*

a) Die Mitgliedstaaten verpflichten sich, dem Generalsekretariat des Rates unverzüglich die Namen der fünf unabhängigen Personen mitzuteilen, die als Mitglied des Beratenden Ausschusses gemäß Artikel 7 Absatz 1 des Schiedsübereinkommens in Betracht kommen, und jede etwaige Änderung der Liste in gleicher Weise mitzuteilen.

b) Die Mitgliedstaaten übermitteln dem Generalsekretariat des Rates die Namen der von ihnen benannten unabhängigen Personen zusammen mit einem Lebenslauf der betreffenden Personen, aus dem u.a. hervorgeht, über welche Erfahrung diese Personen in den Bereichen Recht, Steuern und vor allem Verrechnungspreise verfügen.

c) Die Mitgliedstaaten können auf ihrer Liste auch angeben, welche dieser unabhängigen Personen die Anforderungen für die Funktion des Vorsitzenden erfüllen.

d) Das Generalsekretariat des Rates fordert die Mitgliedstaaten jedes Jahr auf, die Namen der von ihnen benannten unabhängigen Personen zu bestätigen und/oder die Namen der sie ersetzenden Personen zu übermitteln.

e) Die vollständige Liste aller unabhängigen Personen wird auf der Website des Rates veröffentlicht.

f) Die unabhängigen Personen müssen weder Staatsangehörige des Staates sein, der sie ernennt, noch müssen sie dort ihren Wohnsitz haben, sie müssen jedoch Staatsangehörige eines Mitgliedstaates sein und ihren Wohnsitz im Geltungsgebiet des Schiedsübereinkommens haben.

g) Den zuständigen Behörden wird empfohlen, eine vereinbarte Einverständniserklärung und eine Erklärung aufzusetzen, in der die ausgewählten unabhängigen Personen ihre Unabhängigkeit im betreffenden Fall versichern, und diese Erklärungen von den ausgewählten unabhängigen Personen unterzeichnen zu lassen.

7.2 *Einsetzung des Beratenden Ausschusses*

a) Sofern die betroffenen Mitgliedstaaten nichts anderes vereinbaren, ergreift der Mitgliedstaat, der den ersten Steuerbescheid, d.h. die endgültige Entscheidung der Steuerverwaltung über die Einkommenserhöhung, oder eine gleich bedeutende Maßnahme erlassen hat, die zu einer Doppelbesteuerung im Sinne von Artikels 1 des Schiedsübereinkommens führt oder führen könnte, die Initiative zur Einsetzung des Beratenden Ausschusses und organisiert dessen Sitzungen in Absprache mit dem/den anderen Mitgliedstaat(en).

b) Die zuständigen Behörden sollten den Beratenden Ausschuss spätestens sechs Monate nach Ablauf der in Artikel 7 des Schiedsübereinkommens genannten Frist einsetzen. Kommt eine zuständige Behörde dem nicht nach, kann eine andere beteiligte zuständige Behörde die Initiative ergreifen.

c) Der Beratende Ausschuss besteht in der Regel aus zwei unabhängigen Personen sowie dem Vorsitzenden und den Vertretern der zuständigen Behörden. Im Falle von Dreieckskonstellationen, bei denen der Beratende Ausschuss nach dem multilateralen Ansatz einzusetzen ist, tragen die Mitgliedstaaten den Anforderungen des Artikels 11 Absatz 2 des Schiedsübereinkommens Rechnung und führen gegebenenfalls zusätzliche Verfahrensbestimmungen ein, um sicherzustellen, dass der Beratende Ausschuss einschließlich seines Vorsitzenden seine Stellungnahme mit einfacher Mehrheit beschließen kann.

d) Der Beratende Ausschuss wird durch ein Sekretariat unterstützt, das von dem Mitgliedstaat gestellt wird, der die Einsetzung des Beratenden Ausschusses veranlasst hat, sofern die betroffenen Mitgliedstaaten nichts anderes vereinbaren. Aus Gründen der Unabhängigkeit ist dieses Sekretariat dem Vorsitzenden des Beratenden Ausschusses unterstellt. Die Mitglieder des Sekretariats unterliegen den Geheimhaltungsvorschriften des Artikels 9 Absatz 6 des Schiedsübereinkommens.

e) Der Ort, an dem der Beratende Ausschuss zusammentritt, und der Ort, an dem er seine Stellungnahme abzugeben hat, können von den zuständigen Behörden der beteiligten Mitgliedstaaten im Voraus festgelegt werden.

f) Die Mitgliedstaaten übermitteln dem Beratenden Ausschuss vor seiner ersten Sitzung alle sachdienlichen Unterlagen und Informationen und vor allem sämtliche Dokumente, Berichte, Korrespondenz und Schlussfolgerungen aus dem Verständigungsverfahren.

7.3 *Tätigkeit des Beratenden Ausschusses*

a) Ein Fall gilt an dem Tag als dem Beratenden Ausschuss unterbreitet, an dem der Vorsitzende bestätigt, dass die Ausschussmitglieder alle sachdienlichen Unterlagen und Informationen gemäß Nummer 7 Absatz 2 Buchstabe f erhalten haben.

b) Das Verfahren vor dem Beratenden Ausschuss wird in der oder den Amtssprache(n) der beteiligten Mitgliedstaaten geführt, sofern die zuständigen Behörden nicht unter Berücksichtigung der Wünsche des Beratenden Ausschusses etwas anderes vereinbaren.

c) Der Beratende Ausschuss kann anordnen, dass die Partei, welche eine Erklärung oder ein Dokument vorlegt, für eine Übersetzung in die Amtssprache(n) des Verfahrens sorgt.

d) Unbeschadet des Artikels 10 des Schiedsübereinkommens kann der Beratende Ausschuss die Mitgliedstaaten und vor allem den Mitgliedstaat, der den ersten Steuerbescheid, d. h. die endgültige Entscheidung der Steuerverwaltung über die Einkommenserhöhung, oder eine gleich bedeutende Maßnahme erlassen hat, die zu einer Doppelbesteuerung im Sinne von Artikel 1 des Schiedsübereinkommens herbeigeführt hat oder führen könnte, vor den Beratenden Ausschuss laden.

e) Als Verfahrenskosten des Beratenden Ausschusses, die von den beteiligten Mitgliedstaaten zu gleichen Teilen getragen werden, gelten die Verwaltungskosten des Beratenden Ausschusses sowie die Honorare und Auslagen der unabhängigen Personen.

f) Sofern die zuständigen Behörden der Mitgliedstaaten nichts anderes vereinbaren,

i) ist die Kostenerstattung für die unabhängigen Personen auf die Höhe der üblichen Kostenerstattungen für hochrangige Beamte des Mitgliedstaates, der die Einsetzung des Beratenden Ausschusses veranlasst hat, begrenzt;

ii) beträgt das Honorar für eine unabhängige Person 1 000 EUR pro Sitzungstag des Beratenden Ausschusses; der Vorsitzende erhält ein Honorar, das 10 % über dem der anderen unabhängigen Personen liegt.

g) Die tatsächliche Erstattung der Verfahrenskosten des Beratenden Ausschusses erfolgt durch den Mitgliedstaat, der die Einsetzung des Beratenden Ausschusses veranlasst hat, sofern die zuständigen Behörden der Mitgliedstaaten nichts anderes beschließen.

7.4 *Stellungnahme des Beratenden Ausschusses*

Die Mitgliedstaaten erwarten, dass die Stellungnahme Folgendes enthält:

a) die Namen der Mitglieder des Beratenden Ausschusses;

b) den Antrag, der Folgendes beinhaltet:

i) Namen und Anschriften der beteiligten Unternehmen;

ii) die beteiligten zuständigen Behörden;

iii) eine Beschreibung des dem streitigen Fall zugrunde liegenden Sachverhalts;

iv) eine klare und eindeutige Darlegung, was der Antragsteller fordert;

c) eine kurze Zusammenfassung des Verfahrens;

d) die Argumente und Methoden, auf die sich die Entscheidung in der Stellungnahme stützt;

e) die Stellungnahme;

f) den Ort, an dem die Stellungnahme abgegeben wurde;

g) den Zeitpunkt, zu dem die Stellungnahme abgegeben wurde;

h) die Unterschriften der Mitglieder des Beratenden Ausschusses.

Die Entscheidung der zuständigen Behörden und die Stellungnahme des Beratenden Ausschusses werden wie folgt bekannt gegeben:

i) Sobald die Entscheidung ergangen ist, übersendet die zuständige Behörde, der der Fall unterbreitet wurde, jedem beteiligten Unternehmen eine Kopie der Entscheidung der zuständigen Behörden und eine Kopie der Stellungnahme des Beratenden Ausschusses.

ii) Die zuständigen Behörden der Mitgliedstaaten können einer vollständigen Veröffentlichung der Entscheidung und der Stellungnahme zustimmen. Sie können auch zustimmen, die Entscheidung und die Stellungnahme ohne Nennung der Namen der beteiligten Unternehmen zu veröffentlichen, wobei auch alle weiteren Angaben, die eine Identifizierung der beteiligten Unternehmen ermöglichen könnten, gelöscht werden. In beiden Fällen ist die Zustimmung der beteiligten Unternehmen erforderlich; die Veröffentlichung erfolgt erst, wenn die beteiligten Unternehmen der zuständigen Behörde, der der Fall unterbreitet wurde, schriftlich mitgeteilt haben, dass sie keine Einwände gegen die Veröffentlichung der Entscheidung und der Stellungnahme haben.

iii) Die Stellungnahme des Beratenden Ausschusses wird in drei (bzw. bei Dreieckskonstellationen entsprechend mehr) Urschriften ausgefertigt, wovon je eine den zuständigen Behörden der beteiligten Mitgliedstaaten und eine dem Generalsekretariat des Rates zur Archivierung übermittelt wird. Besteht Einvernehmen über die Veröffentlichung der Stellungnahme, so wird sie in der oder den Originalsprache(n) auf der Website der Kommission veröffentlicht.

8. **Erhebung von Steuern und Zinsen während grenzübergreifender Streitbeilegungsverfahren**

a) Den Mitgliedstaaten wird empfohlen, alle notwendigen Maßnahmen zu ergreifen, damit den Unternehmen, die an den grenzübergreifenden Streitbeilegungsverfahren des Schiedsübereinkommens beteiligt sind, während dieser Verfahren unter denselben Bedingungen Zahlungsaufschub gewährt werden kann wie in innerstaatlichen außergerichtlichen oder gerichtlichen Rechtsbehelfsverfahren, auch wenn dies in manchen Mitgliedstaaten eine Änderung der Rechtsvorschriften erforderlich machen kann. Den Mitgliedstaaten wird weiter empfohlen, diese Maßnahmen auch auf die grenzübergreifenden Streitbeilegungsverfahren nach den Doppelbesteuerungsabkommen zwischen den Mitgliedstaaten auszudehnen.

b) Da der Steuerpflichtige während der Verhandlungen im Rahmen des Verständigungsverfahrens keine Nachteile dadurch erleiden sollte, dass während der Dauer des Verständigungsverfahrens bei Zinsen und Rückzahlungen unterschiedliche Ansätze verfolgt werden, wird den Mitgliedstaaten empfohlen, auf folgende Weise vorzugehen:

   i) Steuererhebungen und Steuerrückzahlungen ohne Zinsbelastung, oder

   ii) Steuererhebungen und Steuerrückzahlungen mit Zinsbelastung, oder

   iii) Einzelfallentscheidung über Erhebung bzw. Rückzahlung von Zinsen (möglicherweise im Laufe des Verständigungsverfahrens).

9. **Beitritt neuer Mitgliedstaaten zum Schiedsübereinkommen**

Die Mitgliedstaaten werden sich bemühen, Übereinkommen über den Beitritt neuer Mitgliedstaaten zum Schiedsübereinkommen so rasch wie möglich, in jedem Fall jedoch spätestens zwei Jahre nach deren EU-Beitritt, zu unterzeichnen und zu ratifizieren.

10. **Schlussbestimmungen**

Um die ausgewogene und wirksame Anwendung dieses Verhaltenskodexes zu gewährleisten, werden die Mitgliedstaaten aufgefordert, der Kommission alle zwei Jahre über seine praktische Anwendung zu berichten. Auf der Grundlage der Berichte der Mitgliedstaaten wird die Kommission dem Rat Bericht erstatten und gegebenenfalls eine Überprüfung der Vorschriften dieses Verhaltenskodexes vorschlagen.

Trierer Studien zum Internationalen Steuerrecht

Herausgegeben von Gabriele Burmester

Band 1 Steffen Alexander Lindenthal: Mitwirkungspflichten des Steuerpflichtigen und Folgen ihrer Verletzung. Unter besonderer Berücksichtigung der Dokumentationspflichten bei Verrechnungspreisen. 2006.

Band 2 Svenja Kaufer: Grenzüberschreitende Organschaft kraft Gemeinschaftsrecht. Übernimmt Österreich für Deutschland eine Vorreiterrolle? 2006.

Band 3 Antje Hagena: Die Behandlung von Personengesellschaften in den Doppelbesteuerungsabkommen der Bundesrepublik Deutschland mit den Staaten Mittel- und Südamerikas. 2007.

Band 4 Marie-Theres Rämer: Besteuerung aktienbasierter Vergütungen in Deutschland und im Vereinigten Königreich. 2007.

Band 5 Thorsten Hilger: Besteuerung der internationalen Seeschifffahrt. 2007.

Band 6 Claudia Neitz: Die Besteuerung internationaler Gemeinschaftsunternehmen. 2008.

Band 7 Felix Magnus Kessens: Die Besteuerung der grenzüberschreitenden Überführung von Wirtschaftsgütern. 2009.

Band 8 Rike Claudia Henkes-Wabro: Gewinnabgrenzung bei Bankbetriebstätten im Internationalen Steuerrecht. 2009

Band 9 Markus München: Die Zinsschranke – eine verfassungs-, europa- und abkommensrechtliche Würdigung. 2010.

Band 10 Olaf Thießen: Dreiecksverhältnisse im Internationalen Steuerrecht unter Beteiligung doppelt ansässiger Kapitalgesellschaften. 2010.

Band 11 Sascha Kaiser: Der französische REIT. Analyse des französischen SIIC-Regimes unter Berücksichtigung der Besteuerung deutscher und französischer Investoren. 2012.

Band 12 David Karl Mattern: Die Grenzgängerbesteuerung im Doppelsteuerungsabkommen zwischen Deutschland und der Schweiz. 2012.

Band 13 Stephan Hoyer: Unternehmensnachfolge und Wegzugsbesteuerung. 2013.

Band 14 Patrick Stemler: Die Behandlung von Sondervergütungen bei Personengesellschaften nach dem Recht der Doppelbesteuerungsabkommen. 2013.

Band 15 Helen Domschat: Die deutsche Vorschrift zur Verhinderung von Abkommens- und Richtlinienmissbrauch und ihre Vereinbarkeit mit Unionsrecht. 2013.

Band 16 Katharina Pfeifer: Die deutsche Besteuerung ausländischer Tonkünstler und Künstlergesellschaften. 2014.

Band 17 Evelyn Frink: Verständigungs- und Schiedsverfahren im Internationalen Steuerrecht. 2015.

www.peterlang.com

www.ingramcontent.com/pod-product-compliance
Ingram Content Group UK Ltd.
Pitfield, Milton Keynes, MK11 3LW, UK
UKHW021853290926
8980IPUK00005B/805

9 783631 661666